权威·前沿·原创

**皮书系列为
"十二五"国家重点图书出版规划项目**

甘肃舆情分析与预测
（2015）

ANALYSIS AND FORECAST ON PUBLIC OPINION
OF GANSU (2015)

主　编／陈双梅　郝树声

图书在版编目(CIP)数据

甘肃舆情分析与预测.2015/陈双梅,郝树声主编.—北京：社会科学文献出版社,2015.1
（甘肃蓝皮书）
ISBN 978-7-5097-6900-3

Ⅰ.①甘… Ⅱ.①陈… ②郝… Ⅲ.①社会分析-甘肃省-2015 ②社会预测-甘肃省-2015 Ⅳ.①D668

中国版本图书馆CIP数据核字（2014）第289376号

甘肃蓝皮书
甘肃舆情分析与预测（2015）

主　　编／陈双梅　郝树声

出　版　人／谢寿光
项目统筹／吴　敏　邓泳红
责任编辑／陈　颖

出　　版／社会科学文献出版社·皮书出版分社（010）59367127
　　　　　　地址：北京市北三环中路甲29号院华龙大厦　邮编：100029
　　　　　　网址：www.ssap.com.cn
发　　行／市场营销中心（010）59367081　59367090
　　　　　　读者服务中心（010）59367028
印　　装／北京季蜂印刷有限公司
规　　格／开　本：787mm×1092mm　1/16
　　　　　　印　张：20　字　数：265千字
版　　次／2015年1月第1版　2015年1月第1次印刷
书　　号／ISBN 978-7-5097-6900-3
定　　价／79.00元

皮书序列号／B-2013-280

本书如有破损、缺页、装订错误，请与本社读者服务中心联系更换

▲ 版权所有 翻印必究

甘肃蓝皮书编辑委员会

主　　任　连　辑　咸　辉
副 主 任　范　鹏　马成洋　赵　春　沙拜次力　杨咏中
　　　　　樊怀玉　都　伟　李　捌　吉西平　梁和平
　　　　　王福生
总 主 编　王福生
成　　员　陈双梅　朱智文　安文华　刘进军　景国栋
　　　　　马廷旭　王灵凤　高应恒

甘肃蓝皮书编辑委员会办公室

主　　任　马廷旭
副 主 任　刘玉顺

《甘肃舆情分析与预测（2015）》
编辑委员会

主　　任　范　鹏

副 主 任　王福生　陈双梅　朱智文　安文华　刘进军

委　　员　郝树声　王正茂　张谦元　马廷旭　何　苑
　　　　　　　董积生　许尔君　高应恒

主　　编　陈双梅　郝树声

首席专家　郝树声

主要编撰者简介

陈双梅 女，甘肃天水人，大学本科，现任甘肃省社会科学院纪委书记、研究员。长期从事党的宣传、党刊编辑和反腐倡廉研究工作。主要研究方向为党的建设。主要研究成果：《坚持解放思想 推动科学发展 解决突出问题——在学习实践活动中的几点思考》和《加快建设生态环境补偿机制：以三峡库区为例》在中央党校《理论动态》发表；《林业发展方式要统筹人与自然和谐发展——林业系统转变发展方式的路径探讨》、《在智库建设中强化文化安全研究》、《对规范当前消费市场的一点思考》和《智库建设的困境摆脱与国家软实力提升》在《中国林业》等刊物上发表。完成省纪委《连霍高速公路天水过境段针对关键环节进行预防腐败的做法与启示》及省社科规划项目、庆阳市纪委和甘肃省委宣传部等廉政建设项目。2009年起任甘肃省舆情蓝皮书主编。

郝树声 女，出生于沈阳市，祖籍山东牟平。毕业于兰州大学历史系，甘肃省社会科学院历史研究所原所长、二级研究员。西北师范大学历史文化学院兼职教授、硕士生导师，主要研究方向为秦汉史、甘肃地方历史文化。曾多次主持国家社科基金项目、甘肃省社科基金项目以及厅局委托项目，在国家级刊物和省级刊物发表论文80多篇，出版专著编著近20部。2006年任甘肃省政府参事后，除从事历史专业研究外，开始介入甘肃省舆情研究，曾任2006年和2007年两部甘肃省舆情蓝皮书副主编并执笔专题报告，自2008年任第十一届全国政协委员以来，连续七年被聘为甘肃省舆情蓝皮书首席专家，主持调研编写了7部甘肃省年度舆情蓝皮书，并执笔总报告。

总　序

　　回顾"甘肃蓝皮书"的编研历史,"十一五"开局时,甘肃省社科院按照党中央关于地方社科院服务地方党政决策、服务地方经济社会发展的职能要求,继承创新,继往开来,提出了"六个以"的办院方针,积极探索和推动社会主义新智库建设。2006年,院党委提出"倾全院之力,打造蓝皮书科研品牌,探索建立哲学社会科学服务甘肃的长效机制"的工作要求,当年首次组织编撰出版两本蓝皮书并"一炮打响","经济社会蓝皮书"是省内第一部,"舆情蓝皮书"是国内首部。

　　八年来,"甘肃蓝皮书"在编研出版方面进行了大胆探索和创新,建立了稳定有效的工作机制,规模进一步发展壮大(现已出版《甘肃经济发展分析与预测》《甘肃社会发展分析与预测》《甘肃舆情分析与预测》《甘肃县域发展评价报告》《甘肃文化发展分析与预测》《甘肃省住房和城乡建设发展分析与预测》《甘肃民族地区发展分析与预测》《甘肃酒泉经济社会发展研究报告》等8种),基本覆盖了甘肃经济、社会、政治、文化、民族、生态、民生等各个领域,形成了独具特色的蓝皮书风格,成为我院乃至甘肃省的一张文化品牌。我们在编研出版"甘肃蓝皮书"的基础上,积极尝试和探索与西北各兄弟社科院的合作,在西北五省区社科院的共同努力下,"西北蓝皮书"这一品牌诞生并已成功出版发行4年。

　　八年来,"甘肃蓝皮书"连续在每年同一天(1月8日)举行由甘肃省政府新闻办主办的"甘肃蓝皮书成果发布会",形成了"每年一月八,社科院有言要发"的惯例。"甘肃蓝皮书"的出版发行及其成果发布，为甘肃经济社会文化发展发挥了重要的智力支撑作用，已经成为省内各级领导、人大代表、政协委员、专家学者和社会各界非常重视的民主决策、参政议政、科学研究和认识省情的重要参考书，形成了哲学社会科学理论研究服务甘肃发展的重要方式和长效机制。

"甘肃蓝皮书"在八年的编研过程中形成了稳定规模、稳定机制，提升质量、提升影响的编研理念，使其真正成为宣传思想文化战线、服务甘肃发展的长效机制与拳头产品。"甘肃蓝皮书"始终坚持的基本编研理念和运行机制：一是始终坚持原创，注重学术观点和科研方法的创新。坚持研究在先，编写在后；在继承中创新，注重连续性；从源头上抓质量，注重可靠性；在深入研究上下工夫，注重科学性；在服务上抓效果，注重影响力。二是始终坚持追踪前沿，注重选题创新。追踪前沿就是要专家学者更多地参与社会实践，发现问题、研究问题、解决问题，最终通过蓝皮书为人们提供正确的指导，显示社科专家服务社会的能力和实力，提高皮书的知名度和美誉度。三是始终坚持打造品牌，创新编研体制机制。八年来，我们始终把蓝皮书的权威性看作蓝皮书的生命，组织权威的专家开展深入研究，向社会提供事实根据充分，分析深入准确，结论科学，对策具体、可操作的权威信息与权威性的研究成果。

我们不断探索"甘肃蓝皮书"的编研之路，发现良好的多方合作机制是蓝皮书编研质量进一步提升和规模进一步拓展的重要途径。今年首次通过与甘肃省住建厅的密切合作，编研出版《甘肃省住房和城乡建设发展分析与预测》；通过与甘肃省民族事务委员会的密切合作，编研出版《甘肃民族地区发展分析与预测》；通过与酒泉市委市政府的密切合作，编研出版《甘肃酒泉经济社会发展研究报告》。由此推动"甘肃蓝皮书"编研事业向着深度、广度继续发展壮大。

"甘肃蓝皮书"的成长历程中，饱含着甘肃省各级领导的关心与厚爱，浸润着与我们真诚合作的读者出版集团、社会科学文献出版社出版人以及统计、新闻等领域的同仁们的辛劳、奉献和智慧。但愿"甘肃蓝皮书"不只是我们研编者感到有意义,也使大家读起来有收获,参考运用起来有价值。

此为序。

王福生

2014年11月8日

摘　要

《甘肃舆情分析与预测（2015）》是为国家与社会管理者、社会科学工作者及关注社会发展的社会公众提供的区域年度舆情研究报告，由甘肃省社会科学院西北历史与丝绸之路研究所、法学研究所、决策咨询与公共政策研究所、政治研究所、哲学与社会学研究所等多学科科研人员组成的"甘肃省舆情调研组"完成。调研组在甘肃省14个市（州），对10个阶层的社会公众进行了社会调查。基于对问卷的统计分析和访谈，形成系列舆情报告。

本书由总报告和14个分报告组成，"社会热点篇"中有甘肃民众对党的群众路线教育活动的反响与评价、对收入分配体制改革的反响与要求、对食品药品安全监管体制改革的反响与要求、对深化医药卫生体制改革的反响与要求，还有关于兰州"4·11"自来水苯污染事件的舆情调查与研究；"阶层篇"中有党政干部对甘肃省加快转型发展建设国家生态安全屏障综合实验区的认知与思考，新社会阶层对甘肃省非公经济发展环境的评价与诉求，甘肃农民工对社会保障制度改革的反响与要求，农民对甘肃省"双联"行动绩效的评价与要求；"专题篇"中有关于法治甘肃建设的舆情研究、加快甘肃省政府职能转变的舆情分析、当前甘肃社会矛盾与多元化纠纷解决机制建设的舆情研究、甘肃省民族地区"四个认同"的舆情研究、以及关于深化教育领域综合改革（分类考试）的舆情研究。

每个报告都详尽地描述了不同社会阶层对执政党和各级政府的决

策和运作事项的评价、诉求与期望,揭示了舆情发生、发展、变化的机理,展示出经济社会欠发达的甘肃省的舆情态势既有与全国的一致之处,又有自身的区域特点。与此同时,每个报告都提出了相应的对策和建议,表达民众合理诉求,供相关人员参考,以践行执政为民的理念,构建和谐社会。

Abstract

Analysis and Forecast on Public Sentiments of Gansu (2015) was jointly compiled by the scientific researchers from institute of northwest history and the silk road、institute of law、institute of decision-making consultation、institute of political studies and institute of philosophy and sociology of Gansu Academy of Social Sciences, which provide a possible reference for social managers and philosophy social workers, as well as others focusing on social development.

The survey team had a systematic social investigation for ten class people in 7 counties (districts) of 14 regions in Gansu by questionnaire and interview. The report was finally finished based on the statistical analysis of questionnaire.

This book consists of the general report and 14 sub-reports. In part of social hot topics, 10 social class people's response on the party's "mass line" campaign, people's response and requirements on reform of the income distribution system, Gansu people's response and requirements on food and drug safety supervision system reform, Gansu people's response and requirements to deepen the reform of medical health system, people's response and requirements on Lanzhou "4. 11 water pollution incident".
In part of stratum, Cadres' understandings and suggestions on construction of national ecological security barrier in Gansu Province, the new social class of non-public economic development environmental assessment and aspirations of Gansu Province, Farmers' Evaluation and Requirements for Action of "Contact Villages Contact Peasant Households, for People and Enrich People" in Gansu Province, Gansu migrant works' response and

requirement on reform of social security system. In the part of special discourse, public opinion research on the rule of law construction, the transformation of government function, the ethnic minority areas "four identity", diversified dispute settlement mechanism and the comprehensive reform of education sector of Gansu Province were all addressed.

Each report described the views on decisions, appeals and expectations of different social strata to the Ruling Party and governments at all levels, revealed the mechanism of public sentiment's occurrence, development and changes, the results showed that the situation of public sentiment in Gansu had a consistency with the nation's, also expressed its regional character. Meanwhile, the countermeasures and advice expressed the people reasonable demand were put forward in each report, so as to provide a reference to government.

目 录

BⅠ 总报告

B.1 2014~2015年甘肃省舆情分析与预测
　　　……………………………………… 郝树声　金　蓉 / 001

BⅡ 社会热点篇

B.2 甘肃民众对党的群众路线教育实践活动的
　　反响与评价 ……………………………………… 李巧玲 / 038
B.3 甘肃民众对收入分配体制改革的反响与要求
　　………………………………………………………… 金　蓉 / 060
B.4 甘肃民众对食品药品安全监管体制改革的
　　反响与要求 ……………………………………… 惠继飞 / 080
B.5 甘肃民众对深化医药卫生体制改革的反响与要求
　　………………………………………………………… 侯宗辉 / 099
B.6 关于兰州"4·11"自来水苯污染事件的舆情
　　调查与研究 ……………………………………… 梁仲靖 / 116

001

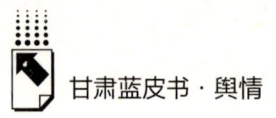

BIII 阶层篇

B.7 党政干部对甘肃省加快转型发展建设国家生态安全
屏障综合试验区的认知与思考 …………………… 魏学宏 / 135

B.8 新社会阶层对甘肃省非公经济发展环境的
评价与诉求 …………………………… 索国勇 马亚萍 / 155

B.9 甘肃农民工对社会保障制度改革的
反响与要求 ………………………………………… 魏 静 / 177

B.10 农民对甘肃省"双联"行动绩效的评价与要求
……………………………………………………… 侯万锋 / 196

BIV 专题篇

B.11 甘肃民众关于法治甘肃建设的舆情调查与研究
……………………………………………………… 梁海燕 / 216

B.12 党政干部关于加快甘肃省政府职能转变的
舆情分析 …………………………………………… 胡圣方 / 237

B.13 当前甘肃社会矛盾与多元化纠纷解决机制建设的
舆情研究 …………………………………………… 王 瑾 / 252

B.14 关于甘肃省民族地区"四个认同"的舆情研究
……………………………………………………… 王 荟 / 267

B.15 关于深化教育领域综合改革(分类考试)的舆情
研究 ………………………………………………… 刘安诚 / 282

CONTENTS

B I General Report

B.1 Analysis and Forecast of Public Opinion of Gansu Province in 2014-2015 　　　　　　　　　　　*Hao Shusheng, Jin Rong* / 001

B II Hot Social Topics

B.2 People's Response on the Party's "Mass Line" Campaign 　　　　　　　　　　　　　　　　　　*Li Qiaoling* / 038

B.3 People's Response and Requirements on Reform of the Income Distribution System 　　　　　　　　　　　　　　*Jin Rong* / 060

B.4 People's Response and Requirements on Food and Drug Safety Supervision System Reform 　　　　　　　　　　　*Hui Jifei* / 080

B.5 Gansu People's Response and Requirements to Deepen the Reformof Medical Health System 　　　　　　　　*Hou Zonghui* / 099

B.6 Public Opinion Surveys and Studies on the Lanzhou "4.11 Water Pollution Incident" 　　　　　　　　　　　　*Liang Zhongjing* / 116

B III Ranks

B.7 Gansu Government Official's Cognition and Thinking on Speeding Up the Development of Comprehensive Experimental Zone Construction of National Ecological Security Barrier 　　*Wei Xuehong* / 135

003

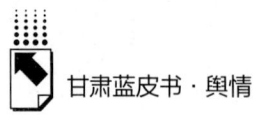

B.8 The New Social Class of Non-public Economic Eevelopment
 Nvironmental Assessment and Aspirations of Gansu
 　　　　　　　　　　　　　　　　　　Suo Guoyong, Ma Yaping / 155

B.9 Migrant Workers' Response and Requirements for Social
 Security System Reform　　　　　　　　　　　Wei Jing / 177

B.10 Farmers' Evaluation and Requirements for Action of "Contact
 Villages Contact Peasant Households, for People and Enrich
 People" in Gansu　　　　　　　　　　　　Hou Wanfeng / 196

BⅣ Special Subjects

B.11 Public Opinion Research of Rule of Law Construction in
 Gansu　　　　　　　　　　　　　　　　　Liang Haiyan / 216

B.12 Public Opinion Research of Transfer the Function of
 Government in Gansu　　　　　　　　　　Hu Shengfang / 237

B.13 Public Opinion Study on Current Social Conflicts and Alternative
 Dispute Resolution Mechanisms in Gansu　　　　Wang Jin / 252

B.14 Public Opinion Research of "Four Identity" of the Ethnic
 Minority Areas in Gansu　　　　　　　　　　　Wang Hui / 267

B.15 Public Opinion Research of Deepening Comprehensive Reform
 of Education Field (College Entrance Examination of Classification)
 　　　　　　　　　　　　　　　　　　　　　Liu Ancheng / 282

总报告

General Report

2014~2015年甘肃省舆情分析与预测

郝树声 金蓉*

摘　要： 2014年8~9月，甘肃省社会科学院舆情组在甘肃省14个市（州）进行了问卷调研与访谈，形成14篇专题舆情报告。本报告选取甘肃民众对党的群众路线教育实践活动、收入分配、食品药品安全监管、医药卫生体制改革和兰州"4·11"自来水污染等关注的热点问题，以及甘肃省加快转型发展建设国家生态安全屏障综合区、政府职能转变、法治甘肃建设、民族地区"四个认同"、"双联"行动绩效、农民工社会保

---

* 郝树声，甘肃省社会科学院研究员，主要研究方向为秦汉史、甘肃地方历史文化。金蓉，甘肃省社会科学院副研究员，主要研究方向为人文地理学、旅游经济学。

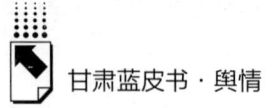

障、非公经济发展环境等专题，综合描述了2014年甘肃省舆情发生发展变化的整体态势，分析预测了2015年甘肃省舆情的基本趋势。

关键词： 甘肃 2014～2015年 舆情 分析与预测

2014年，是中国全面深化改革的重要之年。中共新一届领导集体强力反腐，重拳出击，"老虎""苍蝇"纷纷落网，为深化改革扫清障碍，政风逐步改观，提振百姓信心。随着群众路线教育实践活动的纵深开展，国家改革的顶层设计与各级政府、职能部门的整改落实，使执政党以人文本的执政理念进一步得到百姓的认可和拥护。十八届四中全会开启了中国从"法制"到"法治"的历史变迁，标志着国家治理体系和治理能力的历史性转折。

这一年，中共甘肃省委、省政府紧紧围绕党的中心工作来推进作风建设，注重把作风建设的成果体现到经济建设、社会建设、生态建设、文化建设的各个方面，抓住"丝绸之路经济带"建设等重大机遇，促进经济转型发展；深入实施扶贫攻坚行动和"双联"行动，维护群众利益、增进群众福祉。2014年1～9月，全省城镇居民人均可支配收入同比增长9.90%，增速居全国第3位。农村居民人均现金收入同比增长12.70%，增速居全国第七位。本年度舆情调研显示：九成的被访者对新一届党中央和省委改进工作作风、开展群众路线教育活动、反腐败行动表示满意或比较满意，与2013年相比，满意度提高了4.44个百分点，党风廉政建设和反腐败工作效果得到较高的社会认可度。与此同时，民众对收入分配制度、医药卫生制度、食品药品安全监管、农民工的社会保障、政府职能的转变、非公经济发展的环境的诉求与期盼，共同构成本年度甘肃舆情发生的背景。

2014年8~9月,甘肃省社会科学院舆情调研组深入兰州(城关、安宁、西固、七里河、红古五区)、白银、酒泉、张掖、武威(凉州区、天祝县)、天水(麦积区、清水县)、甘南(合作市)、临夏(临夏市)等地,以党和国家重大决策的出台与落实、甘肃省委省政府区域发展战略的实施以及百姓关注的关乎自身利益的社会热点问题作为中介事项,选取14个专题,发放问卷3576份,回收有效问卷3387份,舆情相关问题的个别访谈百余次。调研通过分层抽样法选取样本,按照国家与社会管理者、经理人员、私营企业主、专业技术人员、办事人员、个体工商户、商业服务业员工、产业工人、农业劳动者、无业失业半失业人员十大阶层人口按比例分层抽样[①],同时兼顾性别、年龄、民族、受教育程度、户籍等社会学统计要素,力求抽样的真实性和代表性。基于对本次调研问卷的统计分析和现场访谈,形成系列舆情报告。

一 加快转型发展,构筑国家生态安全屏障

(一)党政干部对甘肃省加快转型发展建设国家生态安全屏障综合试验区的认知与思考

国务院常务会议通过的《甘肃省加快转型发展建设国家生态安全屏障综合试验区总体方案》明确了甘肃在国家生态建设中的重要战略地位。加快转型发展,建设国家生态安全屏障综合试验区同时也是甘肃省贯彻落实党的十八大"五位一体"总体布局、推动生态文明建设的重要举措。对全省14个市、州不同级别党政干部的问卷调研与访谈,反映出他们对建设国家生态安全屏障综合试验区的认知及

[①] 参照陆学艺先生主编的《当代中国社会阶层研究报告》(社会科学文献出版社,2002),将当代中国社会结构划分为国家社会管理者等十大阶层。

思考。

1. 近九成被访党政干部对甘肃省加快转型发展建设国家生态安全屏障综合试验区密切关注，并希望进一步加强相关知识的宣传力度

在被访党政干部中，近九成表示关注《甘肃省加快转型发展建设国家生态安全屏障综合试验区》建设（40.1%表示十分关注，48.8%表示比较关注）；但相关文件的传达以及总体方案的学习覆盖率和有效率有待提升，仅有58.9%的被访者听过关于《甘肃加快转型发展建设国家生态安全屏障综合试验区》相关文件的传达，他们期望通过电视（45.5%）、互联网（19.9%）、手机短信（10.2%）、报纸（8.5%）、政府文件或工作报告（7.7%）、标语或公益广告（4.1%）、广播（3.7%）、其他（0.4%）等多种途径获取更多相关内容。

2. 被访党政干部对甘肃省加快转型发展建设国家生态安全屏障综合试验区相关问题的认识

关于主要障碍，被访者中有55.2%认为是缺少资金的投入；22.6%认为是社会公众建设意识不强烈；12.4%认为是政府部门积极性不够；2.1%认为是缺少相应的技术支持；8.7%认为是缺少惩罚和激励机制。谈到难点，资金和制度因素位居前二，21.9%的被访者认为资金投入不足，生态保护建设后劲乏力；20.5%的被访者认为生态补偿机制尚未完全建立，利益均衡无法实现；15.7%的被访者认为是群众参与建设意识不够高；15.3%的被访者认为是政府宣传及政策落实不到位；13.8%的被访者认为是草地退化沙化严重，水土流失加剧；12.8%的被访者认为是原有生态资源管护力量不够，森林资源保护难度大。

关于甘肃省加快转型发展建设国家生态安全屏障综合试验区的有效手段：18.8%的被访者认为是加大政府投入；18.5%的被访者认为是构建生态保护、经济发展和民生改善的协调联动机制；18.6%的被访者认为是创新方式,建立生态补偿的长效机制和多元投入的投融资机制;11.7%的被访者认为是加强政府宏观调控,确立推动科学发展的正确导向;15.7%的被访者认为是建立国家生态安全屏障综合试验区建设进度考核评价机制;16.7%的被访者认为是加强宣传,提高公众参与意识。同时,八成以上(83.1%)党政干部认为政府部门是国家生态安全屏障综合试验区的主体。

3. 党政干部对甘肃省加快转型发展建设国家生态安全屏障综合试验区主要着力点和重点完善层面的认识

22.5%的被访者认为树立尊重自然、顺应自然、保护自然的生态文明理念是甘肃省加快转型发展建设国家生态安全屏障综合试验区的着力点,20.0%的被访者认为应着力加强重要生态区位环境治理,20.7%的被访者认为是着力推进重点生态工程建设,22.4%的被访者认为是着力构建生态补偿机制,14.4%的被访者认为是着力改善城乡人居环境。被访甘肃党政干部认为完成国家生态安全屏障综合试验区建设任务需要重点完善政策的落实和资金投入。39.5%的被访者认为要从国家以及省委、省政府的政策层面完善,38.6%的被访者认为要从政府资金投资和落实层面完善。

4. 七成以上被访者认为国家的政策支持是甘肃省加快转型发展建设国家生态安全屏障综合试验区主要驱动因素

75.4%的被访者认为国家政策支持是建设国家生态安全屏障综合试验区的最主要驱动因素,4.6%的被访者认为是省上各大部门的全力推进,4.2%的被访者认为是社会公众极力呼吁,12.1%的被访者认为是有利于地方经济发展,2.9%的被访者认为是企业参与并获得利润,0.8%的被访者认为是基层工作人员全力参与。从数据来看,争取国家政策的支持是必然的,但生态和经济是不能截然分开的。只有经济发展了,生态环境才能得到更好的保护。

二 走群众路线，转变政府职能

（一）群众路线教育活动获赞，期待持续反腐败和依法治国

历时一年多的群众路线教育活动，是当前党和国家政治生活、社会生活备受关注的大事。为了解甘肃民众对党的群众路线教育实践活动的评价与期盼，2014年8月中旬，甘肃省社会科学院舆情调研组在全省范围内进行了调研。

调查在兰州、定西、白银、酒泉、武威、天水六市和甘南、临夏两个自治州以问卷与访谈结合的方式展开，通过分层抽样法选取样本，按照国家与社会管理者、经理人员、私营企业主、专业技术人员、办事人员、个体工商户、商业服务业员工、产业工人、农业劳动者、无业失业半失业人员十大社会阶层人口按比例分层抽样，同时兼顾性别、年龄、民族、户籍等社会学统计要素，力求抽样的真实性和代表性。调研组共发放问卷670份，收回有效问卷656份。舆情调研结果分析如下。

1. 九成被访者对开展群众路线教育活动表示满意，六成以上对已开展的群众路线教育活动持肯定态度

90.31%的被访者对新一届党中央和省委改进工作作风、开展群众路线教育活动和反腐败的态度、行动和措施表示满意（45.23%）和比较满意（45.08%），仅有5.39%的被访者表示不满意（3.54%）或很不满意（1.85%），还有4.30%的被访者表示不了解。与2013年甘肃舆情调查数据相比，表示满意和比较满意的比例增长了4.44个百分点，表示不满意和很不满意的比例下降了7.91个百分点。显示被访者对新一届党中央和甘肃省委工作满意度较高，党风廉政建设和反腐败工作效果得到较高的社会认可度。

63.55%的被访者认为党的群众路线教育活动是为民、务实、清廉的实践活动，非常有必要开展，对群众路线教育实践活动给予了很高评价；11.89%认为活动重形式轻内容，影响到了基层工作的正常展开；9.98%认为雷声大雨点小，起不到党密切联系群众的作用；12.37%认为是形式主义，活动结束后，党群干群关系又可能退回到之前的老状态。在访谈中有部分民众反映，群众路线教育活动非常及时、必要，但对过程很是失望，因为一些地区在活动开展过程中只是重形式，三天一大会，两天一小会，天天上报材料，笔记心得要求抄几大本，影响了正常工作，实际问题没有得到解决。

2. 八成以上被访者对党的群众路线教育活动的治党作用充满期待

82.62%的被访者对党和政府处理好党群干群矛盾表示有信心（37.39%）和比较有信心（45.23%），认为这是良好的开端，事情会朝着正确的、良好的方向发展；仅有9.69%没有信心，认为只能解决部分问题；有7.69%认为不好说。绝大多数被访甘肃民众对于群众路线教育活动的效果充满期待。盼望党员、领导干部能够"身"离群众再近些，"心"贴群众再紧些。

3. 近九成的被访者认为消极腐败现象在一定范围内得到遏制，六成以上被访者认为群众路线教育活动实施效果良好

89.17%的被访者认为社会上消极腐败的现象得到有效遏制（20.28%）或在一定范围内得到遏制（68.89%）；仅有4.02%的被访者认为没有遏制住，1.08%的被访者认为变得更加严重，5.73%的被访者表示不了解。与2013年甘肃舆情调查数据相比，认为得到遏制和在一定范围内得到遏制的增加了7.93个百分点；相反，认为没有遏制住和表示不了解分别下降了1.05个百分点和7.45个百分点。可见群众路线教育实践活动的效果在逐步深入人心。

65.28%的被访者认为党的群众路线教育活动后，所在工作单位（或社区）的党群干群关系的现状好（28.71%）和比较好

（36.57%）；25.46%的被访者认为一般，1.85%的被访者认为差，7.41%的被访者表示不清楚。可见，活动的实施效果明显，但是也有三成以上的被访者认为其所在单位的党群干群关系并未得到改善。

4. 八成被访者了解和熟悉十七项廉政新规，被访者看好"官员财产公开制度"和"不动产登记制度"对腐败的有效遏制作用

84.72%的被访者表示了解一些（67.40%）和很了解（17.32%）十八大以来中央出台的17项廉政新规，仅有14.17%的被访者表示不了解、1.11%的被访者没听说过。

72.02%的被访者认为廉政新规与自己的生活工作有关系，仅有15.07%认为没有关系，还有12.91%表示不清楚。可见，党中央反腐倡廉决心提振了民众对执政党的信心，激发了社会公众的监督意识，廉政新规为社会监督提供了可操作性，强化了社会监督的方式和手段，保证了社会监督的理性和民主，提升了社会监督的有效性和威慑力。

29.06%的被访者主张在惩治和预防腐败体系中建立官员财产公开制度，20.62%的被访者主张建立不动产统一登记制度，17.29%的被访者主张建立官员财产申报制度，19%的被访者主张制定专门惩治贪污犯罪的法律《防止贪污法》，13.73%的被访者主张建立制定《公务员指导手册》，公务员人手一册，手册中除包括有关法规外，还对公务员有详尽、明确的廉政规定，以防止贪污受贿。

5. 九成以上被访者赞成基层收入较低的公务员涨薪，但对高薪养廉认可率不高

九成以上的被访者认为应该给基层收入较低的公务员涨薪。其中26.10%的被访者认为应增加收入较低的基层公务员的工资，确保他们通过合法途径取得与其工作相应的劳动报酬；17.97%的被访者认为公务员涨工资的幅度不能过高于普通民众收入增加的幅度；13.30%认为应取消公务员和企业职工养老金"双轨制"；12.29%的被访者认为廉洁年金制度可以约束公职人员在职业生涯中的腐败动机；19.84%的被访者认为对保持公职人员的廉洁虽有积极意义，但也只是辅助作用，廉洁要"养"，更要靠"治"；10.07%的被访者认为是公务员的"变相福利"，不能起到"养廉"之用。访谈中了解到公务员群体普遍期待高薪养廉，但普通民众的认可率并不高。

6. 近八成被访者对反腐败和依法治国充满信心

79.63%的被访者表示对依法治国、把反腐纳入法制化轨道有信心（42.46%）和比较有信心（37.17%），16.33%的被访者表示一般，信心不足，仅有3.11%的被访者表示没有信心，0.93%的被访者表示无所谓。可见，民众对依法治国抱有信心、充满期待。

7. 民众期盼加强反腐倡廉法规制度的执行力度

反腐倡廉建设的核心问题是有效地规制权力。23.88%的被访者主张提高反腐倡廉法规制度的执行力（包括加强对执行制度的监督检查、对制度执行不力实行问责制和领导重视并带头执行等制度），13.07%的被访者主张追究用人失察失误的主要领导和组织部门的责任，20.90%的被访者主张加强对领导干部尤其是"一把手"的监督，17.29%的被访者主张公职人员不廉洁应该"清出队伍"，17.45%的被访者主张"保护举报人"以提高群众参与反腐败的积极性，7%的被访者主张加强网络反腐。民众期盼以制约和监督权力为核心，以提高制度执行为抓手，深入推进反腐倡廉制度建设。

（二）转变政府职能，实现"为民、务实、清廉"服务目标

1. 党政干部对当前市州县政府转变职能的看法

不同级别、不同地区的被访党政干部对政府转变职能的重点工作的看法、期待和要求各不同。但从总体上看，提供更好的公共服务、完善社会保障体系、深化政府机构改革、发展经济和减少行政审批事项被认为是甘肃省、市、州、县各级政府在转变职能方面最重要的工

作。

对于"转变职能的关键因素"这一问题，22.6%的被访者选择"转变工作重心，更好地提供公共服务发展公共事业"，15.5%的被访者认为是"严格执行有关减少行政审批事项的规定，激发市场活力"，而"大力培育和发展社会中介组织"（占7.4%）和"进行市、县级政府机构大部制改革"（占8.8%）选择比例最低。

2. 党政干部对当前乡镇政府转变职能的看法

提供更好的公共服务被认为是乡镇政府转变职能的重点，12.2%的被访者选择了此项；紧随其后的是推动民主政治建设和村民自治，占10.1%；之后是发展文化、教育、卫生等社会事业和农村土地流转，均占9.7%；征收税费、计划生育和户籍制度改革被认为是政府转变职能中最不重要的三项。

而对于乡镇政府职能转变迟缓的原因这一问题，排在前5位的分别是"公共服务能力差"（占12.1%）、"权小事多"（占11.3%）、"财政困难"（占10.9%）、"县乡权责不清"（占10.6%）、"行政命令多"（占9.1%）。从干部级别看，乡镇部门党政干部选择最多的是"权小事多"（占15.2%），市州和省级部门党政干部选择最多的是"公共服务能力差"（分别占13.9%、12.4%）。

3. 党政干部对甘肃简政放权和行政审批制度改革的看法

从党政干部对甘肃政府简政放权和下放行政审批事项的满意度和党政干部对甘肃行政审批制度改革宣传工作的满意度这两个问题看，近五成（分别为49.3%和53.4%）被访者选择了模糊性表达"一般"，如果不考虑"一般"，可发现"非常满意"和"比较满意"之和的比重（分别为33.8%和33.6%）要远大于"不太满意"和"很不满意"之和的比重（分别为16.9%和13.0%），表明党政干部看到了甘肃深化行政审批制度改革、推进简政放权工作的成效。但"一般"占多数比重也表明甘肃推进行政审批制度改革和简政放权工作与党政干部的期望和要求还有一定差距。

对党政干部对甘肃政府简政放权和下放行政审批事项存在问题的看法,"放责不放权"成为首选,占20.7%,紧随其后的是"放小不放大"(15.0%)、"政府部门之间分权不合理"(13.9%)、"部门之间放权不同步"(13.6%)、"放虚不放实"(12.2%)。从职务级别看,地厅级、县处级和科级党政干部的看法比较一致,均认为"放责不放权"是主要问题。

4. 党政干部对甘肃政府职能转变中突出问题的认识和建议

党政干部认为加快甘肃政府职能转变的突出矛盾和问题体现在部门职能交叉、权责事不统一、思想作风不转变、行政效率低、公共服务能力差、简政放权不到位六个方面。建议通过建立完善权力清单制度、提高决策科学化民主化水平、深化政府机构改革、转变思想观念、加强学习培训、完善考核机制等措施来加强政府职能转变。

三 法治甘肃建设,重在对公权力运行的制约与监督

1. 民众对法治甘肃建设的认识与评价

关于"法治甘肃"建设最大障碍的认识,57.94%的被访者认为公权力运行得不到有效的制约和监督是"法治甘肃"建设最大的阻碍,15.73%的被访者认为仍存在党大于法的现象,15.11%的被访者认为法律制度不健全,11.21%的被访者认为群众不相信法律。

对于反腐倡廉制度和措施的落实情况以及对于权力运行制约的实践效果,10.66%的被访者认为"完全能够落实,实践效果非常好",46.21%认为"基本能够落实,实践效果比较好",二者合计比例达到56.87%。仅有9.58%的被访者认为"根本落实不了,没

有任何实践效果",说明权力约束制度基本能够落实,具有一定实践效果。

在甘肃省推行的多项制约和监督权力运行的制度措施中,民众认为最为有效的前三位分别是"领导干部作风建设和廉洁从政制度"、"党务、政务、事务公开制度"和"电子监察系统建设",分别占21.41%、18.29%和16.18%,同时,民众对"新闻和网络监督"的认可度也较高,有255名被访者选择该项,所占比例为15.87%。

2. 服务领域政务公开情况民众满意度最高

民众对服务领域政务公开满意度最高。在"您认为当地政府及其工作部门在政务公开过程中哪个方面做得最好"的调研中,有38.57%的被访者选择"服务公开",23.95%的被访者选择"结果公开",19.75%的被访者选择"决策公开",17.73%的被访者选择"管理公开"。反映政府政务公开和服务型政府建设取得了一定的成效,但也凸显政府在决策和管理公开方面工作仍不到位,群众满意度还不高。

3. 民众认可纪委执纪监督工作,对纪检体制改革寄予厚望

在"对于权力滥用或腐败行为,您愿意选择哪种方式进行监督"的调研中,37.48%的被访者选择"向纪委反映情况",居选择位次第一。就"您认为当前甘肃省制约和监督权力运行的制度措施中,哪些最为有效"这一问题,12.63%的被访者认为"纪委执纪监督职能的加强"对于甘肃省制约和监督权力运行最为有效。

纪检体制改革对法治甘肃建设中强化纪委对同级党委的监督作用,民众期待较高。43.30%的被访者选择"期待很大,能够切实解决纪委对同级党委监督难的问题",有32.82%的被访者选择"期待较大,一定程度上能够提高纪委对同级党委的监督效果",二者合计比例达到76.12%,有19.88%的被访者选择"期待一般,变化会有但不会太大",仅有4.01%的被访者选择"不抱期待,不会有什么实践效果"。

4. 民众具有较强的监督意愿，网络反腐倾向度高

调研结果显示，民众反腐参与意愿强烈，当发现腐败现象时，九成以上调查对象会直接或间接参与反腐。就"对于权力滥用或腐败行为，您愿意选择哪种方式进行监督"的调研，选择"事不关己，不会监督"的仅占4.98%，选择"向纪委反映情况"、"在网上曝光"、"向新闻媒体揭发"、"向其上级领导检举"、"向腐败本人提出意见"的合计占95.02%。在各种监督方式中，民众网络监督倾向较高。有31.10%的被访者选择"在网上曝光"。反映网络已成为不容忽视的群众反腐渠道。

调研结果显示，"向纪委反映情况"和"在网上曝光"是各类阶层被访者选择比例最高的两项，但不同阶层的选择略有差异。国家与社会管理者、经理人员、专业技术人员、办事人员、个体工商户、商业服务业员工、农业劳动者阶层首选"向纪委反映情况"，而私营企业主、产业工人、失业人员阶层首选"在网上曝光"。有10.98%的办事人员阶层选择"事不关己，不会监督"，与其他阶层相比选择比例最高。

5. 民众支持落实党风廉政建设责任制，期盼较高

民众就《中共甘肃省委关于落实党风廉政建设主体责任的意见》对于强化权力运行制约与监督影响的看法显示：频次居前三位的是"强化了制度建设，有利于推进'制度防腐'"、"制度和措施规定的多，但具体落实是关键"和"相关单位应结合自身职能制定操作性较强的实施办法，避免'纸上谈兵'"，所占比例分别为26.30%、24.87%和18.83%。有18.70%的被访者认为"'一案双查'给领导干部戴上了'紧箍咒'，一定程度能约束公权力滥用"。10.78%的被访者认为"会加大党政'一把手'的责任，束缚他们办实事谋发展的手脚"。

6. 民众认为对"一把手"监督主要难在"一把手"地位特殊和权力运行不透明

民众认为对'一把手'权力行使的监督，主要难在"'一把手'地位特殊，班子和成员不敢监督"，占29.04%；其次是"权力运行不透明，群众不了解信息无法监督"，占23.40%；"制度防腐仍有漏洞，存在'牛栏关猫'问题"，占17.69%；"同级纪委监督薄弱，监督效果不好"，占11.54%；反腐倡廉制度得不到有效落实，占9.42%，"一把手"法制意识淡薄占8.14%。

四 "四个认同"，构建民族地区和谐社会

了解各民族（尤其是少数民族）对"四个认同"（对祖国、中华民族、中华文化、社会主义道路的认同）的认知程度，掌握真实民意，对政府科学有序地开展民族工作、构建和谐社会具有重要意义。

调研组于2014年8~9月，开展了实地问卷调研、个别访谈与集体座谈，调研区域主要包括：兰州市（城关区、七里河区、安宁区）、白银市（白银区）、临夏回族自治州（临夏市）、甘南藏族自治州（合作市）、武威市（凉州区）、酒泉市（肃州区、黄泥堡子裕固族乡），共发放问卷306份，收回有效问卷282份，问卷回收有效率为92.16%。

1. 近八成民众了解"四个认同"，但只有一成熟悉理论内涵，获取相关信息的途径主要是电视、广播

有10.28%的被访者熟悉"四个认同"理论内涵，46.81%表示知道相关内容，18.09%一般了解，22.70%承认自己不太熟悉，2.13%表示没有了解。可见，近八成被访者知道"四个认同"这一提法，但熟悉理论内涵的比例较低。而关于民众通过何种渠道知道或学习"四个认同"相关理论，49.29%的被访者选择"电视、广播"，

16%选择"报纸、杂志",12.41%选择"单位学习",11.70%选择"网络、手机信息",有5.32%选择"社区宣传",5.28%选择"其他途径",可见,大多数被访者通过传统的传媒方式获得信息的,而通过单位或者社区宣传渠道获得信息的则合计不到20%。

2. 九成被访者对"祖国"认同的具体内容接受,并表达了抵制恐怖活动的坚决态度

在问及"关于对'祖国的认同',请问您认同以下哪几点"时,89.72%的被访者选择"民族与国家的命运息息相关";56.03%选择"个人与祖国之间的密不可分";73.40%的选择"对我们的祖国和民族要有自信心、自尊心和荣誉感";44%选择"要大力推广中华民族爱国主义优良传统";44.68%选择"各民族共同缔造了伟大的祖国";47.16%选择"维护祖国统一是国家最高利益之所在";55.32%选择"要同民族分裂势力、宗教极端势力、暴力恐怖势力作坚决的斗争"。可见被访者对祖国认同的具体内容是普遍接受并支持的。而"对于民族分裂势力、宗教极端势力、暴力恐怖势力所制造的多起恐怖分裂事件"的看法,79.43%的被访者表示"强烈愤慨、谴责,坚决反对";15.60%选择"十分反对";3.91%选择"比较反对";0.35%选择"不反对"。在面对"鼓吹民族分裂,诋毁中国政府,制造恐怖事件的言论或个人时",43.26%的被访者选择"坚决反对、与之斗争",40.78%选择"不赞同、积极举报",8.87%选择"提醒他人,做好防护",6.74%选择"暗中防范,保护自己",0.35%选择"认为和自己无关"。

3. 被访者几乎全部认同"中华民族",认为中华民族是多个民族共同构成

关于对"中华民族的认同",99.29%的被访者认为"中华民族是一个多民族的大家庭,56个民族都是中华民族大家庭中重要的一员",80.50%认为"中国各族人民的根本利益是完全一致的,反对民族分裂是各民族的共同愿望"，38.65%认为"新疆自古以来就是一个多民族聚居地区"，39.01%认为"各族人民的根本利益高于各个民族的特殊利益"，51.42%认为"具有强大凝聚力的民族，必须反对民族分裂主义"，65.60%认为"坚决打击暴力恐怖主义破坏活动"。同时，46.10%被访者很认同"汉族离不开少数民族，少数民族也离不开汉族，各少数民族之间相互离不开"这一观点，34.40%的选择"较认同"，4.26%的选择"不太认同"，13.48%的选择"一般认同"，1.77%的选择"不认同"。合计80.50%的被访者比较或者非常认同各民族之间血浓于水的历史感情的，认为中华民族是由多个民族共同构建而成的。

4. 被访者认同"中华文化是中国各民族共同创造"，对汉族与少数民族文化关系的认知却不尽相同

关于民众对"中华文化"认同的调查显示：99.29%的被访者认为"中华文化是中国各民族共同创造的"，97.87%认为"中华文化具有多元一体特征"，48.58%认为"中华文化从来就是各民族相互联系的文化"，31.21%认为"少数民族文化吸纳了汉族文化"，32.62%认为"汉族文化吸纳了少数民族文化"，56.38%认为"各少数民族文化也是相互吸纳的"；29.43%认为"坚持中华文化的与时俱进"，62.06%认为"建设中国特色社会主义文化"。可见，对于中华文化的认同度较高，但是选择比例呈两极分化态势，有两道选项比例高达97%以上，另有两个选项的选择比例则仅为三成左右。

从被访者对其他民族节日的态度看，少数民族与其他民族之间的节日共度程度较高，总体有六成以上的少数民族会和其他民族共度节日。有超过八成的被访者是比较认同其他民族的宗教、风俗与语言的。

5. 九成以上被访者拥护"社会主义道路"

关于民众对"社会主义道路"认同情况的调查显示：81.21%的被访者认为"社会主义是一种先进的社会制度，走社会主义道路是中国历史发展的必然趋势",34.75%认为需要"不断坚定社会主义信念",40.78%认为"只有社会主义才能救中国",29.79%认为"只有社会主义才能发展中国",48.23%认为"中国特色社会主义道路是各民族共同繁荣的必由之路",80.85%认为"建设中国特色社会主义的基本任务是实现各民族共同繁荣",29.43%认为"新疆在建设中国特色社会主义道路上取得巨大成就"。而在问及"您如何看待我国实行的'一国两制、改革开放、民族自治、和平发展'等政策方针"时,55.67%的被访者选择"坚决拥护",36.17%选择"较拥护",8.16%选择"一般拥护",0.71%选择"不太拥护",0.35%选择"不拥护"。可以看出,当被访者对社会主义道路的认同率具体到政策方针时,选择比例则很高,较拥护及坚决拥护的达到了九成以上。

6. 八成以上民众对"四个认同"的整体认可度较高,对政府打击"三大势力"充满信心

在问及"您对'四个认同'的整体认可度"时,53.9%被访者选择"很认同",31.91%选择"较认同",10.64%选择"一般认同",2.48%选择"不太认同",1.06%选择"不认同"。整体看来,85.51%的被访者选择很认同或较认同。

在问及"在防范和打击民族分裂势力、宗教极端势力、暴力恐怖势力方面,您对政府作为是否有信心"时,43.97%的被访者选择"很有信心",39.36%选择"较有信心",13.12%选择"有一定信心",2.13%选择"不太有信心",1.42%选择"没有信心"。可见,对政府打击"三大势力",民众充满信心。

访谈显示:被访者针对民族问题主要的诉求集中在教育、经济、打击恐怖分裂势力、促进民族平等、尊重民族习俗等方面,进一步解决这些问题,可以为促进"四个认同"奠定更好的群众基础。同时,做好宣传学习工作,让"四个认同"深入群众,让民众认识到我们的祖国、文化、社会建设和共产党领导的方方面面与自身民族发展的密不可分，可以进一步促进民族团结、民族繁荣，进而形成全社会的良好发展氛围，这两个方面是相辅相成的。

五 执政为民，关注民生

（一）呼之欲出的收入分配制度改革

1. 收入涨幅跑不过物价涨幅成为共识，食品和生活必需品成为家庭主要支出项目

93.44%的被访者认为物价上涨幅度与全家收入上涨幅度不一致，物价上涨幅度过快，仅有1.22%的被访者认为收入增幅高于物价上涨幅度，还有5.34%的被访者认为收入上涨幅度跟物价上涨幅度基本一致。从家庭主要支出项目看，近五成被访者（49.69%）认为食品和生活必需品是家庭的主要支出，选择教育文化娱乐和贷款偿还支出的比例大体相当，分别占17.94%和17.33%，医疗保健支出占11.04%，而投资和购买各类保险等新兴服务业类消费支出比例较低，分别占2.30%和1.70%。

2. 收入水平偏低是被访者的普遍感受，地区差距和城乡差距表现明显

对收入主观认识的调查显示：46.49%的被访者认为目前的收入水平偏低，29.27%认为收入分配差距过大，8.23%认为不规范，10.98%认为收入不稳定，只有3.96%的被访者认为目前的收入水平基本合适，还有1.07%的被访者选择"其他"。可见，收入水平偏低、收入差距过大和收入不稳定是甘肃民众对当前收入水平较为普遍的认知。关于收入差距大的主要原因，地区差距和城乡差距位居首位，占被访者总数的30.64%，行业垄断差距占26.68%，13.72%的被访者认为个人能力差距是收入差距大的原因，11.59%的被访者认为灰色收入和特权收入机会差距是造成收入差距大的原因，9.15%的被访者认为受教育程度是收入差距大的原因，仅有4.12%的被访者认为税负不公平是收入差距大的原因。

3. 六成以上被访者表示对收入分配体制改革很期待、很支持

62.96%的被访者对收入分配体制改革持期待和支持态度，19.52%的被访者认为收入分配体制改革无异于虎口拔牙，对该项改革持观望态度，12.50%的被访者看法比较消极，认为作用不大，还有5.02%的被访者则明确表示对此事不太关注。从阶层看，失业人员、产业工人和专业技术人员阶层更加期待与支持收入分配体制改革，分别占被访者的78%、77.42%和68.24%。

4. 严惩腐败、遏制各类灰色收入，使收入更加阳光、透明是被访者最期待解决的问题

关于民众对收入分配领域感受最强烈、最期待解决的问题，26.83%的被访者期待严惩腐败、遏制各类灰色收入，使收入更加透明、阳光。25.76%的被访者希望提高公共投入和社会保障水平，保障公民可以"免于恐惧"地生活。19.97%的被访者期待创造更多就业机会，提高劳动者报酬。18.60%的被访者希望收入增长幅度能跑过物价上涨幅度。8.84%的被访者希望用分配手段缩小收入分配差距。

5. 行业差距是收入分配差距的主要体现，被访者迫切希望能提高中低收入者的收入

收入分配差距主要体现在城乡差距、地区差距、行业差距、企业内部差距、公共服务差距、职业差距、不合理不合法的收入差距等方面，这既和体制有关，也有改革不到位的问题。就甘肃民众而言，27.3%的被访者认为行业差距是收入差距的主要表现，紧随其后的是职业差距和教育、医疗、住房及社会保障等公共服务差距，分别占

18.1%和15.7%。关于甘肃民众最迫切期待解决的收入分配问题，35.98%的被访者期待收入分配体制改革能提高中低收入者收入，19.05%的被访者希望全国实行统一的社会保障和社会福利制度，16.16%的被访者期待政府能扶持就业创业，10.52%的被访者期待促进农民增收。而对于调节过高收入、扩大中等收入者比重、扶贫济困等问题，甘肃民众没有明显的诉求。

（二）甘肃民众对食品药品安全监管体制改革的反响与要求

如何保障老百姓的饮食用药安全近年来一直是甘肃省乃至全国的热点问题。人们对食品药品安全问题的关注源于食品药品安全事件频发，而食品药品安全监管不力、体制机制不畅是问题发生的重要症结。打响食品药品安全保卫战的同时，也需要唱响监管体制改革攻坚战。近年来，食品药品安全监管体制改革主要体现在以下四个方面：党和政府的重视程度日益增强、监管体制进一步理顺、法律规制进一步完善、治理整顿和严惩重处双管齐下，在这种情况下，甘肃民众的舆情体现如下。

1. 多数被访者关注食品药品安全监管体制改革，认为改革后的食品药品安全状况有好转

甘肃民众对食品药品安全监管体制改革关注度较高。有9.61%的被访者表示很了解，67.75%的被访者表示了解一些，22.64%的被访者表示完全不了解。12.38%的被访者认为食品药品安全监管体制改革前后，甘肃的食品药品安全监管工作力度及安全力度明显加强，53.87%的被访者认为力度有所加强，安全形势有所好转，15.79%的被访者认为监管力度和安全状况都没有变化；仅有4.03%的被访者认为监管力度有所削弱，安全形势变差；另有13.93%的被访者表示说不清。可见，有超过六成的被访者认为与改革前相比，目前甘肃的食品药品监管工作力度都明显加强或有所加强，安全状况相比过去好

了很多或有所好转，表明在机构整合后，以前所存在的监管边界不清、监管重复和空白并存等问题得到有效解决，民众对此感受明显。

2. 五成以上的被访者对当地食品药品监管部门工作满意，但对食品药品安全状况的总体评价有待提升

对于当地政府食品药品监管部门的工作，6.53%的被访者表示非常满意，48.21%表示基本满意，29.39%表示不太满意，8.87%表示很不满意，还有7%表示不了解。54.74%的民众对监管部门工作表示非常满意和基本满意，表明当前民众对政府部门日常监管的认可度在增进。但同时，对监管部门工作表示不太满意、很不满意和不了解三项占比达45.26%，提醒监管工作绝不能满足于当前，还需要以更大的努力来重拾老百姓的信心。食品药品安全谁来保护？遇到问题应该找哪个政府部门来投诉处理？从调查结果看，民众对此还不是很清楚，选择首先找食品药品监督管理局投诉和处理的仅占31.74%，仍分别有19.61%、15.94%、14.58%和14.39%的人找的是消费者协会、工商局、质量监督局和卫生局。

对于目前甘肃省食品药品安全总体状况，民众的认同度仍然偏低。有6.98%的被访者感觉很安全、非常满意，35.81%的被访者感觉虽然有些问题，但基本满意。非常满意和基本满意两项合计为42.79%。同时，另有40.62%的被访者感觉问题仍然存在、不太满意；16.59%的被访者感觉形势严峻、很不满意，两项总和为57.21%。

而关于造成目前食品药品安全问题的原因，24.63%的被访者认为是对违法企业和个人的惩罚力度不够，21.10%的被访者认为是社会诚信缺失，不法企业利欲熏心，15.87%的被访者认为是相关法律法规和标准不够完善，15.70%的被访者认为监管部门职责不明晰，14.33%的被访者认为监管体制需进一步理顺，8.13%的被访者认为新闻媒体曝光不够，还有0.24%的被访者认为是其他方面的原因。

3. 被访者希望政府加强对转基因食品的安全监管与服务

转基因食品安全之争由来已久。但仅有6.60%的被访者认为对当前转基因食品的安全监管非常有力，而认为监管力度一般和缺乏力度的分别占到37.80%和43.47%，同时有12.13%的被访者表示不知道。在民众对目前转基因食品的安全监管工作认可度不高的同时，希望政府能有针对性地提供相关服务。16.23%的被访者期待在有关转基因食品的政策法规方面给予指导和宣传，36.04%的被访者期待在有关转基因食品品种类型方面的知识给予指导和宣传，24.65%的被访者期待对安全风险方面的知识给予指导和宣传，21.38%的被访者期待对购买时如何辨别的知识给予指导和宣传，1.72%的被访者认为在其他方面。

4. 被访者认为食品药品安全监管需要全方位推进

如何改革，才能最有效地保障食品药品安全？从调查结果看，被访者认为应该全方位推进。有22.55%的被访者建议成立食品药品安全监督管理部门，理顺监管体制；21.44%的被访者建议增设食品药品安全监管渎职罪，惩治监管失职渎职行为；20.39%的被访者建议明确食品药品安全犯罪量刑标准，重典治乱；17.34%的被访者建议把食品药品安全纳入地方政府"一票否决"制，严肃问责；13.71%的被访者建议要动员社会力量，构建食品药品安全社会共治格局；4.57%的被访者建议要重视和正确引导社会舆论。

而关于如何有效进行日常监管，42.68%的被访者认为最重要的是要严格食品药品生产的准入资格，对生产过程进行严密监管；31%的被访者认为要对市场上的食品药品进行大比率抽查，发现问题，及时处理；22.74%的被访者认为应该把好最后一道关，防止不合格产品流入市场；2.96%的被访者认为应公开政府食品药品方面的工作情况；0.62%的人认为是其他方面。

面对舆情，建议通过加大力度追究对食品药品违法企业的法律责任,以反求诸己的施政理念夯实监管责任,加快建立食品药品安全风险预警机制,尝试推行食品药品安全责任险,要按照大胆研究、慎重推广的要求,切实加强转基因食品的安全监管等措施来顺应民众对食品药品安全监管体制改革的期待。

(三)甘肃民众对深化医药卫生体制改革的反响与要求

1. 近六成被访者听说过一些医疗卫生改革的相关政策,但全面了解有待深入

被访者对医药卫生体制改革的重点领域、新一轮医改将要实现的主要目标、需要完善和建立的医药卫生体系及制度表示关注,调查结果显示:有2.17%的被访者表示"十分了解",有26.63%的被访者表示"比较了解",有57.28%的被访者"听说过一些",有13.93%的被访者表示"不知道"。由此可见,绝大部分被访者对深化医药卫生体制改革的相关政策表示关注。

2. 近九成被访者对目前医疗保障水平满意,认可推动中医医改;但对药品、服务价格和民营医院的看法有较大分歧

近九成被访者对目前医疗保障水平表示满意。6.97%的被访者表示"非常满意",23.84%表示"比较满意",57.59%表示"基本满意",11.61%表示"不满意"。前三项的比例合计达到88.40%。

被访者对药品价格涨跌变化的感受不一,其中认为"没有变化"和"越来越贵"的比例相当。感觉药价"明显下降"的被访者占2.01%,感觉"有所降低"的占25.54%,感觉"越来越贵"的占37.46%,感觉"没有变化"的占34.98%。

近六成被访者认为"有必要"适当提高医疗服务价格。25.70%的被访者认为"很有必要",32.51%选择"有必要",27.09%认为"没有必要",14.71%表示"不清楚"。

被访者对民营医院的看法,分成了"大力支持"和"严格控制"

相互对立的两大派别。38.85%的被访者表示"应该大力支持",11.61%觉得"应该维持现状",32.04%觉得"应该严格控制",还有17.50%表示"不清楚"。可见,有接近四成的被访者认为"应该大力支持"民营医院,但也有三成多的被访者认为应予以"严格控制"。

近九成被访者对中医药的疗效表示认可,对其发展前景充满信心。认为"效果很好"的被访者占47.37%,认为"效果较好"的占39.32%,认为"没有作用"的占2.01%,"没有用过"的占11.30%。前两项合计达到86.69%。这表明,有近九成被访者对中医推动医改是认可的。

3. 被访者对"医药卫生体制改革"相关问题的认识

58.82%的被访者认为"人才短缺,能力不足"是基层医疗机构最为突出的问题。被访者认为"医院过度追求经济利益"、"医疗费用过高"和"患者对医疗期望值过高"是造成医患关系紧张的三个主要原因。近六成被访者认为深化医改以来,"看病难、看病贵"的现象有所缓解。具体表现为:8.98%的被访者觉得"明显缓解",50.77%的觉得"有一定改变",17.65%的认为"比过去更难更贵",22.60%的认为"没感觉"。

(四)被访者对兰州"4·11"自来水苯污染事件的思考与建议

兰州"4·11"自来水苯污染事件不仅对广大兰州市民正常生活带来困扰与不便,而且引发了一定程度的社会恐慌与信任危机。它所暴露出来的城市供水安全、政府应急管理、城市工业布局等问题,是多年来各类矛盾和遗留问题长期积淀的结果。甘肃省社会科学院舆情调研组先后在兰州地区发放问卷200份,回收有效问卷198份,旨在了解"4·11"自来水苯污染事件对兰州市民产生的影响及他们对这一事件的看法、感受、诉求和建议。

1. 被访者对"4·11"自来水苯污染事件充分关注，反应迅速

半数以上的被访者（54.6%）在该新闻公布6小时之内知晓此事，其中近1/3（28.3%）的被访者在3小时之内即已知情，仅有11.1%的被访者直到正式新闻公布24小时后才知道饮用自来水被污染。可以看出，兰州"4·11"自来水苯污染事件舆情传播速度较快、效率较高。近半数（48.5%）的被访者表示最早由亲朋好友等通过手机、电话等方式告知，20.2%最早通过互联网获知，12.1%通过广播、电视获知，9.1%则通过微信、微博渠道获知，通过政府公益短信了解苯污染事件的被访者仅占6.1%，另有4.0%最早通过报纸或其他渠道了解。这表明，兰州"4·11"自来水苯污染事件传播机理有别于一般意义上社会热点事件的传播，在这一事件中，广大民众不再是作为舆情事件旁观者或信息被动接受者，而是积极、主动参与舆情事件的扩散和传播，大部分人通过手机、电话等方式，第一时间向自己的亲朋好友告知，使得这一突发性公共安全事件在全市范围内迅速由舆情关注层面向危机共同应对环节转化。

2. "4·11"自来水苯污染事件对兰州市民影响大

调查显示，97.3%的被访者表示他们的正常生活受到自来水苯污染事件影响，其中63.6%的被访者表示影响很大，34.3%认为有一定的影响，但影响不大。73.7%的被访者坦言在自来水苯污染事件期间，有抢购、囤积矿泉水、饮料的行为经历。从地域分布看，认为苯污染事件对自己生活"有很大影响"的被访者中，来自西固区的回答命中率为82.1%，来自安宁区的回答命中率为72.2%，城关区为61.5%，七里河区为38.5%。

3. 兰州市自来水问题由来已久，供水企业成为责任主体

在问及"4·11自来水苯污染事件以前，您所居住地自来水水质如何"时，42.4%的被访者回答"一般"，21.2%回答"较差"，

17.2%回答"非常差",仅有19.2%认为居住地水质状况"较好"或"非常好"。表明兰州市自来水问题由来已久,绝大多数民众长期以来对兰州市自来水水质等问题表示不满。关于"4·11"自来水苯污染事件所暴露出的最大供水安全问题环节,28.3%的被访者认为对自来水水质检验监测与信息发布环节最值得注意,24.3%认为供水设施的日常管理与维护环节问题更突出,21.2%认为兰州市城市总体规划与工业布局不合理,19.2%认为兰州水源地选址和供水设施建设有问题,6.1%则质疑政府部门对自来水供应的特许经营和日常监管,另有1.0%选择其他。"4·11"自来水苯污染事件普遍引发了广大市民对供水安全事故责任的追问,46.8%的被访者认为兰州供水服务的商业运营商威立雅水务集团公司应负主要责任,27.7%认为兰州市政府及其相关部门应负主要责任,24.5%则认为兰州石化公司应对事故负责。

4. 被访者对政府应对危机的措施评价不一,对开辟刘家峡第二水源地建设充满期待

被访者对兰州市政府应对危机各项措施总体评价不高。其中,对自来水污染信息公布不满意率达到78.8%,对相关责任追查、处理方面不满意率达到64.6%。相对而言,被访者对于政府在满足基本生活饮水供应和清污及恢复正常供水方面的工作表现较为认可,满意度均达到45.5%。90.9%的被访者认为实施刘家峡第二水源地建设工程将使兰州供水状况发生改观,其中27.3%的人认为会有显著改善,63.6%的人认为会有一定改善,仅有9.1%的民众对第二水源地建设持否定或怀疑态度。

总之,"4·11"自来水苯污染事件舆情关注度高,社会影响面广,成为近年来兰州市重大舆情突发事件。该突发事件是兰州市供水安全方面各种矛盾和问题长期沉淀的结果,民众不满由来已久。事件虽然对政府公信力产生一定影响,但广大市民对政府应对措施仍然予以积极评价。该世事件凸显"工业围城"之困,兰州市民对开辟第二水源地予以较高期待。建议完善信息公开和公众参与机制,加快政府职能转变;加大市政基础设施投入,认真落实第二水源地建设;建立健全城市供水安全长效机制和政府应急管理机制;完善和落实环境安全法律法规,优化城市经济产业布局。

(五)农民工对社会保障制度改革的反响和要求

2014年,国家出台了《城乡养老制度衔接暂行办法》,鼓励更多的农民工加入城镇职工养老保险,并以此提高农民工的养老保障水平,以适应新型城镇化进程。舆情调研组在兰州市安宁区、七里河区以及皋兰县和榆中县,抽样选择300名不同年龄、性别、职业、民族的农民工进行了问卷调研和访谈,其目的旨在了解他们目前的养老保障状况以及对国家实施这一政策的反响与看法。本次调研发放问卷300份,收到有效问卷287份,实际回收率95.67%。

1. 被访者城乡养老保险参保率高,商业保险参保率低

本次被访的农民工全部参加了城乡养老保险,主要是城镇居民养老保险,也有少数购买了城镇职工养老保险。从参与养老保障类型看,绝大多数被访者及其家人(7成以上)参加了城乡居民养老保险,有少数被访者及其妻子参加了城镇职工养老保险,被访者的父母和子女没有参加城镇职工养老保险的实例。极少数农民工选择参加商业保险,原因在于被访者认为商业保险的诚信度低于社会基本养老保险,而缴费额度也高于普通养老保险。

2. 五成被访农民工愿意参加城镇职工养老保险,近七成被访者没有城镇职工养老保险缴费能力

关于是否愿意参加城镇职工养老保险,50.7%的被访者表示愿意参加城镇职工养老保险,44.2%表示不愿意参加,5.1%持无所谓的态度。可以看出,多数被访者是愿意参加城镇职工养老保险的,原因

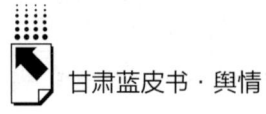

是这种养老保险将来能有一个较高的且稳定的养老待遇,特别受到愿意在城镇长期扎根生活的群体的青睐。

国家鼓励广大城乡居民参加城镇职工养老保险,这是推进城镇化过程中统筹城乡养老保障体系、提升养老保障水平的重大举措。但是养老保障层次的提高必须建立在个人经济能力的基础上。调查结果显示:69.4%的被访者认为自己没有能力缴纳城镇职工养老保险,17.5%表示自己有能力缴纳城镇职工养老保险,还有13.1%以"不知道"回避了对这个问题的正面回答。

3. 八成以上被访者不满意当前城乡居民养老保险的养老待遇,七成被访者对收入不满意

甘肃省城乡居民养老保险基本实现了全覆盖,这是一种保障水平较低,但覆盖面广的基本养老保障类型。但被访者对养老待遇的满意度不高。具体表现在:82.3%的被访者表示不满意当前的城乡居民养老保险的养老金待遇,9.6%表示满意,8.1%表示不知道。访谈发现:被访农民工并不将城乡居民养老保障作为今后唯一的养老保障,而是打算在年轻力壮时多挣钱,为今后的养老做打算,或通过储蓄理财,或通过购买其他保险。

收入是影响城乡居民选择何种养老保险的重要因素。70.2%的被访者表示对当前的收入不满意,21.6%的被访者表示基本满意,8.2%的被访者表示满意。

4. 近七成被访者期待打破城乡二元结构

我国的城乡二元化社会结构,是在计划经济时代逐渐形成的。国家通过严格的户籍管理,使城乡居民处于分离状态。国家在民生福利上的投入偏向于城市,导致城乡居民之间的差距越来越大。这种城乡二元化的社会结构,已经不能适应当下的中国发展需求。调查显示:67.5%的被访者赞同打破城乡二元结构,19.4%不赞同打破城乡二元结构,13.1%表示无所谓。

综上可以看出，甘肃城乡居民养老保障水平低，扩大城镇职工养老保险的参与群体还需要一个较长期的过程，农民工参加城镇职工养老保险的机制还存在一定障碍。建议提高城乡居民养老保险的保障水平，逐步缩小和城镇职工养老保险的差距，进一步完善农民工养老保障的体制机制，健全和完善农民工工资保障机制，提高农民工的收入，打破城乡二元结构，加快城乡一体化的建设。

（六）新社会阶层对甘肃省非公经济发展环境的评价与诉求

新社会阶层是指改革开放以来，从工人、农民和知识分子阶层中分化出来的、存在于传统体制之外的新社会群体人士。为全面了解业界对甘肃非公经济发展环境评价与诉求，进一步优化甘肃省非公经济发展环境，舆情蓝皮书课题组以兰州市为田野调查点，对居住在城市的民营科技企业的创业人员和技术人员、受聘于外资企业的管理和技术人员、个体户、私营企业主、中介组织、自由职业等六个行业的新社会阶层从业人员共发放问卷300份，有效问卷280份，有效回收率为93.3%。调研旨在了解新社会阶层人士对甘肃省非公经济发展环境的评价与诉求等舆情，从而推动完善全省扶持非公经济发展政策和制度，优化支持非公有制经济发展环境，激发非公有制经济活力和创造力。

1. 近六成被访者对甘肃省非公经济发展政策环境持肯定态度，但五成以上的被访者对法规完善程度和执行政策法规公平公正度评价不高

9.3%的受访者对"非公经济发展政策"表示"满意"，49.3%表示"基本满意"，35.4%表示"不太满意"，6%表示"很不满意"，其中基本满意和满意之和占受访者总数的58.6%，不太满意和不满意之和占受访者总数的41.5%，表明大多数受访问者对甘肃支持非公经济发展政策环境持肯定态度。而对于"您认为现行非公经济法规是否完善"这一问题，只有5%的受访者认为"完善"，35.4%认为"基本完善",53.6%认为"不够完善",6%认为"很不完善"。其中选择完善和基本完善的受访者仅占总数的四成,表明大多数受访者对甘肃支持非公经济发展政策法规完善程度的评价较低。而对于"政策法规在执行中能否做到公平公正"这个问题,受访者的总体评价较低。6.1%的受访者认为"公平公正",41.4%的认为"基本公平",41.4%的认为"不够公平",11.1%的认为"很不公平"。

2. 近五成被访者对政府行政审批制度总体评价表示满意,还有五成表示不满意

调查问卷结果显示:在新阶层对政府支持非公经济发展行政审批制度政策总体评价中,6.8%的受访者认为"满意",42.5%的认为"基本满意",41.8%的认为"不太满意",8.9%的认为"很不满意",其中认为满意、基本满意之和者占其总数的49.3%,认为不太满意、很不满意之和者占其总数的50.7%。从新社会阶层不同职业者的认知看,对政府行政审批制度满意程度最高的是民营科技企业的创业者和技术人员,占受访者总数的65.2%,不满意程度最高的是个体户,占受访者总数的68%。对非公经济发展中政府服务工作的满意和不满意平分秋色。在新阶层对非公经济发展中政府服务工作满意度总体评价中,8.9%的受访者认为"满意",42.1%认为"基本满意",41.1%认为"不太满意",7.9%认为"很不满意"。

3. 五成以上被访者对社会环境总体评价持肯定态度,但对具体环境评价有差异

受访者对基础设施建设环境总体评价持肯定态度。6.4%的受访者对"非公经济发展的基础设施建设"表示满意,45.7%认为"基本满意",38.2%认为"不太满意",9.6%认为"很不满意"。公共安全环境总体评价较高。7.9%的受访者对"非公经济发展中公共安全状况"表示满意,49.3%认为"基本满意",35.7%认为"不太满意",7.1%认为"很不满意"。对社会保障总体满意度较低。5%的受访者对"现行保障水平"持"满意"态度,39.3%认为"基本满意",45%认为"不太满意",10.7%认为"很不满意",超过半数的受访者对社会保障表示不满意,表明他们对甘肃非公经济发展社会保障总体评价较低。

4. 被访者对经济环境的总体满意度和放宽政府准入政策的效果评价不高,对市场环境具体指标评价高低不一

8.6%的受访者对"非公经济发展经济环境的总体情况"表示"满意",40.7%认为"基本满意",42.5%认为"不太满意",8.2%认为"很不满意",认为满意、基本满意之和占受访者总数的49.3%,认为不太满意、很不满意之和占总数的50.7%,半数的被访者对非公经济发展的经济环境总体表示不满意。在市场准入公平度、市场竞争公平度、市场秩序、市场信用、投资、融资、生态和资源环境八项市场环境的具体评价指标中,满意度最高的是市场准入公平度,占其总数的25%,满意度最低的是资源环境和生态环境,占其总数的16.1%。变量分析结果表明随着国家对非公经济市场准入制度逐渐放宽,新阶层人士对其满意度有所提高。新社会阶层对放宽市场准入制度的评价数据显示,5%的被访者认为"十分有效",42.9%认为"有效",41.1%认为"效果一般",11%认为"没有效果"。超过半数的被访者对政府放宽市场准入政策、改善非公经济发展环境效果缺乏信心。

(七)"双联"行动突显成效,贫困农民得到实惠

2012年2月,甘肃省委在全省范围内组织开展了"双联"行动。两年多来,这项行动逐渐成为机关作风转变的形象提升工程、教育培养干部的能力锻造工程、造福人民群众的德政民心工程。舆情调研组以天水市麦积区、清水县、白银市平川区、定西市渭源县、庆阳市宁县等地多个乡村作为重点调查区域和个案,主要以问

卷调查、个别访谈等实证分析为主，辅之以实地观察、座谈等形式展开调查。旨在了解农民对甘肃省"双联"行动开展两年多来的客观评价和真实要求，分析"双联"行动实践中面临的挑战、不足和难题，总结"双联"行动中探索出的管用做法、成功经验。本次调研共发放问卷320份，收回有效问卷311份，有效问卷回收率为97.19%。

1. 被访者对"双联"行动总体评价较高，认为成效明显

大多数被访者对"双联"行动的总体评价较高，认为"双联"行动的整体成效较为明显。11.58%的被访者对"双联"行动开展两年来的总体评价表示"非常满意"，21.54%表示"比较满意"，30.23%表示"一般满意"，13.83%表示"不满意"，22.83%表示"不好说"。而对于"双联"行动开展两年多来的整体成效，9%的被访者认为"成效显著"，18.97%认为"成效较好"，32.15%认为"有一定成效"，17.68%认为"没有成效"，22.19%表示"不好说"。

2. 被访者认为"双联"行动的六大任务落实较为到位，满意度较高

在宣传政策方面，65%左右的被访者认为"双联"行动在落实宣传政策方面较为到位，成效较好。在反映民意方面，约有60%的被访者认为"双联"行动在反映民意方面是有成效的，任务落实较好。在促进发展方面，67.20%的被访者对"双联"行动开展以来在促进农村发展的落实方面表示满意，只是程度不一。在疏导情绪方面，65.6%的被访者对"双联"行动在疏导情绪方面的成效是肯定的，满意度较高。在强基固本方面，70%的被访者认为"双联"行动的开展对强基固本任务落实的作用较大，评价相对较高。在推广典型方面，70.42%的被访者认为"双联"行动在推广典型方面的成效较为明显，对强基固本落实的任务持积极肯定看法。

3. 九成被访者肯定群众路线教育对"双联"的促进，并认可"双联"对扶贫攻坚的积极作用

91.64%的被访者认为群众路线教育实践活动对深入开展"双联"行动有所促进，约9成的被访者认为持续深入开展"双联"行动对新一轮扶贫攻坚将发挥积极作用。具体表现为：9.65%的被访者觉得党的群众路线教育实践活动对深入开展'双联'行动"有很大作用"，19.94%认为"有较大作用"，29.58%认为"有一定作用"，32.48%认为"有点作用"，只有8.36%认为"没有作用"。8.68%的被访者觉得开展"双联"行动对新一轮扶贫攻坚"有很大作用"，19.94%认为"有较大作用"，31.19%认为"有一定作用"，29.58%认为"有点作用"，10.61%认为"没有作用"。

4. 被访者认为"双联"对农村维稳有积极作用，有助于加强农村基层组织建设

87.78%的被访者认为开展"双联"行动对维护农村稳定和谐有积极作用，88.75%的被访者认为开展"双联"行动有助于加强农村基层组织建设。9.32%的被访者认为开展"双联"行动对维护农村稳定和谐"有很大作用"，18.33%认为"有较大作用"，35.05%认为"有一定作用"，25.08%认为"有点作用"，12.22%认为"没有作用"。7.07%的被访者认为开展"双联"行动对加强农村基层组织建设"有很大作用"，16.72%认为"有较大作用"，37.62%认为"有一定作用"，27.33%认为"有点作用"，11.25%认为"没有作用"。

5. 被访者对持续深入开展"双联"行动的期盼集中在农村基础设施建设、农村特色经济发展和健全农村社会保障制度等领域

218人次被访者希望"双联"行动能"加强道路、水利等基础建设，整治村容村貌"，213人次希望"从本村实际出发，发展特色经济"，205人次希望"健全医疗卫生、养老、最低生活等各项保障制度"，199人次希望"发展现代农业，促进农民增收"和"因地制

宜，搞好农村规划"，172人次希望"加强村级组织建设"，163人次希望"加强宣传和培训，提高农民素质"，124人次希望"组织文化和科技下乡，加强村级文化建设"。

6. 被访者认为村干部、村民和村里自身经济条件是持续深入开展"双联"行动最主要的难点问题，同时，乡镇对村级发展的干预对持续深入开展"双联"行动的影响不容忽视

就"双联"行动实践中"村里开展工作的难点有哪些"多选项目的问卷调查看，选择"村干部素质能力不够"的183人次，排在第一位；选择"村民参与度不高"的157人次，排在第二位；选择"村集体钱太少"的150人次，排在第三位；选择"青壮年劳动力太少"的149人次；选择"村干部人心不齐"的达到136人次；选择"乡镇干预太多"的82人次；选择"乡镇派的任务太多"的50人次；选择"家族、宗教势力等影响村里事务"的34人次；选择"其他"的14人次。

7. 从个别访谈看，被访者认为由于受诸多因素制约，"双联"行动与广大农民群众的期望相比，还存在一定差距，还有诸多不足急需改进

"双联"行动与广大农民群众的期望存在差距，主要表现在：一是帮扶贫困村大多地理位置偏僻，远离中心城镇，信息闭塞，群众思想守旧，产业结构单一，耕作粗放；二是村集体经济基础差、底子薄，水电路讯等基础设施建设比较滞后，项目需求多，资金缺口大；三是一些村干部和农民群众对"双联"行动认识不到位，片面地理解为帮联单位、干部入村就是为帮联村、帮联户给钱给项目给物资，好多急需自主推进的事情完全依赖于帮扶单位和联村干部，自我发展信心不足，存在等靠要思想等等。

建议通过聚焦宣传重点，增强政策意识，提升政策运用水平；狠抓作风改进，体现群众意愿，密切党群干群关系；突出发展主题，注重特色培育，夯实经济发展基础；营造和谐氛围，疏导群众情绪，促进社会良性治理；着力强基固本，巩固基层基础，提升服务群众能力；加大典型推广，总结成功经验，充分发挥示范效应等措施逐步加以解决。

六 分析与预测

（一）2014年甘肃民众关注的社会热点变化与分析

2014年甘肃民众关注的社会热点调查结果显示：有66%的被访者关注食品安全问题，由2013年的第二位上升至第一位，这一方面和2014年频频出现的食品安全事件有关，另一方面也说明民众对健康的关注度日益上升。物价问题以63.1%的关注比例位居第二，由2013年的第六位上升至第二位，比2013年提升了4个位次，稳定物价是甘肃民众的期盼。位居第三的是环境问题，有60.2%的被访者关注，与2012年位次一致。位居第四的是住房问题，比2013年的第一位下降了三个位次，有59.8%的被访者关注。位居第五的是养老与社会保障问题，比2013年的第八位上升了三个位次，比2013年高出8.17个百分点。位居第六的是医疗问题，有51.7%的被访者关注，由2013年的第七位上升到第六位。位居第七的是就业问题，有46.6%的被访者关注，比2013年下降了两个位次。位居第八的是反腐败与党的群众路线教育活动，有40.4%的被访者关注，比2013年下降了四个位次，关注度下降了14.82个百分点。位居第九的是教育问题，有40.2%的被访者关注，其排名与2013年一致。位居第十的是收入分配制度改革，有31.3%的被访者关注，其排名与2013年一致。

从2013年和2014年民众关心的社会热点问题看（见表1），关注度排名前十位的问题完全一致，但关注度略有变化。环境问题、教育问题、收入分配制度改革三个社会热点问题的排序没有变化，民众对反腐败与党的群众路线教育活动、住房问题和就业问题的关注度略有下降，对食品安全问题、医疗问题、养老与社会保障问题、物价问题的关注上升。

表1　2013年2014年甘肃民众关注度社会热点问题前十位变化情况

问题	2013排序	2014排序
环境问题	3	3
反腐败与党的群众路线教育活动	4	8
住房问题	1	4
就业问题	5	7
食品安全问题	2	1
医疗问题	7	6
养老与社会保障问题	8	5
收入分配制度改革	10	10
教育问题	9	9
物价问题	6	2

综上，食品安全、物价、环境、住房、养老与社会保障、医疗、就业、反腐败与党的群众路线教育活动、教育、收入分配等十大社会热点问题，除反腐败与党的群众路线教育活动问题之外，均是关乎民众切身利益的问题，与当前甘肃主要社会矛盾调研结论、与民众对政府的诉求和期盼相吻合。因此，在甘肃解决民生问题刻不容缓。

（二）对2015年甘肃舆情发展预测

党的十八届四中全会提出了建设中国特色社会主义法治体系，建设社会主义法治国家的总目标。执政党如何实现坚持人民主体地位，坚持法律面前人人平等，坚持依法治国、依法执政、依法行政共同推进，坚持法治国家、法治政府、法治社会一体建设，实现科学立法、严格执法、公正司法、全民守法，促进国家治理体系和治理能力现代化，这不仅是执政党迫切要解决的问题，也是全国各族人民的利益所系、幸福所系。只有依法治国、厉行法治，人民当家作主才能充分实现，国家和社会生活法治化才能有序推进。

因此，影响2015年度舆情主流趋势的是执政党为实现法治国家目标出台的顶层设计和一系列具体制度的实施。

1. 对公权力运行实现有效的制约和监督，坚定不移地反对腐败，让掌握公权力的人不敢腐、不能腐、不想腐，从根本上解决贪污腐败滋生的土壤与条件，是人民群众最大的期盼。能否在制度设计上，特别是在实践中对公权力运行实现有效的制约和监督是使舆情健康发展的根本。

2. 践行执政为民的理念，从制度层面解决百姓热切关注的民生问题。如收入分配制度、养老与社会保障制度、医药卫生制度、教育制度、就业、食品药品安全、生态环境、城镇化与农村土地流转，在制度设计与实施中能否实现人民群众的主体地位、法律面前人人平等，是影响2015年乃至今后几年舆情走势的主要因素。

3. 2014年，在甘肃已经实施的群众教育实践活动的整改措施，在贫困县区农村的"联村联户"扶贫活动、深化医药卫生体制改革重点工作任务的实施所产生的效益，与即将全面启动的城乡居民大病保险工作和以计分制开展的"餐桌污染"治理，其进一步保障和改善民生、维护广大群众切身利益的作用，对2015年的舆情发展将产生积极的影响。

说明：本报告所引用的数据与资料，均来自甘肃省社会科学院舆情调研组2014年8~9月在甘肃省14个市（州）区、县的问卷调研与访谈。

社会热点篇

Hot Social Topics

B.2
甘肃民众对党的群众路线教育实践活动的反响与评价

李巧玲*

摘　要：通过问卷调查及实证分析，了解到绝大多数被调查者，对党开展群众路线教育活动、加强党风廉政建设和反腐败的态度、行动和措施是满意的，认为其实施状态良好，效果十分显著。对党和政府处理好党群干群矛盾、建设社会主义法治国家怀有信心、抱有希望。但是，现实状况与民众期盼的"身"离群众再近些、"心"贴群众再紧些，还有一定的差距。建议把群众支持和参与作为反腐力量的源泉，依立法式改

---

* 李巧玲，法学学士，江苏沛县人，甘肃省社会科学院法学研究所副研究员，主要研究方向为法社会学、地方立法。

革、立法式治腐，建立密切联系群众的常态化机制，树立社会正能量，持续推进党风廉政建设和反腐败斗争，实现干部清正、政府清廉、政治清明的局面。

关键词： 甘肃民众　党的群众路线教育　反响　评价

2013年4月19日，中共中央政治局召开会议，决定从2013年下半年开始，用一年左右时间，在全党自上而下分批开展党的群众路线教育实践活动。2013年7月，甘肃省正式启动开展了以"为民、务实、清廉"为主题的教育实践活动。此次群众路线教育活动历时一年左右，活动对进一步推动党风政风改进，密切党群干群关系产生了重大而深远的影响，受到社会各界的广泛关注。在教育实践活动临近尾声之际，为了解甘肃民众对党的群众路线教育实践活动的看法与评价、期盼与思考、感受与回应，2014年甘肃省社会科学院舆情调研组在全省范围内进行舆情调研。本报告通过问卷调查的实证研究，就甘肃民众对党的群众路线教育活动的反响与评价作一深入分析。

一　调查对象的基本情况

本次调查以兰州市、定西市、白银市、酒泉市、武威市、天水市六个（地级）市，甘南藏族自治州、临夏回族自治州两个自治州作为主要调研区，采用问卷与访谈结合的方式展开。调研组共发放问卷670份，收回问卷660份，其中有效问卷656份，问卷有效率为99.39%。从调查对象所在地构成看：兰州市122人，占样本总数的19.15%；定西市81人，占样本总数的12.72%；天水市99人，占样本总数的15.54%；白银市62人，占样本总数的9.73%；武威市91人，占样本总数的14.29%；酒泉市69人，占样本总数的10.83%；甘南61人，占样本总数的9.58%；临夏52人，占样本总数的8.16%。从民族结构看：汉族545人，占样本总数的89.20%；回族26人，占样本总数的4.26%；藏族20人，占样本总数的3.27%；裕固族14人，占样本总数的2.29%；东乡族3人，占样本总数的0.49%；蒙古族2人，占样本总数的0.33%；土家族1人，占样本总数的0.16%。从调查对象的政治面貌看：中共党员266人，占样本总数的44.86%，无党派人士323人，占样本总数的54.47%，民主党派4人，占样本总数的0.67%。调查样本的其他详情见表1。

表1 调查对象的基本情况

单位：人，%

基本情况		人数	百分比
性别	男	368	59.26
	女	253	40.74
年龄段	18~25岁	61	9.79
	26~35岁	168	26.97
	36~45岁	213	34.19
	46~60岁	170	27.28
	60岁以上	11	1.77
文化程度	不识字	8	1.28
	小学	33	5.28
	初中	110	17.60
	高中（职中）	143	22.88
	大专	154	24.64
	大学本科	165	26.40
	研究生以上	12	1.92

续表

基本情况		人数	百分比
职业	国家与社会管理者阶层	62	9.77
	经理人员阶层	35	5.52
	私营企业主阶层	32	5.05
	专业技术人员阶层	84	13.25
	办事人员阶层	82	12.93
	个体工商户	59	9.31
	商业服务业员工阶层	43	6.78
	产业工人阶层	71	11.20
	农业劳动者阶层	120	18.93
	失业人员阶层	46	7.26

注：本文图表数据均源自专题问卷统计结果。

二 被访甘肃民众对群众路线教育实践活动的反响与评价

（一）被访甘肃民众对群众路线教育实践活动的看法

1. 被访甘肃民众对已开展的群众路线教育活动持肯定与赞同的态度

群众路线是我们党的生命线和根本工作路线，群众路线教育实践活动是中国共产党自我净化、自我完善的活动，标志着党在自身建设方面迈出了新步伐，对于巩固党的执政基础和执政地位，密切党群干群关系，不断推进中国特色社会主义事业、实现中国梦具有重要意义。经过一年多的时间，甘肃省第一批教育实践活动已经结束，第二批教育实践活动临近结束，被访甘肃民众是如何看待此次活动的，是否真切感受到了新的变化？在656份被问及"您如何看待党的群众路线教育实践活动"有效问卷中，63.55%的被调查者认为党的群众路线教育活动是为民、务实、清廉的实践活动,非常有必要开展;11.89%认为活动重形式轻内容,影响到了基层工作的正常展开;9.98%认为雷声大雨点小,起不到党密切联系群众的作用;12.37%认为是形式主义,活动结束后,党群干群关系又可能退回到之前的老状态(见图1)。

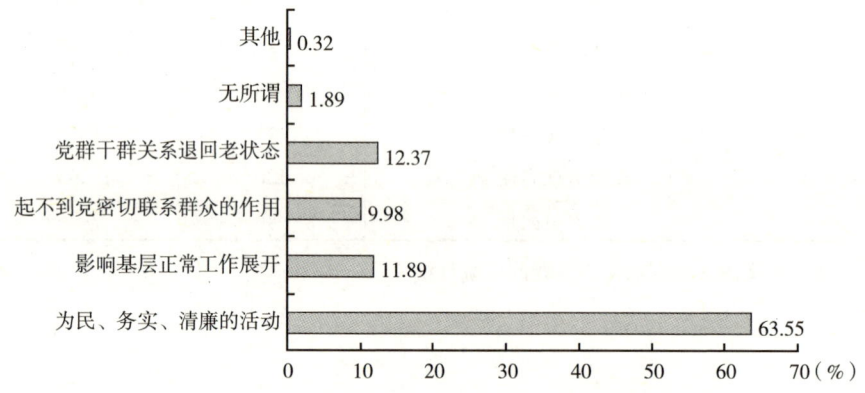

图1 被调查者对党的群众路线教育实践活动的评价

这组数据可以说明,被访甘肃民众对群众路线教育实践活动普遍是认可的,并给予了很高评价。但也有部分民众反映,群众路线教育活动非常及时、必要,但对过程很是失望,因为一些地区在活动开展过程中只是重形式,三天一大会,两天一小会,天天上报材料,笔记心得要求抄几大本,影响了正常工作,实际问题没有得到解决。

2. 九成被访甘肃民众对开展群众路线教育活动表示满意

开展党的群众路线活动是为了加强党性修养,切实改进工作作风和工作方法,以实际行动密切党群干群关系,做到务实清廉,提高工作实效。问及"目前,您对新一届党中央和省委改进工作作风、开展群众路线教育活动和反腐败的态度、行动和措施的评价是"时,被调查者有45.23%表示满意,45.08%比较满意,3.54%不满意,

1.85%很不满意，还有4.30%人表示不了解（见图2）。感到满意、比较满意的人占比达90.31%，感到不满意、很不满意的民众仅占5.39%，与上年同一时期甘肃舆情蓝皮书中对"中央和省委改进工作作风"调查所得数据相比，一个增长了4.44个百分点，一个下降了7.91个百分点。数据显示，被访甘肃民众对新一届党中央和甘肃省委工作的态度、行动与措施满意度较高。路遥知马力、日久见人心，可见党风廉政建设和反腐败工作在经过持续不断地开展后，已经有了较高的社会认可度。

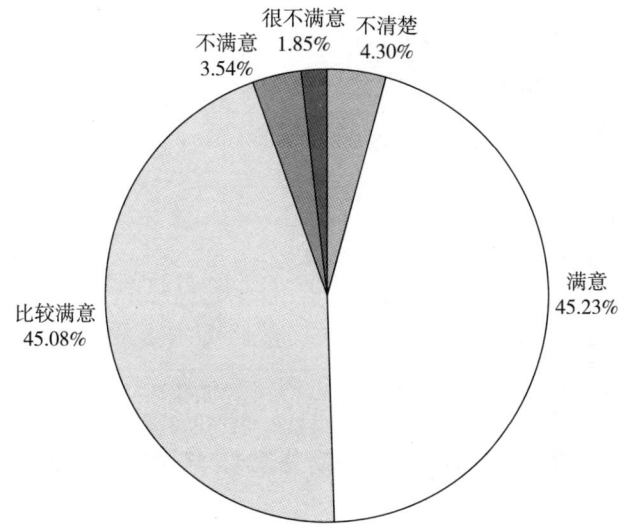

图2　被调查者对党的群众路线教育活动和反腐败措施行动的满意度

3.八成被访甘肃民众对党的群众路线教育活动的治党作用充满期待

群众路线教育活动之后，党员干部形成的好的工作作风，重在实际行动，贵在持之以恒。当前，大家关注的是好作风能否持之以恒、长久不变。解决群众最关心最直接最迫切要求解决的问题，是做好群众工作的基础，不说大话空话，办实事，抓落实，准确了解群众所思所盼所忧所急，办好顺民意、解民忧、惠民生的实事，使广大人民群众的生活水平和生活质量不断得到提高,群众就会发自内心地拥护党和政府。因此,在新形势新情况下,我们要健全现有制度,坚持党的优良传统,保证密切联系群众成为一项经常性的工作,顺应广大人民群众对树立优良党风政风的热切期盼。问卷中问及"您对党和政府处理好党群干群矛盾是否有信心"时,调查数据显示,37.39%的被调查者表示有信心,党和政府一定能处理好;45.23%比较有信心,认为这是良好的开端,事情会朝着正确的、良好的方向发展;9.69%没有信心,只能解决部分问题;7.69%认为不好说(见图3)。

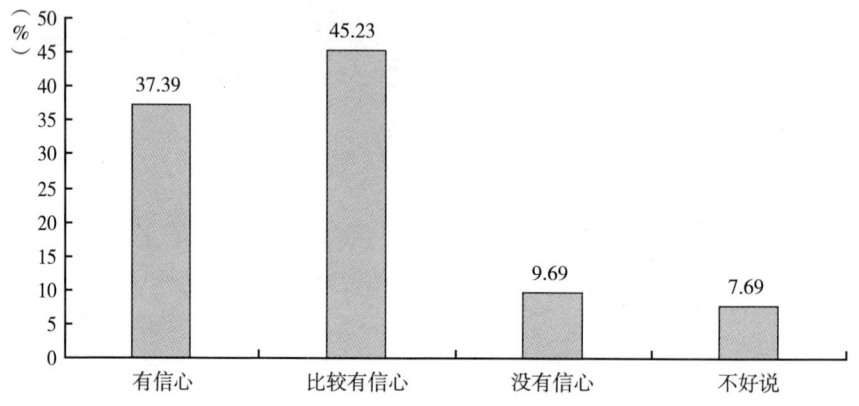

图3　被调查者对党和政府正确处理党群干群矛盾的信心程度

调查结果说明,绝大多数被访甘肃民众对于群众路线教育活动的效果是充满期待的。盼望可以通过这次活动开个好头,党员、领导干部能够"身"离群众再近些,"心"贴群众再紧些。至于良好的工作作风能否长久坚持下去,能否真正做到密切联系群众,近一成的被调查者感到悲观,还有不到一成的被调查者持观望和怀疑的态度。在访谈过程中,很多基层党员领导干部谈到:在群众路线教育活动过程中,他们中的绝大部分想着为群众"多办点实事,把事情办好",但由于当地比较贫穷落后,受经济、社会甚至技术等诸多因素的制约,心有余而力不足。有些地方梳理出很多急需为民办理的事情，但是以地方一己之力无法很快地妥善解决，有时群众不能理解便引发民怨甚至更大面积更深层次的矛盾。然而，这些干部从心底里拥护、赞成群众路线教育活动，认为这是党风廉政建设的良好开端，虽然现在比较困难，但是长久坚持下去这么做，未来几年的状况会变得比现在更好。

（二）被访甘肃民众对群众路线教育实践活动的评价

1. 六成以上被访甘肃民众认为群众路线教育活动实施效果良好

近一年来，甘肃省以"为民"为出发点和落脚点，"务实"为宗旨，"清廉"为要求，在全党深入开展群众路线教育实践活动，通过把保持党与人民群众血肉联系作为改进作风、反腐倡廉的核心内容，组织教育党员干部深入实际、深入群众、深入基层，在服务群众、服务发展、服务基层中讲实话、出实招、办实事，实现好维护好发展好人民群众的根本利益，自觉抵制形式主义、官僚主义、享乐主义腐蚀，在全党进一步构筑起反腐倡廉思想道德防线。那么，群众路线教育活动实施的成效是否也能得到民众的认同呢？就"您认为党的群众路线教育活动后，所在工作单位（或社区）的党群干群关系的现状怎样"调查结果看，28.71%的被调查者认为好，36.57%认为较好，25.46%认为一般，1.85%认为差，7.41%表示不清楚（见图4）。虽然群众路线教育活动实施的目标是努力改变工作作风、密切联系群众、建立长效机制，有效遏制消极腐败现象，但是，理想很丰满，现实很骨感，还有四成的被调查民众对群众路线教育活动的效果并不是十分认可。认为群众路线教育活动不能起到立竿见影的效果。群众路线教育活动犹如一阵风，风刮起，党群干群关系可能有所改善，但风停了，不久就会退回到以前的状态或者更糟，依旧改变不了什么。所以，保持党同人民群众的血肉联系问题，不可能一蹴而就，不可能一劳永逸。群众路线教育一定要讲究润物细无声，必须长期地开展下去。

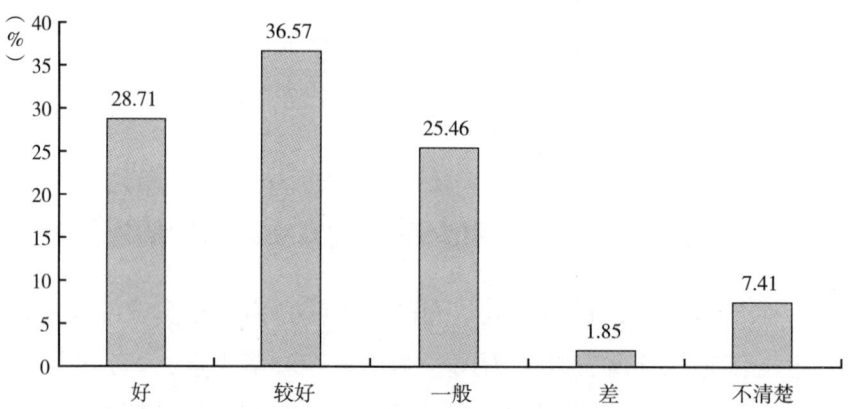

图4　被调查者对群众路线教育后当地党群干群关系现状的评价

2. 近九成的被访甘肃民众认为消极腐败现象在一定范围内得到遏制

反对腐败、建设廉洁政府，是党一贯坚持的鲜明政治立场，是人民关注的重大政治问题。十八大之后，党中央在反腐方面打出一套非独立的、联系紧密的组合拳：改进作风八项规定的率先制定，使庸、懒、馋、贪、坏官们感受到反腐败的强大威力；中央又向地方派出八路中央巡视组高举尚方宝剑，令那些新、老腐败分子惶惶不可终日，这些反腐败先头部队、先遣队与先锋队让隐藏很深的腐败分子应声落马；派出45个群众路线教育督导组更让腐败分子无处藏匿；最后，全党开展了群众路线教育活动，要求所有党员干部，都要"照镜子、洗洗澡、治治病"，接受优良传统的教育，给那些想腐还未腐的人上了紧箍咒。党和国家领导人在不同场合多次发表了关于"反腐倡廉"的论述：反对特权思想、特权现象；查处违反八项规定行为以"踏石留印、抓铁有痕"的劲头抓下去；把权力关进制度的笼子里；坚持"老虎"、"苍蝇"一起打。据统计，2012年12月到2014年8月，落马的省部国家级以上高官已达38名之多。问到"目前,您认为社会上消极腐败的现象是否得到有效遏制"时,68.89%的被调查者认为在一定范围内得到遏制,20.28%认为得到有效遏制,4.02%认为没有遏制住,1.08%认为变得更加严重,5.73%表示不清楚(见图5)。

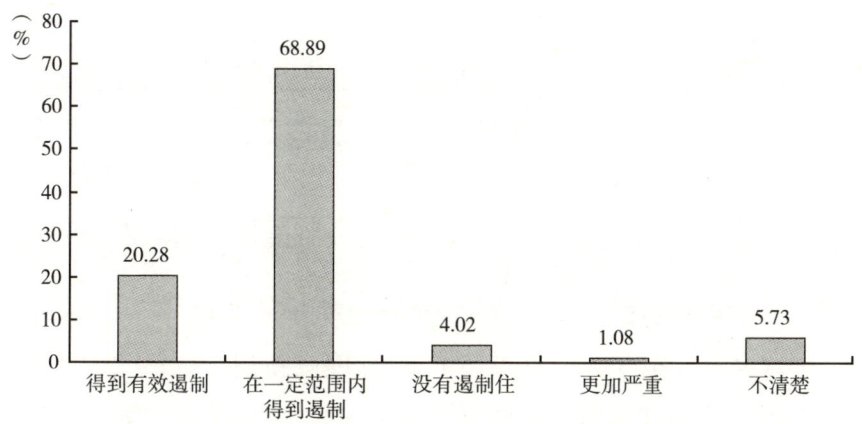

图5　被调查者对十八大以来党和国家反腐成效的评价

与2013年同一时期甘肃舆情蓝皮书中对"中央和省委改进工作作风"调查所得数据相比,认为"得到有效遏制"、"在一定范围内得到遏制"、"变得更加严重"分别提高了3.57个百分点、4.36个百分点、0.57个百分点。相反,认为"没有遏制住"、表示"不清楚"分别下降了1.05个百分点、7.45个百分点。一些民众感到反腐效果卓著,同时发现被揭露出来的腐败比原来多很多,由此觉得腐败现象似乎更加严重了。其实,这也是一个逻辑问题,"官员密集落马"不能与"贪官越来越多"画等号,现在查处的有些案件并不是近期产生的,有的是产生于好几年前或十几年前,到现在才暴露,我们不能根据目前抓出的贪官多就得出"反腐力度越大,腐败官员就越多"的结论。客观积极的态度应该是,揭露惩治的犯罪分子越多,震慑力会越大,敢于充当"老虎"、"苍蝇"的人会越来越少。由此可见,未来几年或十几年,党和国家反腐的力度依然会加大,效果也会更加显著,看似"越来越严重"的问题,上升到一定节(最高)点,就要回落,那时候被揭露出来的贪官就会减少,腐败现象也会减少,离我们反腐的最终目标将会越来越近。

三 被访甘肃民众对反腐倡廉规定以及机制建设的认识与思考

(一)被访甘肃民众对反腐败规定及制度建设的认识与看法

1. 八成被访甘肃民众了解和熟悉十七项廉政新规

十八大召开至今,中央出台了 17 项廉政新规,包括"关于改进工作作风、密切联系群众的八项规定"的 1 项制度、"强化干部监管"的 4 项制度、"引导示范带头"的 3 项制度、"提倡厉行节约"的 3 项制度、"规范公务接待"的 2 项制度和"严禁公款送礼"的 4 项制度。专家称其是反腐倡廉制度建设的新的起点,也是党员领导干部自我监督的戒律、约束行为的规范和惩治腐败的依据。这些制度时时提醒着党员干部什么事可以做,什么事绝对不可以做,不要心存侥幸,不管什么人,只要触犯了法规,都将受到党纪政纪的处分,直到法律制裁。对社会公众来说,廉政新规为社会监督提供了智力支持,一方面能够激发社会公众的监督意识,提升社会监督的现实性和针对性;另一方面能够强化社会监督的方式和手段,保证社会监督的理性和民主,提升社会监督的有效性和威慑力。目前,被调查者对廉政新规到底知道、了解多少呢?问及"您了解中央出台的 17 项廉政新规吗",67.40% 的被调查者知道一些,17.32% 很了解,14.17% 不了解,1.11% 没听说过(见图 6)。

应该说,民众或多或少地知道一些廉政新规的内容,只是不同社

甘肃民众对党的群众路线教育实践活动的反响与评价

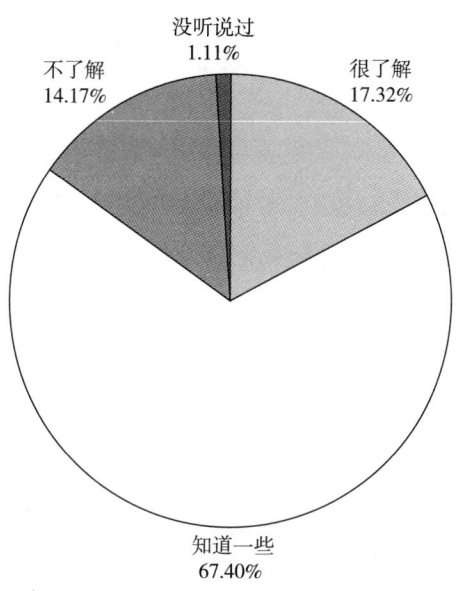

图6　被调查者对十八大以来17项廉政新规的了解程度

会群体的感受会有所差别。廉政新规不仅拓宽了社会公众的监督视野，擦亮更多的监督"眼睛"，让显性或隐性的不正之风和腐败行为无处遁身；同时，廉政新规也被期望成社会监督工作的指南，希望其能够发挥重要的作用。问及"廉政新规与您的生活工作的关系"时，72.02%的被调查者认为有关系，15.07%认为没有关系，12.91%表示不清楚（见图7）。由此可见，廉政新规不是一时一地的、对党员干部约束的临时性制度，而是一个有效的制度框架和社会监督的指南。廉政新规作为规章制度和行为规范，在表现国家反腐政治决心同时，也是民意民心所向的直接体现，并对社会公众的生活发生了一定影响。

2. 被访甘肃民众看好"官员财产公开制度"和"不动产登记制度"对腐败的有效遏制作用

面对腐败问题，新一届中央领导集体提出在制度层面、机制层面、立法层面进一步规范约束权力，这实际上也是反腐败的治本之

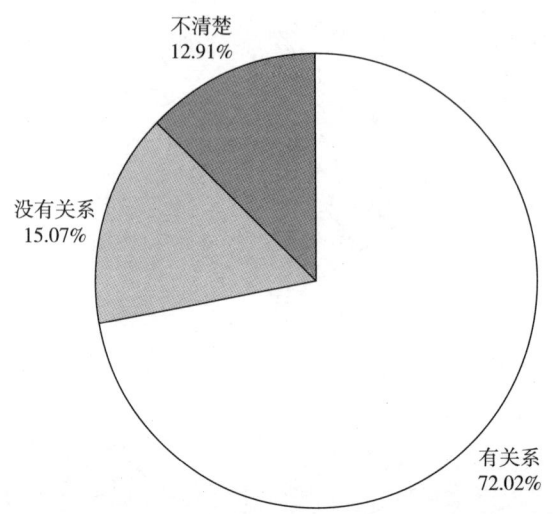

图 7　被调查者对廉政与腐败同自身相关度的认识

策。问及"您认为在惩治和预防腐败体系建设中应尽快制定出哪些具体的制度"时，29.06%的被调查民众主张建立官员财产公开制度，20.62%主张建立不动产统一登记制度，17.29%主张建立官员财产申报制度，19%主张制定专门惩治贪污犯罪的法律《防止贪污法》，13.73%主张制定《公务员指导手册》，应聘的公务员每人发一册，手册中除包括有关法规外，还对公务员有详尽、明确的廉政规定，以防止贪污受贿（见图8）。近年来媒体曝光的"房姐"、"房叔"、"房嫂"、"房婶"事件屡有发生，以及贪腐官员无一不与房地产领域的腐败有着千丝万缕的联系，民众认为不动产统一登记制度是反腐利器，对不动产统一登记制度在预防和惩治腐败方面的作用给予了很高的预期。

3. 九成以上被访甘肃民众赞成基层收入较低的公务员涨薪，但对高薪养廉持否定态度

中国社会科学院在其发布的第三部"反腐倡廉蓝皮书"中重点提到，要"合理调整公职人员薪酬水平和结构，压缩与公共权力相

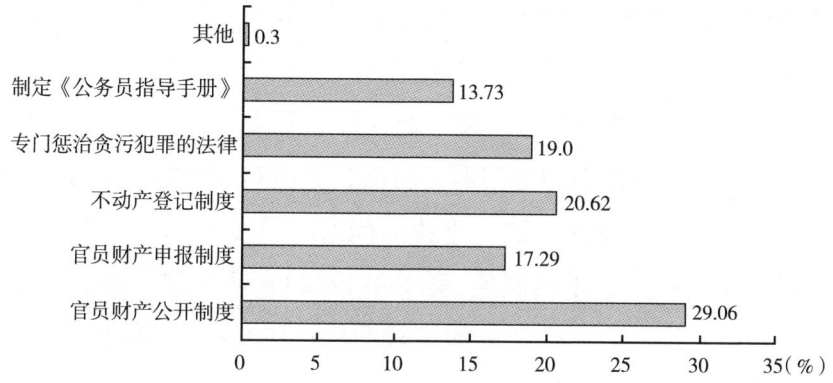

图8 被调查者对预防和惩治腐败具体制度建设的反响

联系的灰色收入空间"。这个话题一度成为社会舆论的热点，引起了广泛关注与争议。问及"您如何看待公务人员薪酬和高薪养廉（廉洁年金制度）"时，26.10%的被调查者认为，增加收入较低的基层公务员的工资，确保他们通过合法途径取得与其工作相应的劳动报酬；17.97%认为公务员涨工资的幅度不能过高于普通民众收入增加的幅度；13.30%认为取消公务员和企业职工养老金"双轨制"，在薪酬制度方面应建立起激励和惩罚机制（见图9）。在访谈时，我们觉得民众对公务员加薪的态度是比较理性的。相对于东部发达省份，甘肃省尤其是省内偏远落后地区，一般公务人员的工资水平非常低，面对不断上涨的物价，日益增加的生活成本和其他正常开支，依靠工资养家糊口的公务员，生活常有捉襟见肘的情况。被调查者有的认为"基层公务员大多不掌握实权，没有权力，想有灰色收入也没有来源，有了权力才有贪污"。基层公务员工作在第一线，直接与老百姓打交道，"上面一根针下面千条线"，承担着大量细小琐碎但同时又必须要开展的工作，应该获得与其工作量相应的劳动报酬，所以，九成以上的被访甘肃民众认为应该给基层收入较低的公务员涨薪。

十八届三中全会前夕，中国高层智囊机构，国务院发展研究中心的"383"改革方案提出建立"廉洁年金"制度,即公职人员未犯重大错误或未发现腐败行为,在退休之后可领取一笔较大数额的"廉洁年金",此制度的目的是约束公职人员在职业生涯中的腐败动机。这实际是一个关于高薪养廉问题,目前,我国对高薪能否养廉这一问题一直存在争议,悬而未决。当我们问及"您如何看待公务人员薪酬和高薪养廉(廉洁年金制度)"时,12.29%认为廉洁年金制度可以约束公职人员在职业生涯中的腐败动机;19.84%认为廉洁年金制度对保持公职人员的廉洁虽有积极意义,但也只是辅助作用,廉洁要"养",更要靠"治";10.07%认为廉洁年金制度是公务员的"变相福利",不能起到"养廉"之用(见图9)。调查访谈时我们可以发现公务员群体普遍期待高薪养廉,但普通民众的认可率并不高,基本上持否定态度,认为,高薪养廉在一些地方试行多年,不但没养到廉反而养成了不知足的贪;公务人员是人民的公仆,高薪养廉是主仆倒置,理论上讲不通;公务员是一种职业而已,不应该有特殊权力,高薪养不了廉。事实上高薪确实不一定能百分之百养廉,但是我们必须认识到低薪一定会造成大规模腐败。此外,长期低工资待遇会导致基层公务员工作缺少积极性,由此必将引发群众不满,且会愈演愈烈,

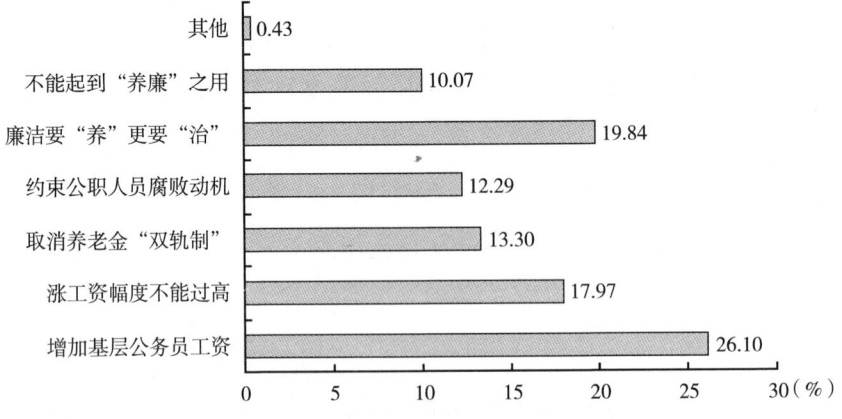

图9 被调查者对基层公务人员薪酬和高薪养廉问题的认识和反响

形成一种恶性循环。所以，公务员的工资一定要涨，但要把握好时机。而在十八大以后，反腐成效显著，按照国家制定的反腐规划，我们能在2017年遏制腐败势头，建成廉洁吏治。那么，那个时候给公务员涨薪或许条件就具备了。

（二）被访甘肃民众对反腐倡廉常态机制建设的认识和思考

1. 被访甘肃民众希望加强反腐倡廉法规制度的执行力度

实践证明，反腐倡廉建设的核心问题是有效地规制权力。制度不能严格执行，就形同聋子的耳朵，甚至会产生相反作用。问及"今后3～5年，您希望党和国家在反腐败方面加强的具体制度建设是"时，23.88%的被调查民众主张提高反腐倡廉法规制度的执行力（包括加强对执行制度的监督检查、对制度执行不力实行问责制和领导重视并带头执行等制度），13.07%主张追究用人失察失误的主要领导和组织部门的责任，20.90%主张加强对领导干部尤其是"一把手"的监督，17.29%主张公职人员不廉洁应该"清出队伍"，17.45%主张"保护举报人"以提高群众参与反腐败的积极性，7%主张加强网络反腐。当前，一些腐败问题在某些领域频频发生，并不是这些领域

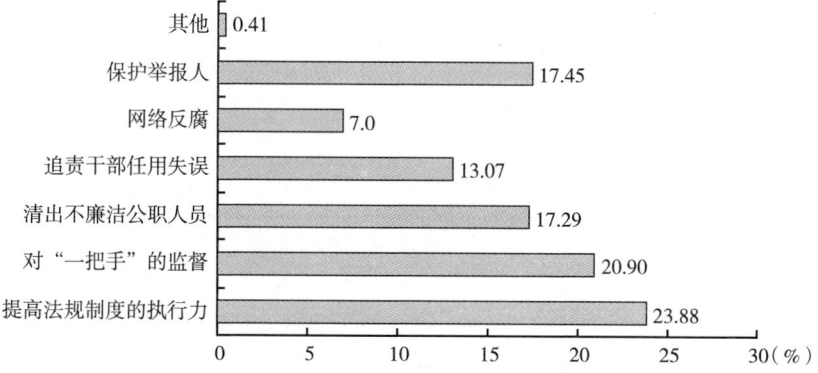

图10　被调查者对党风廉政建设和反腐败常态机制建设的反响

缺少相关方面的制度,而是有制度不执行或执行得不认真,从而使制度起不到任何作用。制度的生命在于执行。所以,我们要以制约和监督权力为核心,以提高制度执行为抓手,深入推进反腐倡廉制度建设。

2. 近八成被访甘肃民众对反腐败和依法治国充满信心

现代社会,社会治理要依靠法律。十八大以来的种种治国之道传递出要把反腐败纳入法治化轨道。习近平总书记提出"凡属重大改革都要于法有据",意味着要把改革纳入法治的轨道,以法治思维和法治方式推进改革。依法治国是中国几代人的梦想,党和国家依法治国的决心,让老百姓看到了信心,看到了希望。就"您对依法治国、把反腐纳入法治化轨道是否有信心"调查结果看,42.46%的被调查者表示有信心,37.17%较有信心,16.33%表示一般,3.11%没有信心,0.93%无所谓(见图11)。数据显示,民众对依法治国抱有信心、充满期待。可见,十八大以来,改进工作作风、群众路线教育活动和反腐败等一系列措施不但初见成效,群众反响强烈,而且产生了多米诺效应,使得大家从内心对曾经诘问过、怀疑过、看似不可能的事物重新燃起了热望。

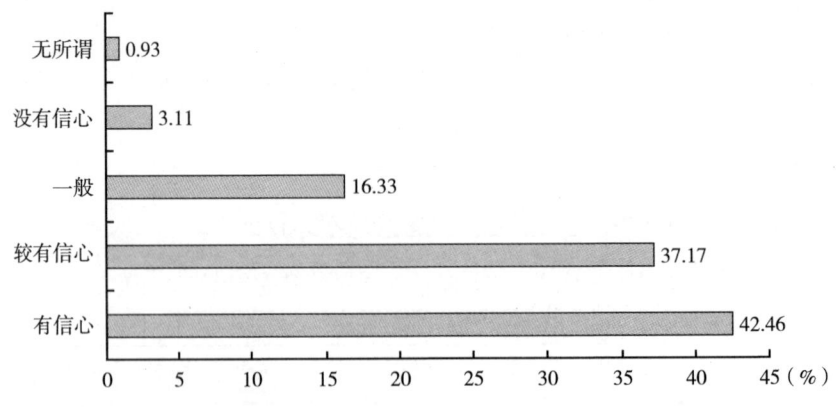

图11 被调查者对党和国家反腐与依法治国的信心度

四 调查结论和分析

群众路线是中国共产党的根本工作路线和生命线，是党的事业不断取得胜利的重要法宝，是中国共产党不断焕发生机与活力、永葆先进性的力量源泉，在党的社会政治生活中占据着极其重要的地位，在反腐倡廉建设中发挥着非常重要的作用。党的十八大报告指出，围绕保持党的先进性和纯洁性，在全党深入开展以为民务实清廉为主要内容的党的群众路线教育实践活动，着力解决人民群众反映强烈的突出问题，提高做好新形势下群众工作的能力。这是加强党的建设的一项重大战略决策，也为坚持群众路线、全面推进反腐倡廉建设指明了方向。

我们的舆情调查显示，首先九成被访甘肃民众对开展群众路线教育活动表示满意、比较满意，对其实施的最终效果充满期待。与此同时，一些被访民众对群众路线教育活动实施的过程以及成效认可度还不是很高，认为群众路线教育实践活动还存在走形式的问题，经过教育实践活动，所在工作单位（或社区）党群干群关系没有大的改观。这说明群众路线教育实践活动虽然取得了一些成绩，但与人民群众的要求和期望还有很大的差距。不过，民众普遍还是认为群众路线教育实践活动为党员干部的工作作风转变开了一个好头，群众路线教育只要坚持长期地开展下去，必将起到润物细无声的作用，党员干部慢慢就会真正做到把人民群众的安危冷暖时刻挂在心上，用实实在在的惠民实事让群众满意。

其次，腐败问题是人民群众普遍关注的社会热点问题之一。被调查者对党风廉政建设和反腐败斗争的成效普遍认可，支持通过群众路线教育全面推进反腐倡廉工作。这说明党的群众路线教育实践活动赢得了广大党员领导干部和人民群众的一致好评。党和政府发布的一系列廉政新规为社会监督提供了智力支持，激发了社会公众的监督意

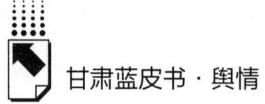

识，提升了社会监督的现实性和针对性。在反腐方面，公众反腐的意识和参与的积极性也比以往有所提高，社会监督的方式和手段得到强化，社会监督的有效性和威慑力大大提升。

最后，民众对党风廉政建设和反腐败常态机制建设有自己明确的判断。普遍赞成给甘肃收入较低的基层公务员加薪，以此来提高他们工作的积极性；对于"廉洁年金"制度，大部分民众持否定态度。在具体制度建设方面，主张尽快建立官员财产公开制度、不动产登记制度、官员财产公开制度、专门惩治贪污犯罪的法律；加强对制度执行的监督检查，赞成对制度执行不力实行问责，赞成对领导干部尤其是"一把手"加强监督，主张追究用人失察失误的主要领导和组织部门的责任。

2014年，全省经济社会发展势头持续向好、质量效益稳步提升、人民生活显著改善、后劲活力明显。民众欣喜地看到，群众路线教育实践活动带来了作风的改进，反腐成效正在转化为推动转型发展、富民兴陇和全面深化改革的强大动力，转化为建设幸福美好新甘肃的生动实践。总体而言，被调查者对未来国家社会的政治生活充满信心和期待，对实现依法治国的蓝图充满期待。

五 进一步加强群众路线教育对策与建议

群众路线是中国共产党人在长期的革命实践中形成的。今天，在新的历史条件下坚持群众路线，是要在坚持与群众同吃、同住、同劳动的优良传统的基础上，提升群众路线的层次，把决策权、执行权和监督权与群众的根本利益结合起来，保持党同人民群众的血肉联系，努力做到问政于民、问需于民、问计于民。这就要求不但从转变思想作风和工作作风做起，更要把党风廉政建设和反腐败进行到底，提升、维护党和政府良好形象，根据舆情调查，在加强和改进作风常态化制度、反腐倡廉法制化建设方面，提出以下对策和建议。

（一）以群众路线教育实践活动为开端，扩大清除作风之弊之成果

开展群众路线教育活动以来，甘肃省着重从加大落实工作力度、健全用人机制、精简会议文件、紧密联系群众、为民解难、重视指导基层、周延决策程序、完善权力监管，增强改革创新意识、严格反对铺张浪费等十个方面，下大力气整顿"四风"问题，使党员干部思想进一步提高、作风有一个大的改观。截至2014年1月，甘肃省委省政府落实了2013年承诺为民兴办的10项26件实事。参加第一批群众路线教育实践活动单位解决了群众关切的突出问题2387件。党政机关清理超标办公用房463间；11万党员干部作出会员卡"零持有"报告；清理超标公务车84辆，停发公安"甘O"专用车辆号牌，取消已有车牌特权等等。这些行动促进了社会风气的好转。因此，我们要乘群众路线教育实践活动的东风，继续抓好作风建设，把教育成果运用于实践，从群众最需要的事情做起，从群众最不满意的地方改起，克服困难，解决好群众牵肠挂肚的难事、急事。我们相信，只要积极适应当前群众工作的新特点、新要求，积极探索加强和改进群众工作的新方法、新途径，虚心向群众学习，诚心接受群众监督，就一定能走出一条高水平的群众路线。

（二）以提高制度执行为抓手，建立密切联系群众的常态化机制

群众路线教育活动中提出了许多问题，但如若"天桥的把式——光说不练"，或者说得多、做得少，不触及问题尤其是不想办法解决深层次的矛盾，这就违背了群众路线教育实践活动的初衷。教育实践活动搞了一年时间结束了，作风又回到原来的老状态，就等于失去了教育实践活动的原本意义。因此，贯彻群众路线没有休止符，

作风建设永远在路上。经过群众路线教育实践活动，我们已经初步形成了一些对党员干部进行刚性约束的条例和办法，但不能随着活动的结束对党员干部的约束就不了了之。我们必须以提高制度执行为抓手，进一步狠抓机关作风转变，进一步探索建立密切联系群众的且可执行的长效考核机制、长效评定机制，使党员干部联系群众有渠道、深入群众有平台、服务群众有载体，真诚地听取群众对党的建设和国家发展的意见和建议。这样，群众的所思所想，才能够下情上达，让政府决策与群众要求形成合力，让每个人的梦想汇聚成大的"中国梦"。

（三）把群众支持和参与作为反腐力量的源泉，树立社会正能量

十八大以后，反腐倡廉成为我国社会高度关切的重大热点。而依靠群众的支持和参与，也是反腐败领导体制和工作机制的一项重要内容。近几年来，经过群众的举报，我们查处了很多案件，可以说，反腐败的巨大能量来自人民群众。因此，首先应提供多种平台，畅通群众反映问题的渠道，拓宽群众参与反腐败的路径，让民众广泛参与，加强群众监督政府，及时发现和纠正活动中出现的问题，让群众评价、检验，甚至提出符合实际的目标要求和办法措施。其次要加强舆论监督，重视新闻媒体特别是网络等新兴媒体的正面作用，树立良好的社会正能量，使党风廉政建设和反腐败工作获得最广泛、最可靠、最牢固的群众基础。

（四）依"立法式改革""立法式治腐"治理，为官一任造福一方

整个社会公共规则意识的形成与践行有赖于法律和制度的保障。要刹住"四风"的蔓延势头，带动整体社会风气的好转，必须依靠法律法规。30多年的改革经验告诉我们，人治的社会无法造福于民，法制的社会必定是民族之福。换句话说，法律才是提升老百姓幸福指数的最大保障。即将召开的党的十八届四中全会首次将"依法治国"定为主题，彰显了我们党保持自身纯洁性的决心和依法治国的精神，十八大报告中指出："深入开展法制宣传教育，弘扬社会主义法制精神，树立社会主义法治观念，增强全社会学法遵法守法用法意识，提高领导干部运用法治思维和法治方式深化改革，推动发展，化解矛盾，维护稳定能力。"所以，在"立法式改革"背景下为官，一切行政行为都将严格依法依规办事，从根本上来讲，不但能做好工作，而且能更好地维护好人民群众的合法权利，造福一方百姓。

进行群众路线教育实践活动，目的是增强党员干部的事业心和责任感，铸造一支关心民众疾苦为民谋利、清正为官廉洁做事的党员干部队伍。所以，党员领导干部凡事要在思想、行为、作风上全面检查自身存在的问题，时刻警醒自己；要时常掂量自己、看清自己，要放开心态、放手一切、放下所有，做到解决问题走群众路线，踏石留印；站在群众立场看自己，修身正气，在自己的工作生活中做到永不褪色，这样才能营造重塑风清气正的良好社会氛围。

B.3 甘肃民众对收入分配体制改革的反响与要求

金 蓉*

摘　要： 通过对甘肃省5市、2州、10大阶层，共计656位被访者的问卷调研与访谈显示：甘肃民众普遍认为收入偏低，每月家庭支出主要用于购买食品和生活必需品，居民的收入涨幅跑不过物价涨幅。关于收入分配体制改革，绝大多数持支持态度，最期待严惩腐败、遏制各类灰色收入、使收入更加透明阳光，感受最强烈的是行业之间的差距，迫切期待提高中低收入者收入，同时希望地方政府更加重视收入分配问题。建议以收入分配体制改革为契机，理顺收入分配关系；保持物价稳定与收入分配体制改革同步进行；调节过高收入，打击非法收入，提高最低工资标准；申请国家减免配套资金，降低民众公共服务支出；提高基层公务员待遇，让收入分配体制改革惠及基层；推进社会保障制度改革，实现社会公平正义。

关键词： 收入分配体制　改革　反响　要求　甘肃民众

---

* 课题主持人：金蓉，硕士，甘肃省社会科学院副研究员，主要研究方向为人文地理学、旅游经济学。

一 调研目的、方法和样本概况

(一)调研目的

改革开放以来,随着居民收入的大幅增长,分配失衡问题也逐渐凸显,成为民众关注、两会热议、党和国家领导人关心的社会热点问题之一。2004年,由国家发改委具体负责的收入分配体制改革总体方案起草工作启动,此后,不断有关于收入分配改革方案即将出台的消息传出,公众更是望眼欲穿地在等待着这个方案的落地。在此期间,社会各阶层民众不断在网上晒出"有图有真相"的工资条,呼吁涨薪。其中尤其以基层公务员的呼声最为强烈,但因为普通民众看不清楚公务员工资条背后的真实收入而导致反对声一浪高过一浪。社会各阶层投以极大热情的关注,在很大程度上体现出公众对收入分配体制改革的期待。

由于牵扯面广、管理体制遗留问题多等因素的影响,2011年初和2012年12月,国家发改委两次上报的收入分配体制改革方案均未获国务院通过。但2012年中央政府工作报告以"要大力调整收入分配格局"对这个热点问题进行了积极回应。2013年2月3日,国务院批转了发展和改革委员会、财政部、人力资源和社会保障部联合制定的《关于深化收入分配体制改革的若干意见》,强调收入分配体制是社会主义市场经济体制的重要基石,正视收入分配领域存在的城乡差距、区域差距、隐性收入、非法收入等突出问题,标志着多年来"空有楼梯响,不见人下楼"的收入分配改革正式进入深水区和攻坚阶段。

甘肃省属于经济欠发达地区,居民收入和消费水平与中东部地区差距明显,尤其是在要求地方政府配套的国家公共服务项目建设中,甘肃地方政府配套能力有限，严重影响民众享受均等化的公共服务水平和建设幸福美好新甘肃的进程。对于即将出台的收入分配体制改革，处于欠发达地区的甘肃民众对自己目前的收入水平有什么样的认知、对分配制度改革有什么进一步的期待、对未来收入分配体制的改革是否持乐观态度？通过对收入分配体制改革舆情的调研，及时了解民众对收入分配的认知和未来发展趋势的期盼，对探索低经济发展水平、民族人口众多地区更加合理的收入分配路径有积极的参考意义。同时，对一系列围绕收入分配体制问题的认识和反响在一定程度上影响到全省收入分配体制改革目标的实现。为此，甘肃省社会科学院舆情调研组于2014年8~9月在兰州市、白银市、酒泉市、甘南、临夏、天水市和定西市进行了问卷调研和座谈访问，问卷和访谈涉及国家与社会管理者、农民阶层、经理人员等十大社会阶层，被访者对收入分配体制改革的认知具有普遍性和代表性。

（二）调研方法

本课题采用问卷调查、实地走访及与个别调查对象访谈相结合的研究方法。研究过程中，借鉴文献分析法对相关问题进行理论梳理，问卷调研的数据统计主要通过SPSS软件实现。

（三）调研样本概况

本次调查以10个社会阶层和涵盖甘肃省东、西、南、北、中五个区域作为重点和个案，采取问卷调查、实地走访和个别访谈的形式展开。舆情问卷调研课题组共发放调查问卷670份，回收问卷660份，其中有效问卷656份，问卷的回收率98.51%，有效率97.91%。

调查问卷样本包括：兰州市141人，占样本总数的21.5%；白银市62人，占样本总数的9.5%；合作市61人，占样本总数的

9.3%；临夏市52人，占样本总数的7.9%；酒泉市69人，占样本总数的10.5%；武威市91人，占样本总数的13.9%；定西市81人，占样本总数的12.3%；天水市99人，占样本总数的15.1%。调查样本的阶层分别是：国家与社会管理者阶层62人，占样本总数的9.5%；经理人员阶层35人，占样本总数的5.3%；私营企业主阶层34人，占样本总数的5.2%；专业技术人员阶层85人，占样本总数的13%；办事人员阶层82人，占样本总数的12.5%；个体工商户63人，占样本总数的9.6%；商业服务业员工阶层43人，占样本总数的6.6%；产业工人阶层78人，占样本总数的11.9%；农业劳动者阶层120人，占样本总数的18.3%；失业人员阶层50人，占样本总数的7.6%；阶层信息不详4人，占样本总数的0.6%。问卷调查样本的性别、年龄、文化程度、居住地等信息详见表1。

表1 调查样本的基本情况

单位：人，%

	指标	人数	百分比
民族	汉族	564	86
	回族	26	4
	藏族	20	3
	蒙古族	2	0.3
	裕固族	14	2.1
	东乡族	3	0.5
	土族	1	0.2
	[缺失]	26	4
性别	男	379	57.8
	女	259	39.5
	[缺失]	18	2.7
年龄	18~25岁	61	9.3
	26~35岁	170	25.9
	36~45岁	225	34.3
	46~60岁	174	26.5

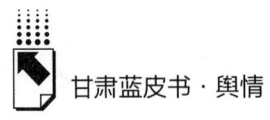

续表

	指标	人数	百分比
年龄	60岁以上	11	1.7
	［缺失］	15	2.3
文化程度	不识字	8	1.2
	小学	33	5
	初中	113	17.2
	高中（职高）	155	23.6
	大专	154	23.5
	大学本科	167	25.5
	研究生以上	12	1.8
	［缺失］	14	2.1
参加党派	中共党员	268	40.9
	无党派	335	51.1
	民主党派	4	0.6
	［缺失］	49	7.5
居住地	城区	408	62.2
	城郊	69	10.5
	县城	33	5
	乡镇	32	4.9
	农村	107	16.3
	［缺失］	7	1.1

数据来源：甘肃省社会科学院舆情调研组调研问卷统计结果。

二 被访者对现行收入分配情况的认知

（一）甘肃民众对收入分配现状的认知

1. 收入涨幅跑不过物价涨幅，收入与物价适应机制有待构建

收入分配体制改革的目标之一是构建与社会经济发展相协调的全民收入与物价联动协调机制。然而提高民众收入并不是简单的收入数字的增长，目的在于通过提高收入从而实现生活水平和质量的提高，让民众过上舒心、有尊严的生活。从调查结果看（见图1），613位被访者认为物价上涨幅度与全家收入上涨幅度不一致，物价上涨幅度过快，占被访者总数的93.44%，这与访谈中民众普遍认为"近几年物价上涨过快，目前的收入难以承受"的认知吻合。有8位被访者认为收入增幅高于物价上涨幅度，仅占被访者总数的1.22%。35位被访者认为收入上涨幅度跟物价上涨幅度基本一致，占被访者总数的5.34%。从阶层看（见表2），产业工人阶层对此问题的认知高度一致，这一阶层的全部被访者均认为物价上涨幅度高于全家收入上涨幅度，在实地调研中，这一阶层对涨工资的呼声较高，说明这一阶层对物价上涨的感受比其他社会阶层敏感。可见，物价上涨过快成为绝大部分民众的共识，要解决收入分配机制问题，首先要解决的是收入与物价的适应机制问题，要使得居民收入涨幅至少能跟得上物价涨幅。

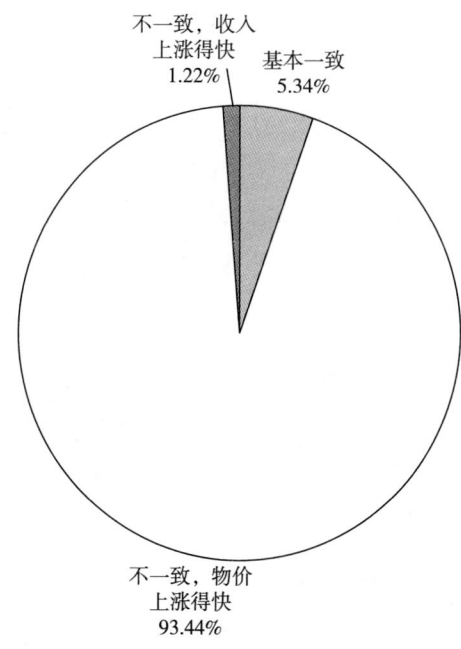

图1　物价上涨幅度与全家收入上涨幅度是否一致情况

表2 甘肃十大阶层对物价与收入上涨幅度是否一致的认知

	基本一致（人）	不一致,物价上涨得快（人）	不一致,收入上涨得快（人）
国家与社会管理者阶层(62人)	5	56	1
经理人员阶层(35人)	1	34	0
私营企业主阶层(34人)	2	32	0
专业技术人员阶层(85人)	3	81	1
办事人员阶层(82人)	2	78	2
个体工商户(63人)	7	55	1
商业服务业员工阶层(43人)	3	39	1
产业工人阶层(78人)	0	78	0
农业劳动者阶层(120人)	9	110	1
失业人员阶层(50人)	3	46	1
合计(652人)	35	609	8

2. 食品和生活必需品是家庭支出的主要项目

家庭支出结构在一定程度上代表着家庭的生活水平与生活层次，低生活水平的家庭主要支出项目是食物和生活必需品，而高生活水平的家庭支出呈多样化趋势，教育、文化、医疗、保健、投资等项目的支出相对较大。从表3可以看出，甘肃省不同阶层居民的消费支出结构相差较大，但各阶层消费支出最大的项目均集中在食品及生活必需品。有324位（49.69%）被访者认为食品和生活必需品是家庭每月的主要支出。食品及生活必需品支出比例偏高，说明甘肃民众普遍面临着食品价格上涨和通货膨胀加剧的压力。教育文化娱乐和贷款偿还的支出比例大体相当，分别有117位（17.94%）和113位（17.33%）被访者选择此项。排名第四的是医疗保健支出，有72位被访者选择，占11.04%。而投资和购买各类保险等新兴服务业类消费支出比例较低，仅有15位（2.30%）被访者选择投资、11位（1.70%）被访者选择购买各类保险，这一方面是因为甘肃属于经济欠发达省份,民众手头的余钱不多,另一方面也反映出甘肃民众投资思维的欠缺。

表3 甘肃民众家庭主要月支出项目情况

	食品及生活必需品	教育、文化、娱乐支出	医疗保健支出	投资	购买各类保险	贷款偿还	合计
国家与社会管理者阶层(人)	29	11	2	0	0	20	62
经理人员阶层(人)	18	6	4	0	2	5	35
私营企业主阶层(人)	17	7	1	5	1	3	34
专业技术人员阶层(人)	38	20	8	0	1	18	85
办事人员阶层(人)	39	15	10	0	1	17	82
个体工商户(人)	24	16	7	3	1	12	63
商业服务业员工阶层(人)	31	4	3	1	0	4	43
产业工人阶层(人)	45	10	9	0	0	14	78
农业劳动者阶层(人)	60	21	19	6	1	13	120
失业人员阶层(人)	23	7	9	0	4	7	50
合计(人)	324	117	72	15	11	113	652
比例(%)	49.69	17.94	11.04	2.30	1.70	17.33	100

(二)甘肃民众对收入分配问题的看法

1. 民众收入水平偏低是甘肃的省情,也是民众的实际认知

2013年上半年,甘肃城镇居民人均可支配收入全国排名倒数第二,仅高于青海。农村居民现金收入仅高于贵州和西藏,在全国排第29位,民众收入偏低是我们不得不正视的省情。从图2全省民众的主观认知可以看出,305位被访者认为目前的收入水平偏低,占被访者总数的46.49%；192位被访者认为收入分配差距过大，占被访者总数的29.27%；54位被访者认为收入分配不规范，占被访者总数的8.23%；还有72位被访者感觉收入不稳定，占被访者总数的10.98%，只有26位（3.96%）被访者认为目前的收入水平基本合适，还有7为被访者选择其他原因，占1.07%。可见，收入水平偏低、收入差距过大和收入不稳定是甘肃民众对当前收入水平较为普遍的认知。

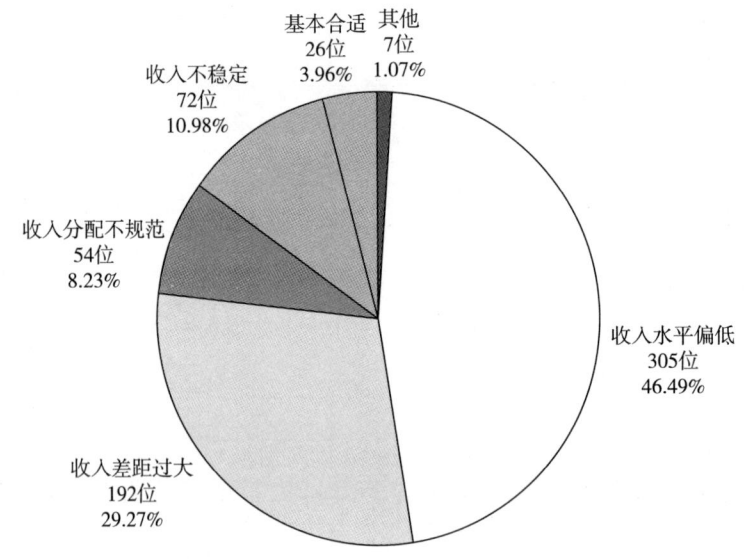

图2　甘肃民众对当前收入状况的总体感觉

2. 地区差距和城乡差距在甘肃表现最为明显

在相当长一段时期内，贫富差距大牵动着国人的敏感神经，反映中国居民收入分配状况的基尼系数已经超过0.4的国际警戒线，我国的贫富分化已经到了非常危险的地步。历史上分配向城镇倾斜的惯例、区域不平衡发展战略和行业垄断导致收入差距大得到学术界的普遍认可，但相对于普通民众而言，因条件不足、能力不足、机会不均、受教育程度低等因素制约而难以摆脱困境的现象也随处可见。调查结果显示，201位（30.69%）被访者认为地区和城乡差距是收入差距大的主要原因，这和甘肃目前在全国的区位分布不无关系；175位（26.72%）被访者认为行业垄断是收入差距大的主要原因；90位（13.74%）被访者认为个人能力差距是收入差距大的原因；76位（11.60%）的被访者认为灰色收入和特权收入机会差距是收入差距大的原因；60位（9.16%）被访者认为受教育程度是收入差距大的原因；仅有27位（4.12%）被访者认为税负不公平是收入差距大的原因。在以上导致收入差距大的原因中，受教育程度和个人能力差距属于主观因素，在客观因素难以短期内解决的前提下，提高个人受教育水平、提升个人发展能力是提高个人收入的直接途径。

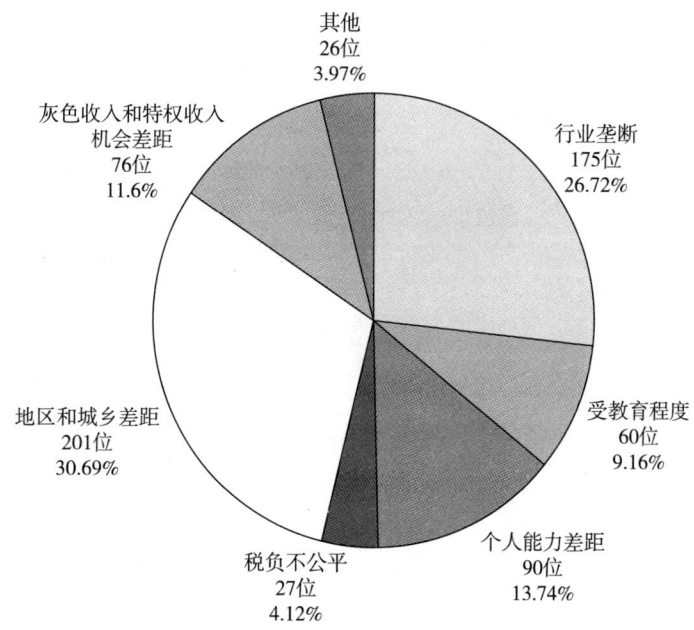

图3 甘肃民众对收入差距大的原因的认知

三 被访者对现行收入分配体制改革的认知与反响

1. 甘肃民众对收入分配体制改革的态度

收入分配体制改革自2004年以来就在媒体的聚光灯下若影若现,时至今日仍然没有露出真容,极大地考验着民众的耐心。对于牵扯面如此之广、面临问题如此复杂、几度难产的收入分配体制改革最终能否落地,甘肃民众也有自己不同的看法。从调查结果看,413位被访者对收入分配体制改革持期待和支持态度,占被访者总量的62.96%。128位被访者认为收入分配体制改革无异于虎口拔牙,对该项改革持观望态度,占被访者总量的19.51%。82位被访者看法比较消极,认为作用不大,占被访者总量的12.50%。还有33位被访者则明确表示对此事不太关注,占被访者总量的5.03%。从阶层看,

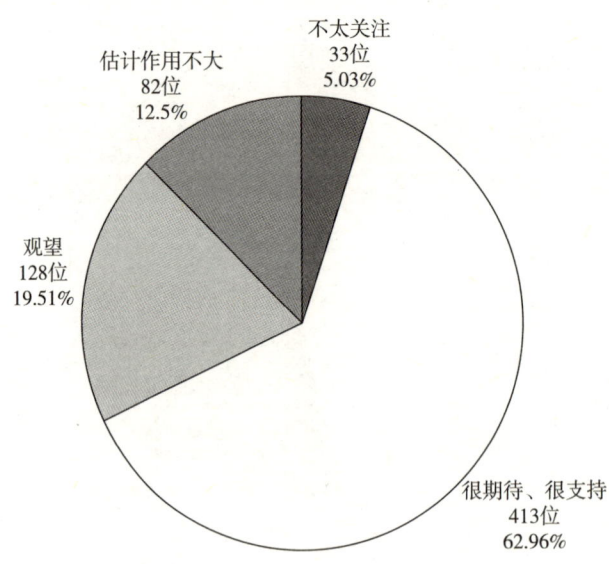

图4 民众对收入分配体制改革的态度

失业人员、产业工人和专业技术人员阶层更加期待与支持收入分配体制改革，分别占被访者的78%、77.42%和68.24%。

2. 严惩腐败、遏制灰色收入，使收入更加阳光、透明是甘肃民众最期待解决的问题

收入分配失衡、收入差距扩大、社会保障面窄、基层民众收入水平偏低等诸多收入分配领域的问题不断涌现，弄清楚民众对收入分配领域感受最强烈、最期待解决的问题有助于收入分配体制改革的顺利推进。从调查结果看（见图5），在收入分配领域，176位（26.83%）被访者认为感受最强烈，最期待解决的问题是严惩腐败、遏制各类灰色收入，使收入更加透明、阳光。169位（25.76%）被访者希望提高公共投入和社会保障水平，保障公民可以"免于恐惧"地生活。131位（19.97%）被访者期待创造更多就业机会，提高劳动者报酬。122位（18.60%）被访者希望收入增长幅度能跑过物价上涨幅度。58位（8.84%）被访者希望用分配手段缩小收入分配差距。

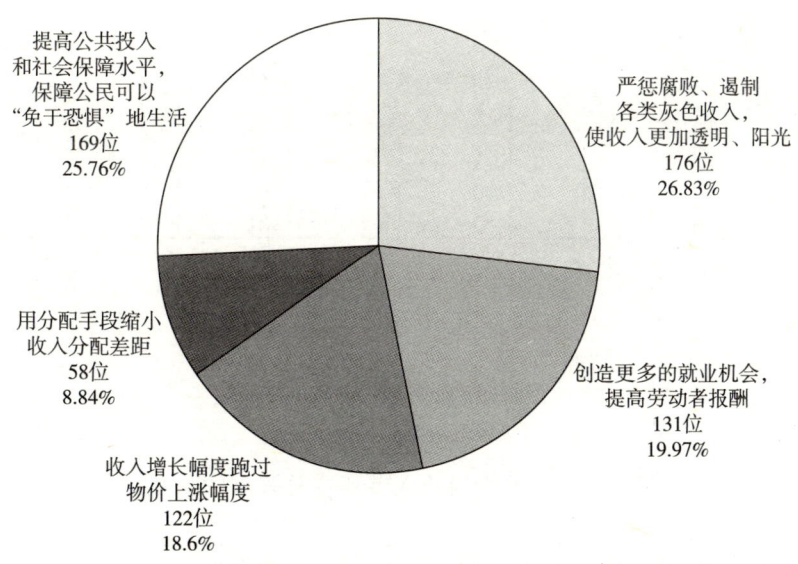

图5 民众感受最强烈、最期待解决的收入分配问题

3. 行业之间的差距是收入分配差距的主要体现

目前，全社会收入分配差距过大已经成为共识，收入分配差距主要体现在城乡差距、地区差距、行业差距、企业内部差距、公共服务差距、职业差距、不合理不合法的收入差距等方面，这既和体制有关，也有改革不到位的问题。就甘肃民众而言，感受最强烈的是行业差距（见图6），179位（27.3%）被访者认为行业差距是收入差距的主要表现，紧随其后的是职业差距和教育、医疗、住房及社会保障等公共服务差距，分别有119位和103位被访者选择此项，分别占被访者总量的18.1%和15.7%。而甘肃民众对关于城乡差距、地区差距、隐性非法收入差距和企业内部差距的感受不太强烈。从访谈看，企业内部的产业工人对企业内部差距反响强烈，但这种反响和样本统计结果并不契合，这和调研样本数中产业工人只占样本总数的11.9%这一比例有直接关系。

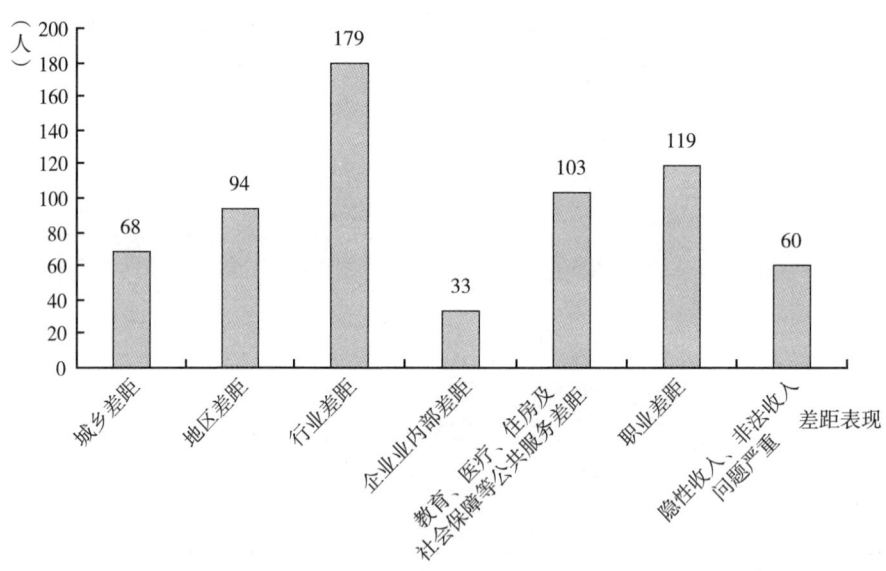

图6 甘肃民众对收入差距主要表现的认知

4. 甘肃民众最迫切希望解决的是收入分配问题

受教育机会的公平、劳动机会的公平等因素的影响，初次分配中存在的诸多问题需要在再次分配中加以解决，而提高社会保障水平、调节过高收入等手段无疑是民众期待的。从调研结果看，甘肃民众最迫切期待解决的收入分配问题是提高中低收入者收入，这和甘肃长期处于低收入水平不无关系，国家与社会管理者、私营企业主、农业劳动者、商业服务业员工等阶层均认为自身收入水平过低，236位被访者期待收入分配体制改革能提高中低收入者收入，占被访者总量的35.98%。还有125位（19.05%）被访者希望全国实行统一的社会保障和社会福利制度，访谈中，民众认为不均衡的社会保障、社会救助等公共服务是拉大收入差距的重要原因。106位（16.16%）被访者期待政府能扶持就业创业，69位（10.52%）被访者期待促进农民增收。而对于调节过高收入、扩大中等收入者比重、扶贫济困等问题，甘肃民众感受并不强烈。

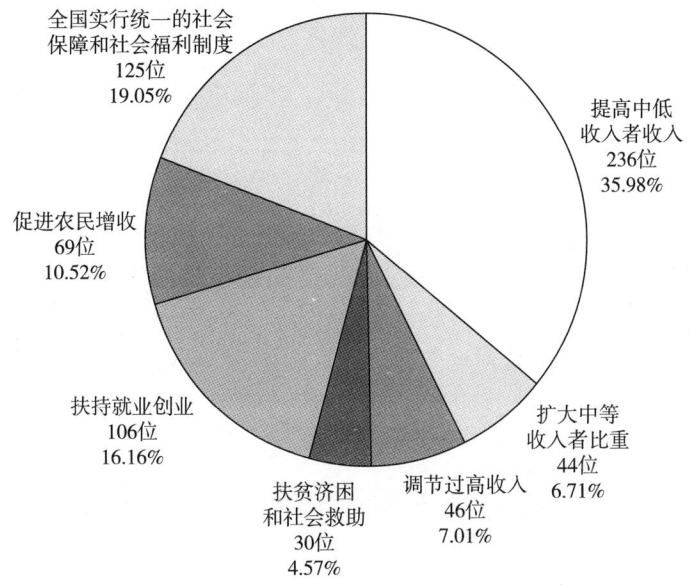

图7 甘肃民众希望解决的收入分配问题

5. 甘肃民众普遍反映当地政府对收入分配问题的重视程度一般

收入差距扩大的问题已经对政治、经济和社会生活产生了负面影响,当地政府作为地方权力机关的执行机构,对收入分配问题的重视能积极优化收入分配政策,为当地社会经济发展提供一个稳定的环境。就调查结果看,376位(57.32%)被访者认为甘肃地方政府对收入分配问题的重视程度一般,34位(5.18%)认为很重视,92位(14.02%)认为重视,113位(17.23%)认为不重视,41位(6.25%)认为很不重视。

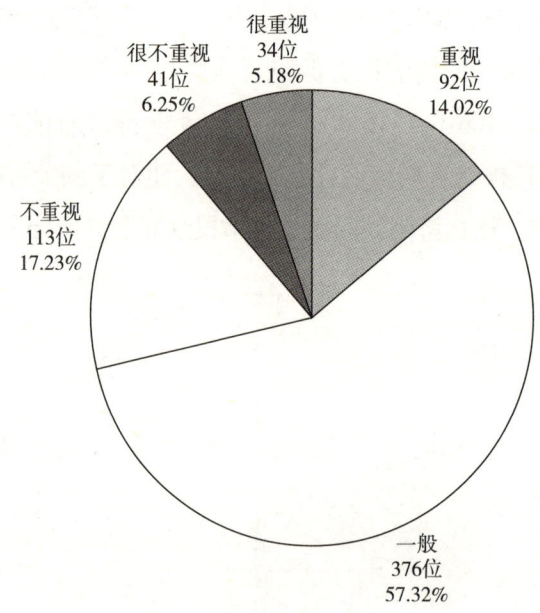

图8 甘肃民众对地方政府是否重视收入分配问题的认知

四 建立健全收入分配体制改革的对策建议

(一)以收入分配体制改革为契机,理顺事业单位收入分配关系

甘肃省事业单位收入分配乱象丛生,同工不同酬、同岗不同酬、同城不同酬现象突出。首先表现在部分事业单位工资外收入项

目繁多，且多半实行"暗箱操作"，分配不透明，垄断行业和经济效益较好的事业单位尤其突出，部分单位自行制定了津贴、补贴，这些工资外收入等同甚至高于工资收入，而部分没有经济来源的事业单位只能拿干工资，影响了工资收入结构的合理性，同一性质的单位，存在同工不同酬、同岗不同酬的问题。其次体现在工资制度实施的地方行为拉大了地区之间的工资差距。主要表现在各种福利发放的不规范，如2014年的部分地区事业单位为职工发放了每人8000~12000的"科学发展"奖金，但省直事业单位大多没有发放，造成不同地区之间收入差距的扩大，严重挫伤低福利事业单位职工的工作积极性。同一城市的食品、房屋、教育等成本一样，理应享有同样的工资标准，而事实上在工资条上很难看出区别，而工资条以外的收入却千差万别，造成同城不同酬的问题。此外，收入分配乱象还体现在绩效工资的实施与否上。部分与主管领导关系融洽、业务往来密切、会哭穷的单位受到特殊对待，实行了绩效工资制度，而其他相同性质的事业单位却享受不到同等的待遇。甘肃应充分考虑14市（州）发展不平衡的物价水平、房价水平和偏远水平，适当建立与各市（州）社会经济发展水平相适应的薪酬待遇，逐步建立各市（州）事业单位相对统一的津贴、补贴标准，逐步理顺收入分配关系。

（二）保持物价稳定与收入分配体制改革同步进行

收入差距的急剧扩大是收入分配体制改革的背景之一，在物价上涨过程中，一部分高收入者，可以通过手中掌握的土地、资本和其他财产来降低通货膨胀带来的损失，甚至有可能获得更多收益。但对广大低收入者而言，其收入形式比较单一，大多靠此前签订的劳动合同获得工资性收益，这种收益不会随着物价的上涨而随即上涨，在工资没有多大变动的前提下，物价的上涨无疑是在剥夺低收入者的福利，直接导致这一群体生活水平降低。此次调查中，九成以上的被访者认为全家收入上涨幅度追不上物价上涨的幅度，而有近一半的被访者认为食品和生活必需品开支是家庭的主要开支项目。因此，合理控制以食品和生活必需品为主的物价上涨幅度显得尤为迫切。这一方面需要政府继续扩大农副产品绿色通道通行范围，同时进一步扩大绿色通道免费通行鲜活农产品品种，从而降低农副产品的流通费用。另一方面要加大力量查处哄抬物价、操纵市场、垄断货源、炒作农产品的行为。此外，建立低收入群体物价上涨与补助发放的联动机制，当物价上涨到一定幅度时，对这一群体发放临时物价补贴，降低物价上涨对这一群体的冲击，保障低收入群体能维持基本稳定的生活。

（三）调节过高收入，打击非法收入，提高最低工资标准

调节过高收入主要针对的是某些垄断行业利用国家赋予的垄断地位获取高额利润，并将这种高额利润转化为管理层和员工的收入和福利。省委省政府需要对省管垄断企业实行待遇货币化，规定管理层和员工的最高收入标准。打击以"灰色收入"和"隐性收入"为主的各种非法收入。取缔单位私设的"小金库"，取缔行业乱收费、乱罚款、乱涨价行为，严格禁止手握实权的职能部门员工收受红包、回扣、礼品等。同时对党政领导干部规范职务消费，在实行公车改革的基础上进一步深入调研，将不同级别领导干部福利待遇货币化，把津贴、补贴和福利并入工资，然后取消所有工资外的其他收入。

甘肃从2014年4月1日起上调了最低工资标准，一类地区月最低工资标准调整为1350元，二、三、四类地区月最低工资标准分别为1300元、1250元和1200元。最低工资标准政策的出台旨在保障低收入劳动者合理报酬的获得和家庭成员的基本生活，有利于社会

的和谐稳定。但从目前看，甘肃人均纯收入远远低于全国平均水平，近几年物价上涨幅度却高于全国平均水平，不仅削弱了工资上涨的"受惠感"，甚至已经严重影响到享受最低生活标准的居民生活质量的提高，建立最低工资标准与物价相适应的联动机制迫在眉睫。

（四）申请国家减免配套资金，降低民众公共服务支出

甘肃省属于欠发达省份，特殊的生态地位使得甘肃在产业选择上没有太大的空间和余地，这种以牺牲发展换取优良生态的做法值得肯定。国家和受益省区除了提供相应的生态补偿资金外，还应该站在公平、正义的角度，全盘考虑甘肃欠发达的实际，在公共服务项目上不将地方政府配套能力作为项目能否实施的必备条件，不要让甘肃因为地方政府配套资金缺乏而忍痛舍弃公益性基础设施项目的建设，让地方政府腾出更多资金来搞建设。不要因为政府的公共服务支出能力不足，迫使民众用自身非常有限的收入来支付快速增长的医疗、社保、教育等基本支出，让民众能够"免于恐惧"地生活。同时，甘肃民族人口众多，为了给各民族人民创造一个和谐稳定的发展环境，让各族人民共享改革开放的成果，建议省委省政府向中央申请加大对民族地区的转移支付力度。

（五）提高基层公务员待遇，让收入分配体制改革惠及基层

随着收入分配体制改革的推进，公务员是否需要涨薪成为热点问题，基层公务员的"苦水"与公众对公务员福利待遇的"吐槽"出现在各大主流媒体的视野。年复一年竞争白热化的公务员考试、普通民众捉摸不透的公务员福利、实权单位"门难进、脸难看、事难办"、"高大上"的住房、医疗、养老、保险、无形中集聚的人脉关系等等，均成为公众反对公务员涨薪的理由。不可否认，当前的公务

员队伍存在这样那样的问题，但我们同时也应该看到，有实权的公务员队伍仅仅是一小部分，绝大多数基层公务员处于常年"没有周末、没有节假日，早上八点必须上班，晚上八点不一定能下班"的生活状态。而且现存公务员队伍存在一般民众难以理解的体制上的弊端，基层公务员的晋升之路非常狭窄，不少基层公务员到退休也仅能晋升到科级，待遇很难提升。十八大以来的持续反腐，已经将公务员的各种福利消弭殆尽，拿着干工资的公务员一时难以走出民众对这一群体的习惯性认知。因此，在公务员适当涨薪之前，首先是要让公务员工资阳光化、透明化，将公务员工资信息向全社会公开。其次，下力气彻底转变公务员阶层"门难进、脸难看、事难办"、"不收礼也不办事"、"吃、拿、卡、要"的乱象，提高公务员队伍的服务质量。在此基础上，参考当地的社会经济发展水平，提高基层公务员队伍待遇就合情合理了。

（六）推进社会保障制度改革，实现社会公平正义

健全的社会保障制度是民众有效享受改革红利的重要途径之一，但现行的社会保障存在覆盖面窄、保障水平低、城乡分割、区域差距大等问题，而社会保障不足问题尤为明显。主要体现在被保障群体的保障水平低，无法让被保障群体过上相对有尊严、体面的生活，被保障群体极易因家庭成员生病或遭遇自然灾害而导致生活难以为继。其次是保障范围过窄，进城务工的农民工无法被纳入保障体系之内，让这一群体承受着巨大的生存压力，容易在遇到生存障碍时引发社会矛盾。同时，还存在保障对象不明确的问题，调研中部分群众反映，农村低保保障面过大已经在一定范围内引起群众之间的矛盾，其实从本质看，这并不是保障面大引起的，而是基层干部在审核低保人群时工作量大、没有实地调查，使得部分并不符合低保的人被纳入低保，而真正需要低保的人没有纳入低保引起的。保障领域存

在的最大不公是保障标准和保障水平的城乡二元分割。甘肃应该尽快调研制定低保发放标准与物价、房价、教育、医疗等领域的价格联动机制，与民生相关的价格上涨到一定幅度，低保发放标准随即自动调整。同时，逐步将农民工这一特殊社会群体纳入社会保障体系内。严格审查农村低保人员的真实信息，确保将真正需要最低社会保障的人员全部纳入保障范围。逐步实现社会保障的真正全覆盖和区域之间、城乡之间的均等化。

（金蓉　梁仲靖）

B.4
甘肃民众对食品药品安全监管体制改革的反响与要求

惠继飞*

摘　要：	近年来，从中央到地方，对食品药品监管体制都进行了较大幅度的改革。这些改革是否取得了立竿见影的效果？民众如何看待改革及其成效？对于进一步推进和完善监管体制，民众还有哪些期待和要求？本文在舆情调研的视角下，梳理和总结近年来食品药品安全监管体制改革的主要举措，甘肃民众对改革的反响与看法，并提出进一步加强食品药品安全监管的对策建议。
关键词：	甘肃民众　食品药品　安全监管体制改革　反响与要求

一　调研的意义和调研基本情况

"舌尖上的中国"无疑更加需要"舌尖上的安全"。如何保障老百姓的饮食用药安全近年来一直是甘肃省乃至全国的舆情热点问题。人们对食品药品安全问题的关注源于食品药品安全事件频发，而食

---

* 惠继飞，甘肃省社会科学院法学研究所助理研究员，主要研究方向为行政法与法治政府建设。

品药品安全监管不力、体制机制不畅是问题发生的重要症结。打响食品药品安全保卫战的同时，也需要唱响监管体制改革攻坚战。近年来，一场风暴式改革在食品药品监管领域拉开，从多头执法、"九龙治水"到机构整合、统一管理；从职责不清、监管不力到厘清责任、严肃问责；从法律缺失、惩处不严到健全规制、重典治乱。上述改革举措说明，对于事关百姓福祉与安康的食品药品监管制度改革正在加快进行，监管体制正在逐步完善，监管力度正在逐步加大，诚如2014年政府工作报告所提出的：要建立从生产加工到流通消费的全过程监管机制、社会共治制度和可追溯体系，健全从中央到地方直至基层的食品药品安全监管体制。严守法规和标准，用最严格的监管、最严厉的处罚、最严肃的问责，坚决治理餐桌上的污染，切实保障"舌尖上的安全"。那么，了解这些改革是否取得了立竿见影的效果，民众如何看待改革及其成效，对于进一步推进和完善监管体制，还有哪些期待和要求，就显得尤为必要。这也是进一步完善社会管理创新，问政于民、问需于民、问计于民的客观需要。

本次调研，在全省范围内选定兰州市、甘南、临夏、定西市、天水麦积区、酒泉市、白银市、武威市、天祝藏族自治县等9市、县（区），以问卷调查为主，辅之以个别座谈和访谈的形式进行。共发放问卷670份，收回660份，其中有效问卷646份，有效收回率为96.42%。调研对象就居住地而言，涵盖了城区、城郊、县城、乡镇、农村五类地区；就从业性质而言，包括了国家与社会管理者（约占5%）、经理人员（约占5%）、私营企业主（约占5%）、专业技术人员（约占11%）、办事人员（约占8%）、个体工商户（约占8%）、商业服务业员工（约占8%）、产业工人（约占20%）、农业劳动者（约占25%）、下岗失业人员（约占5%）等十个阶层的从业人员。

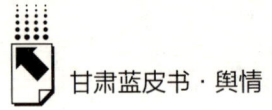

二 近年来食品药品安全监管体制改革的推进

近年来,从中央到地方,各级政府对食品药品安全的关注度越来越高,监管体制改革不断推进,法律法规体系不断完善。

(一)党和政府的重视程度日益增强

食品药品安全,说到底是政府的责任。如果说食品药品安全是人民群众的基本人权,那么加大对食品药品安全的重视程度,确保人民群众饮食安全、用药放心就是政府的天职。国务院2010年政府工作报告中,首次提出要加强食品药品质量监管,遏制重特大事故发生。此后,历年的政府工作报告都将食品药品安全问题作为改善民生的主要内容来论述,从要完善监管体制机制,健全法制;严格标准,完善监测评估、检验检测体系;强化地方政府监管责任,加强监管执法,全面提高安全保障水平;依法惩处制售假冒伪劣食品药品等危害市场经济秩序犯罪,保护人民群众生命财产安全;增强食品安全监管能力建设等方面提出要求。2013年政府工作报告更是明确食品药品安全是当前社会主要矛盾之一,提出要改革和健全食品药品安全监管体制,加强综合协调联动,落实企业主体责任,严格从生产源头到消费的全程监管,加快形成符合国情、科学合理的食品药品安全体系,提升食品药品安全保障水平。

2013年12月23日,在中央农村工作会议的讲话中,习近平总书记指出:"能不能在食品安全上给老百姓一个满意的交代,是对我们执政能力的重大考验。我们党在中国执政,要是连个食品安全都做不好,还长期做不好的话,有人就会提出够不够格的问题。所以,食品安全问题必须引起高度关注,下最大气力抓好。"这一讲话显示了党和政府正视和重视食品药品安全问题的勇气、决心和气魄。因此,

2014年政府工作报告提出要健全从中央到地方直至基层的食品药品安全监管体制。严守法规和标准，用最严格的监管、最严厉的处罚、最严肃的问责，坚决治理餐桌上的污染，切实保障"舌尖上的安全"。

（二）监管体制进一步理顺

我国的食品药品安全监管体制是在不断发现问题、解决问题的过程中逐步完善起来的。长期以来，我国对食品药品安全监管采取的是分段监管和品种监管相结合的模式，由多个部门来承担监管任务。如对食品安全监管，质量技术监督部门管生产、工商行政管理部门管流通、食品药品监督管理部门管消费、食品安全办负责协调。实践证明，监管部门越多，监管边界模糊地带就越多，既存在重复监管，又存在监管盲点，难以做到无缝衔接，监管责任难以落实。而且多个部门监管，监管资源分散，每个部门力量都显薄弱，资源综合利用力不高，整体执法效能不高。同时，随着生活水平的不断提高，人民群众对药品的安全性和有效性提出更高要求，药品监督管理能力也需要加强。整合监管资源，明确监管主体成为监管体制改革的迫切要求。因此，2013年全国人大通过的《国务院机构改革方案》，将食品安全办、食品药品监督管理局、质检总局、工商总局监督管理职责进行整合，组建了国家食品药品监督管理总局。随之出台了《国务院关于地方改革完善食品药品监督管理体制的指导意见》，根据该《意见》的精神，当年7月，甘肃省就出台了《甘肃省人民政府关于改革完善市县食品药品监督管理体制的实施意见》，从整合监管职能和机构、整合监管工作力量、健全监管执法机构和检验检测机构、健全基层监管体系、加强监管能力建设等五个方面，对生产、流通、消费环节的食品安全和药品的安全性、有效性实施统一监督管理。到当年底，甘肃省食品药品监管体制改革全面完成。通过改革，一个科学、统一、集中、高效,适应监管需要的食品药品安全监管体系初步形成,基层食品药品监管力量得到全面加强。

(三)法律规制进一步完善

食品药品安全保障迫切需要完善的法律规制体系。2009年6月1日《中华人民共和国食品安全法》取代了《食品卫生法》,这部法律对食品安全监管全程包括安全风险监测与评估、安全标准、事故处置等都作出了明确规定,被称为"史上最严的食品安全法"。同年,国务院颁布《食品安全法实施条例》。按照《食品安全法》要求,国务院及各有关部门积极推进食品安全配套法规、规章建设,集中清理与之不适应、不协调的法规和规章。2012年国务院出台《关于加强食品安全工作的决定》,从体系制度、能力建设等方面对食品安全工作作出全面部署,编制《国家食品安全监管体系"十二五"规划》,提出到"十二五"期末食品安全监管体系建设的目标任务。2014年5月27日,国务院办公厅发布《2014年食品安全重点工作安排》,明确要建立统一的食品生产经营者征信系统,研究和推进将食品安全信用评价结果与行业准入、融资信贷、税收、用地审批等挂钩,充分发挥其他领域对食品安全失信行为的制约作用。2014年,实施五年的《食品安全法》又迎来了大修,2014年6月举行的十二届全国人大常委会第九次会议已对《食品安全法(修订草案)》进行了第一次审议。

食品药品安全保障也离不开严厉的法律惩处体系。自《食品安全法》颁布后,重典治乱,严惩食品药品安全领域违法犯罪的法律及司法解释密集出台。2010年9月,最高人民法院、最高人民检察院、公安部、司法部联合发布《关于依法严惩危害食品安全犯罪活动的通知》,指出要始终把打击危害食品安全犯罪活动摆在突出位置,始终保持对危害食品安全犯罪活动的高压态势。2011年5月施行的刑法修正案(八),明确了"食品监管渎职罪",体现了对食品安全监管渎职犯罪从重处罚的精神。2013年5月，两高联合发布《关于办理危害食品安全刑事案件适用法律若干问题的解释》，明确界定了生产、销售不符合安全标准的食品罪和生产、销售有毒有害食品罪的定罪量刑标准，并公布5起典型案例。2014年1月，最高法发布《关于审理食品药品纠纷案件适用法律若干问题的规定》，统一该类案件裁判尺度。司法解释规定，通常情况下的购物者应当认为消费者，可以主张惩罚性赔偿；通过网络交易平台购买商品、药品遭受损害，因虚假广告推荐的食品、药品存在质量问题遭受损害，请求网络交易平台提供者、广告经营者、广告发布者承担连带责任的，人民法院应予支持；食品、药品生产者与销售者以霸王条款减轻或者免除经营者责任、加重消费者责任的，消费者依法请求认定该内容无效的，人民法院应予支持，即霸王条款所有内容一律无效。解释还依照食品安全法和侵权责任法的有关规定，进一步明确责任主体应首先承担民事责任，以最大限度保护消费者的合法权益。这一司法解释填补了食品药品民事司法解释空白，为解决消费者维权难提供了更具操作性的裁判标准。规制的逐步完善预示着食品药品安全监管的制度篱笆正在逐渐加固。

（四）治理整顿和严惩重处双管齐下

近年来，从中央到地方，连续部署开展了一系列食品药品安全治理整顿行动。从甘肃来看，全省范围内的农村食品药品安全专项整治，食品非法添加和滥用食品添加剂专项整治，"瘦肉精"和"地沟油"专项整治，乳制品、肉制品、食品添加剂、地沟油、保健食品打"四非"、中药材中药饮片、医用氧、医疗器械、铬超标胶囊剂药品两打两建等专项整治，儿童食品、学校及周边食品安全专项整治等治理整顿行动陆续进行。通过治理整顿，有效解决了食品药品领域存在的一些突出问题，进一步规范了食品药品生产经营秩序，净化了食品药品市场环境。

严惩重处是食品药品安全保障的有力手段。2011年以来,因制售假药劣药、有毒有害食品而受到起诉的犯罪嫌疑人达23353人,立案侦查瘦肉精、假牛肉、地沟油、毒胶囊等事件背后涉嫌渎职犯罪的国家机关工作人员667人,最高人民检察院对785起危害食品药品安全犯罪案件挂牌督办①。甘肃省人民检察院2011年批准逮捕危害食品、药品安全犯罪嫌疑人7人,提起公诉6人。监督相关行政执法机关依法移送涉嫌犯罪案件96件。2012年,批准逮捕危害食品药品安全、制售假冒伪劣商品犯罪嫌疑人220人,提起公诉257人。2013年全年共破获制售伪劣食品、假药案件536起,涉案价值3580万元。捣毁食品药品黑作坊、黑工厂、黑市场、黑窝点318个,打击处理违法犯罪人员643名,其中刑事拘留372名。批捕生产销售"毒蔬菜"、"假羊肉"、假冒注册商标、合同诈骗等破坏市场经济秩序的犯罪嫌疑人282人,起诉473人。监督行政执法部门向公安机关移送破坏市场秩序的犯罪案件319件375人,同比分别增长81.3%和65.2%②。

三 甘肃民众对食品药品安全监管体制改革的反响

(一)多数民众表示关注并有所了解食品药品安全监管体制改革

近年来,食品药品安全监管体制改革可谓力度空前,那么这些改革举措,老百姓是否关注和了解呢?调查显示,甘肃民众对食品药品安全监管体制改革关注度较高。有9.61%的受访者表示很了解,67.75%的受访者表示了解一些,22.64%的受访者表示完全不了解。(见图1)

---

① 数据来源于最高人民检察院2010~2014年工作报告。
② 数据来源于甘肃省人民检察院2010~2014年工作报告。

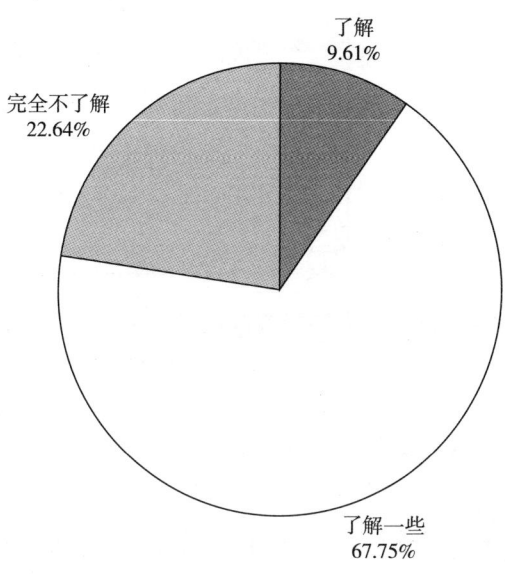

图 1 民众对当前食品药品监管体制改革的了解程度

有近八成的受访者对食品药品安全监管体制改革了解或有所了解,说明对这一事关自己切身利益的的改革,广大老百姓积极参与,寄予厚望。但是,对改革的全部内容完全了解的仅占9.61%,同时也有22.64%的人表示完全不了解,说明对食品药品监管体制改革还需要大力宣传,争取更多的民众参与到改革进程中来。

(二)六成以上民众认为改革后的食品药品安全状况有好转

食品药品安全监管体制改革前后,甘肃的食品药品安全监管工作力度及安全状况有何变化?老百姓感受如何?调查中,12.38%的受访者认为力度明显加强,安全状况好很多;53.87%的人认为力度有所加强,安全形势有所好转;15.79%的人认为监管力度和安全状况都没有变化;仅有4.03%的人认为监管力度有所削弱,安全形势变差;另有13.93%人表示说不清。(见图2)

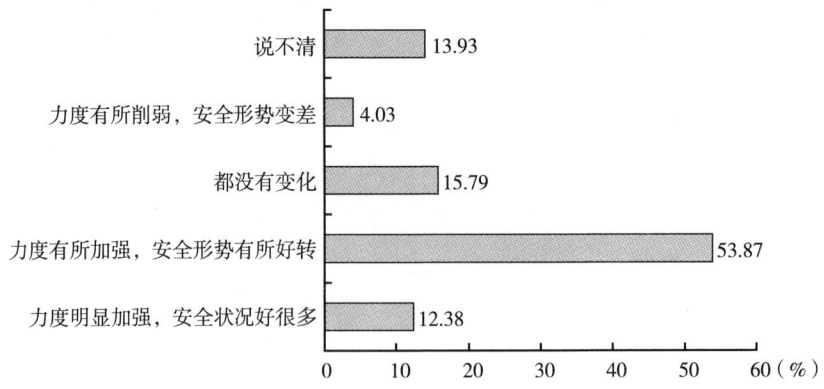

图 2 民众对食品药品监管体制改革后的监管工作和安全状况感受

从调查结果看,有超过六成的被访者认为与改革前相比,目前甘肃的食品药品监管工作力度都明显加强或有所加强,安全状况相比过去好了很多或有所好转,表明在机构整合后,以前所存在的监管边界不清、监管重复和空白并存等问题得到有效解决,民众对此感受明显。

(三)过半数民众对当地食品药品监管部门工作表示满意

对于当地政府食品药品监管部门的工作,6.53%的被访者表示非常满意,48.21%的被访者表示基本满意,29.39%的被访者表示不太满意,8.87%的被访者表示很不满意,还有7.00%的被访者表示不了解。(见图3)

日常监管是健全食品药品安全监管体制的重要一环,监管不力在食品药品安全问题上备受诟病。调查显示,在食品药品安全监管失职问责、渎职追罪的强力约束下,监管部门的监管模式开始升级,监管触角开始前移,执法者的责任心也在强化。54.74%的民众对监管部门工作表示非常满意和基本满意,表明当前民众对政府部门日常监管的认可度在增进。但同时,对监管部门工作表示不太满意、很不满意

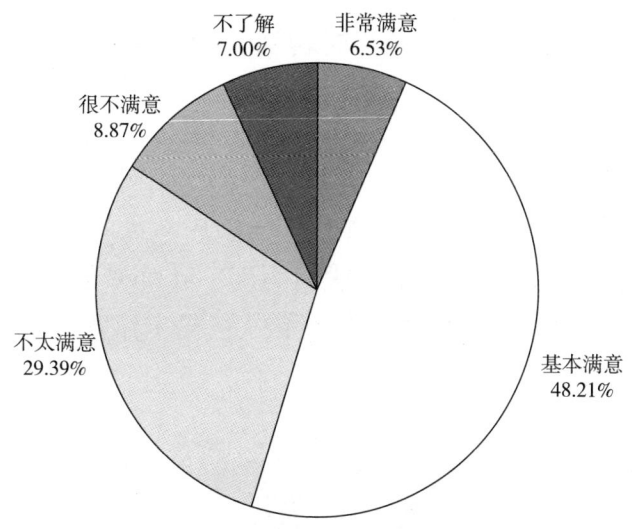

图 3　民众对当地食品药品监管部门工作的满意度

和不了解三项占比达 45.26%，提醒监管工作绝不能满足于当前，还需要以更大的努力来重拾老百姓的信心。

食品药品安全谁来保护？遇到问题应该找哪个政府部门来投诉处理？在调查列举的多个部门中，食品药品监督管理局、消费者协会、工商局、质量监督局、卫生局是人们在遇到此类问题时首先想到的部门。这些部门都是分段管理时期食品药品安全监管的相关部门，在机构整合后，食品药品监督管理局成为食品药品日常监管的主体部门，"九龙治水"已变为"一龙治水、九龙协力"。但从调查结果看，民众对此还不是很清楚，选择首先找食品药品监督管理局投诉和处理的仅占 31.74%，仍分别有 19.61%、15.94%、14.58% 和 14.39% 的人找的是消费者协会、工商局、质量监督局和卫生局。因此，食品药品监督管理局作为现阶段老百姓食品药品安全的保护神，需要以强有力的工作和监管效果来赢得老百姓的认同，让人们遇到食品药品安全问题时，首先想到"12331"。

（四）民众希求政府加强对转基因食品的安全监管与服务

转基因食品安全之争由来已久。在转基因食品泛滥的今天，政府对转基因食品的安全监管显得尤为必要。那么，民众对当前转基因食品的安全监管是否满意呢？仅有6.60%的民众认为政府对转基因食品的安全监管非常有力，而认为监管力度一般和缺乏力度的分别占到37.80%和43.47%，同时有12.13%的人表示不知道。（见图4）

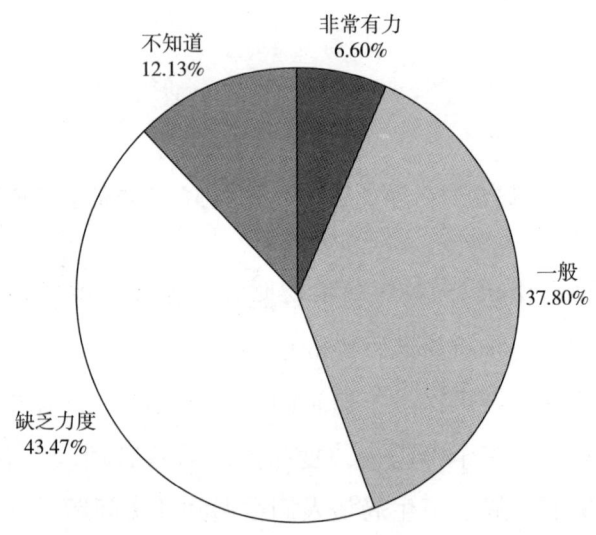

图4 民众对目前转基因食品安全监管工作的满意度

从以上调查数据看，民众对目前转基因食品的安全监管工作基本持否定态度，八成以上民众认为监管力度一般和缺乏力度，表明对转基因食品采取强有力的安全监管是政府一项紧迫而现实的任务。

对于转基因食品，民众需要政府提供哪些服务呢？16.23%的被访者认为要在有关转基因食品的政策法规方面给予指导和宣传，36.04%的被访者认为要在有关转基因食品品种类型方面的知识给予指导和宣传，24.65%的被访者认为要对安全风险方面的知识给予指

导和宣传，21.38%的被访者认为要对购买时如何辨别的知识给予指导和宣传，1.72%的被访者认为在其他方面。（见图5）

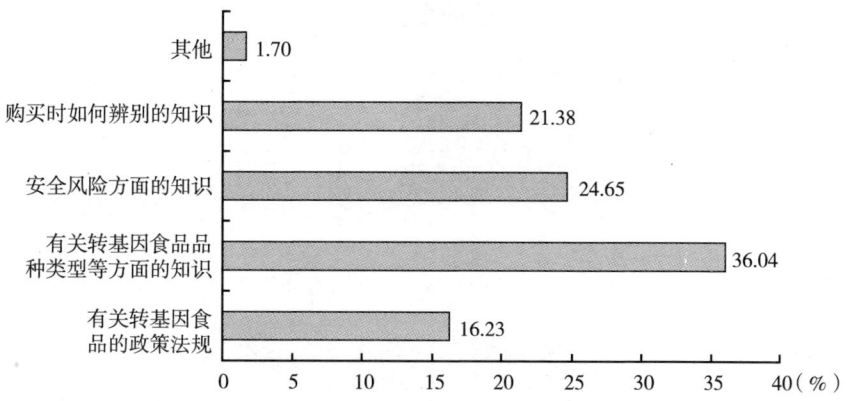

图5　民众需要政府转基因食品安全给予的指导和宣传

客观地说，当今转基因食品已进入寻常百姓家，和老百姓的生活息息相关，但对于转基因及转基因食品的相关知识，老百姓还是知之甚少，这就需要政府在品种类型、安全风险、如何辨别以及政策法规方面，都给予必要的指导和宣传。

（五）民众对食品药品安全状况的总体评价仍然不高

食品药品安全监管体制改革，使人们感受到食品药品安全状况有所改观，但对于目前甘肃省食品药品安全总体状况，人们的认同度仍然偏低。有6.98%的受访者感觉很安全、非常满意；35.81%的受访者感觉虽然有些问题，但基本满意。非常满意和基本满意两项合计为42.79%。同时，另有40.62%的受访者感觉问题仍然存在、不太满意；16.59%的受访者感觉形势严峻、很不满意，两项总和为57.21%。（见图6）

据2014年4月10日甘肃新闻网报道，2013年甘肃省食品药品安

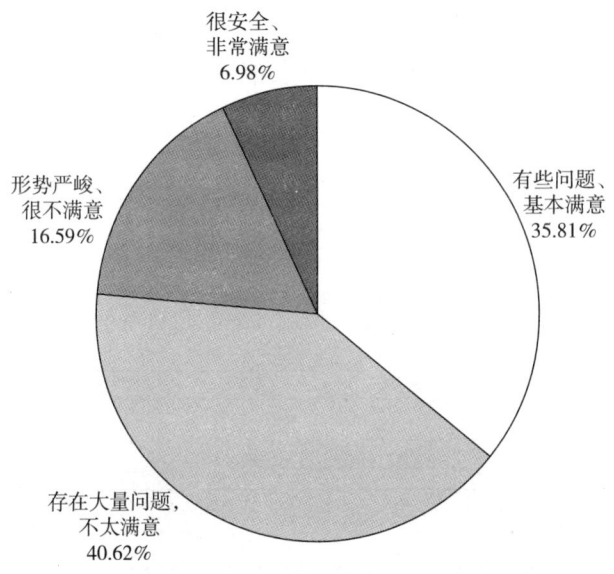

图6 民众对当前食品药品安全状况的总体感受

全工作在全国考评中位列第二,然而民众的安全感受显然与这一结果有很大差距。究其原因,可能与2014年发生的兰州市水污染事件和全国范围内的"过期肉"事件有关。这些安全事件的发生,警示我们食品药品安全监管还有很长的路要走。

造成目前食品药品安全问题的原因何在?调查显示,首先是对违法企业和个人的惩罚力度不够,占比为24.63%;其次是社会诚信缺失,不法企业利欲熏心,占比为21.10%;再次是相关法律法规和标准不够完善,占比为15.87%;监管部门职责不明晰,占比为15.70%;监管体制需进一步理顺,占比为14.33%;还有新闻媒体曝光不够的原因,占比为8.13%;0.24%的人认为是其他方面的原因。(见图7)

调查结果表明,当前食品药品安全问题频发,是由多种原因综合造成的,因此,食品药品安全监管体制改革也应多头并进,全领域治理。

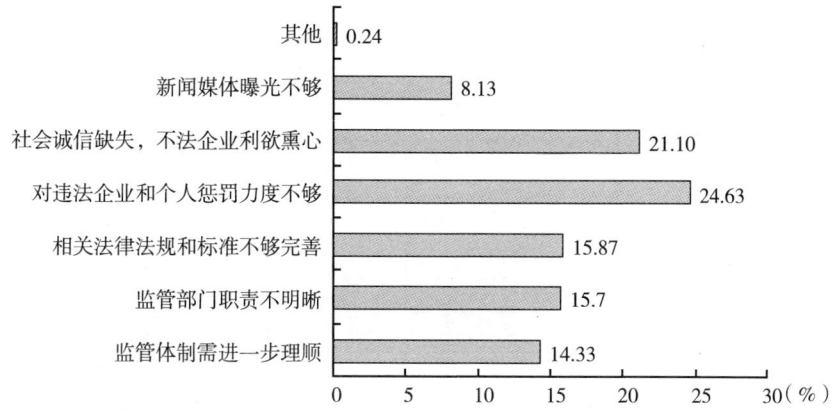

图7　民众认为目前食品药品安全问题产生的原因

（六）食品药品安全监管需要全方位推进

如何改革，才能最有效地保障食品药品安全？从调查结果看，民众认为应该全方位推进。根据多项选择，有22.55%的被访者建议成立食品药品安全监督管理部门，理顺监管体制；21.44%的被访者建议增设食品药品安全监管渎职罪，惩治监管失职渎职行为；20.39%的被访者建议明确食品药品安全犯罪量刑标准，重典治乱；17.34%的被访者建议把食品药品安全纳入地方政府"一票否决"制，严肃问责；13.71%的被访者建议要动员社会力量，构建食品药品安全社会共治格局；4.57%的被访者建议要重视和正确引导社会舆论。（见图8）

食品药品安全，最重要的是日常监管，日常监管工作如何才能有效地保障食品药品安全？从调查看，42.68%的民众认为最重要的是要严格食品药品生产的准入资格，对生产过程进行严密监管；31.00%的被访者认为要对市场上的食品药品进行大比率抽查，发现问题，及时处理；22.74%的被访者认为应该把好最后一道关，防止不合格产品流入市场；2.96%的被访者认为应公开政府食品药品方面的工作情况；0.62%的人认为是其他方面。（见图9）

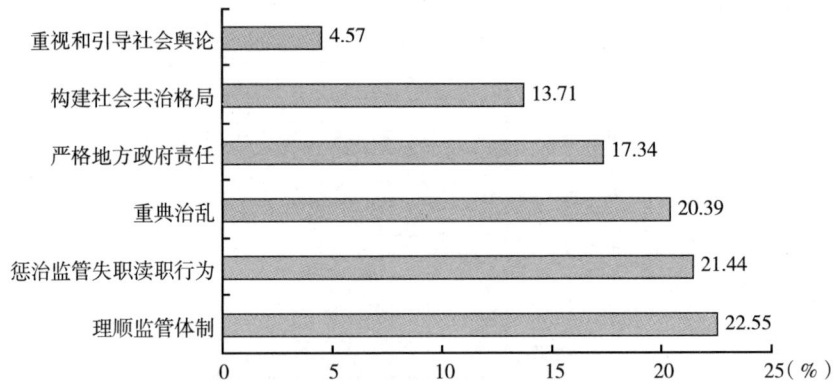

图8 民众认为食品药品安全监管体制改革应涉及的方面

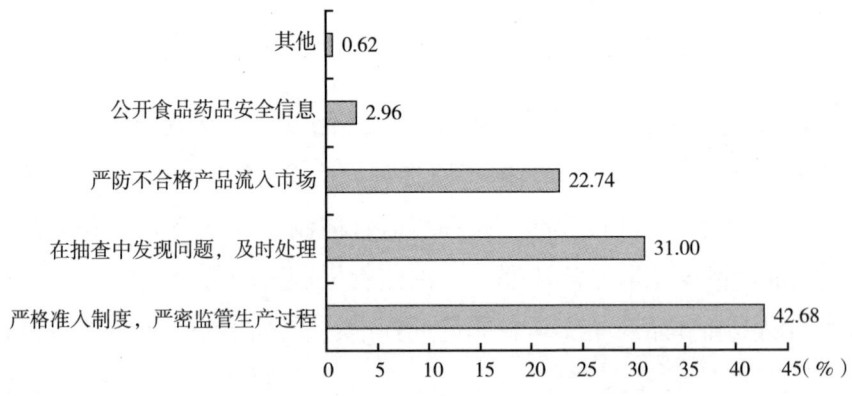

图9 民众认为食品药品安全日常监管工作的重点

四 食品药品安全监管体制如何更加顺应民众的期待

当前,食品药品安全监管体制已基本理顺,法律规制也基本健全。食品药品安全监管体制改革的号角已经吹响,但改革只有进行时,没有完成时。食品药品安全监管体制改革需要在探索中完善,推动食品药品安全监管方式和制度创新。据悉,正在讨论和修订的食品安全法，社会各界共提出 5000 多条修改意见，有效文字总计 84 万字，足见公众对此事的关注。在现行体制下，食品药品安全监管如何更加顺应民众的期待，通过调研分析，应当在以下几个方面多措并举。

（一）加大力度追究对食品药品违法企业的法律责任

食品药品生产经营企业是食品药品安全的责任主体。调研数据显示，民众认为对违法企业和个人的惩处力度不够及社会诚信缺失、不法企业利欲熏心是导致食品药品安全事件频发的两大主因。从审判实践看，当前食品药品安全形势仍然十分严峻。一是危害食品安全刑事案件数量大幅攀升。近三年来，人民法院审结这类案件的数量呈逐年上升的趋势。2011 年、2012 年审结生产、销售不符合安全（卫生）标准的食品刑事案件和生产、销售有毒、有害食品刑事案件同比增长分别为 179.83%、224.62%；生效判决人数同比增长分别为 159.88%、257.48%。二是重大、恶性食品安全犯罪案件时有发生，一些不法犯罪分子顶风作案，例如相继出现的瘦肉精、毒奶粉、毒豆芽、地沟油、问题胶囊、病死猪肉等系列案件，人民群众对此反映强烈。因此，要积极回应群众关切，从严惩治危害食品药品安全犯罪，只有让食品药品违法犯罪行为人付出沉重的代价，才能使他们不敢私欲膨胀，不能违背良知，不想触犯法律。因此，对食品药品违法犯罪行为要如打击黑社会和毒品犯罪那样重处。以重典治乱还老百姓一个安全环境和消费信心。

（二）以反求诸己的施政理念夯实监管责任

从现实情形看，一些地方食品药品质量安全问题形势严峻，确实与政府执法部门的监管不够到位、执法不够严格、问责制度等没有得到很好落实有关。因此，政府工作报告提出的三个"最严"很有针

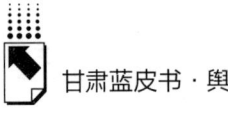

对性。最严格的监管、最严厉的处罚、最严肃的问责等表面上看都是冲着食品药品安全违法违规去的,实际上也正说明,政府部门过去在这方面还有很大的改进和提升空间,说白了都是为了补足政府部门自身在食品药品安全监管方面的管理和执法短板。因此,提出这三个"最严",既体现了政府部门坚决捍卫食品安全的意志,也体现了政府部门正视工作不足、反求诸己的施政理念。有这种反求诸己的施政理念,方能确保"舌尖上的安全"。落实三个"最严",需要有透明的执法程序、明晰的执法标准、明确的责任机制。三个"最严"中,最严肃的问责是其他两个"最严"的落脚点,严肃问责,前提是有一个科学完善的责任机制,使得哪些人该负哪些责任都十分明确,防止推诿扯皮。现在,一些食品药品质量安全事故中,板子往往高高举起轻轻落下,特别是对一些负有领导责任的领导干部问责太轻,这种状况亟须改变。2012年起,甘肃省就将食品药品安全列入"一票否决"。明确规定,各地不得发生1起重大以上食品安全事故,不得发生1起以上药品安全责任事故,对此两项控制指标实行"一票否决"。因此,在今后的监管中,要切实将地方政府对食品药品安全负总责、监管部门负监管主体责任落到实处,尤其要对食品药品安全监管中的九类失职渎职行为重拳查办,严惩充当食品药品违法犯罪保护伞的公职人员。

(三)加快建立食品药品安全风险预警机制,尝试推行食品药品安全责任险

食品药品安全有其特殊性,这个特殊性就在于它没有试错机制。相对于"事后扑火"的安全监管模式,建立一种能发现潜在危险的预警机制,做到预防在先,显然对于确保食品药品安全更有效果。因此,加强食品药品风险监测,完善预警机制,建立食品药品安全追溯体系,是政府实施食品药品安全监督管理的重要手段。卫生部已于

2011年在全国初步建立了食品安全风险监测网，该网络由32个省级单位、241个地市级和377个县级疾病预防控制中心或医院参与，主要开展食品污染物、食源性致病菌和食源性疾病的监测工作。提出将在三年内基本建成覆盖省、市、县三级，并延伸到农村的全国食品安全风险监测体系。此外，还成立了国家食品安全风险评估专家委员会，进一步加强了食品安全风险监测、风险评估和隐患排查能力。目前，要加快推进这一制度的网络建设。

减少食品药品安全事件，除了政府严格监管、法律严厉制裁外，建立强制性的食品药品安全责任保险制度，近年来也被业界大力呼吁，理论界也认为已具备可行性。食品安全法草案明确了国家鼓励建立食品安全责任保险制度，支持食品生产经营企业参加食品安全责任保险，具体办法由国务院食品药品监督管理部门会同国务院保险监督管理机构制定。如果这一制度最终获得通过，将成为继交强险后第二个进入法律层面的强制责任保险。这一保险制度的实施，不仅能及时补偿食品药品安全事故的受害者，还能对政府监管体制进行有益补充，能够促使投保企业重视食品药品安全质量。基于甘肃省目前食品药品安全总体状况仍有待改进，可以在这一制度设计上先行先试，积累经验。

（四）要按照大胆研究、慎重推广的要求，切实加强转基因食品的安全监管

长期以来，我国对转基因食品，政府一直没有一个明确的态度。对转基因食品的利弊之争，也没有随着崔、方骂战而结束。当今的人们，切切实实生活在转基因食品的包围中。但是，在转基因食品"繁荣"的背后，别让人们走入"食品地狱"，这才是人们的最大隐忧。调查结果显示，民众对政府在转基因食品安全监管方面所做的工作多有不满，期望政府能提供更多的指导和宣传。

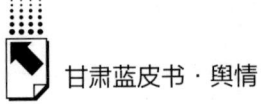

对于转基因食品，下面的这个案例可能对我们很有启发。2004年英国审理了这样一起案件：27名抗议者将英国诺福克的一片转基因玉米地夷为平地，这27名转基因的抗议者被告上了法庭。法庭最终宣判破坏别人庄稼的27名抗议者无罪。原因是法官不认为抗议者的行为是毁坏他人财产，而是"合法地控制污染"……在人们对转基因食品缺乏认识的今天，这一案例起码告示我们，转基因食品并非完全符合健康，还可能带来污染。

2013年12月23日，习近平总书记在中央农村工作会议上的讲话中，谆谆告诫，对于转基因食品，"一要确保安全，二要自主创新。也就是说，在研究上要大胆，在推广上要慎重。转基因农作物产业化、商业化推广，要严格按照国家制定的技术规程规范进行，稳扎稳打，确保不出闪失，涉及安全的因素都要考虑到。"总书记的讲话，不但是对转基因食品研究和推广提出的严格要求，也是对转基因食品安全监管的基本要求。因此，各级政府监管部门在今后的转基因食品安全监管工作中，应切实严格规范，严禁广告误导，并对消费者作出正确引导和知识宣传。

（课题组成员：惠继飞　王瑾）

B.5 甘肃民众对深化医药卫生体制改革的反响与要求

侯宗辉*

摘　要： 自2009年深化医药卫生体制改革以来，甘肃省积极探索，总结出了一条具有甘肃特色的医改之路。调查结果表明，绝大多数被访者对新一轮的医改政策是十分关注的，对目前的医疗保障水平是满意的，对医改采取的一系列具体做法也是认可的，普遍认为"看病难、看病贵"的问题在一定程上得到了缓解。与之并存的是，也存在着相当比例的被访者对药品价格下降感受不明显，对国家鼓励社会资本办医的作用认识不甚清楚的现象。同时，大部分的被访者认为人才短缺是基层医疗卫生机构服务能力不强的主因，而医院过度追求经济利益及高昂的医疗费用是造成医患关系紧张的主要诱因。通过剖析这些具体问题，建议从完善公立医院的补偿机制、支持民营医院发展和实现中医药在农村从治向防转变等方面予以着重考虑，以此来保障甘肃医改的顺利推进。

关键词： 医改　反响　甘肃　对策

---

* 侯宗辉，博士，甘肃省社科院历史所副研究员，主要从事历史文献学和甘肃地方历史文化研究。

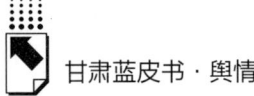

医药卫生体制改革是一项关乎每个公民切身利益的重大民生工程，党中央、国务院历来高度重视，始终在不断地推进着这项改革。2009年4月，中央作出进一步深化医药卫生体制改革的重大决策部署，出台了《关于深化医药卫生体制改革的意见》，提出了五项改革重点任务。2013年11月，十八届三中全会通过的《中共中央关于全面深化改革若干重大问题的决定》对继续深化医药卫生体制改革又做了全面部署，医药卫生体制改革成为全社会关注的一个热点问题。

深化医药卫生体制改革是一项艰巨而庞杂的系统工程，自新一轮医药卫生体制改革以来，甘肃省主动谋划，精心组织，采取积极措施落实中央关于深化医药卫生体制改革的文件精神，先后颁布了《甘肃省深化医药卫生体制改革实施方案（2009~2011年）》、《甘肃省"十二五"期间深化医药卫生体制改革规划暨实施方案（2012~2015年）》、《在深化医药卫生体制改革中充分发挥中医药作用的实施办法（试行）》等实施方案，还专门印发了每一年度深化医药卫生体制改革的重点工作，明确任务目标，落实工作责任，巩固和扩大医改成果，持续深入推进各项改革。甘肃省经济总量小、财政力量不足，自然条件差、农村人口多，医疗资源配置不均衡、医疗服务能力弱的种种难题始终是阻碍医改的"拦路虎"。如今，随着甘肃医改的继续发力，一些普惠群众的医改新政和在实践中摸索出的新思路已经初见成效，甘肃民众对此有怎样的反响和认识？他们对深化医药卫生体制改革又有哪些诉求与期望？本课题即围绕这些主题展开调研与分析，并提出自己的一些意见建议。

一 调研目的、方法及样本概况

（一）调研目的

深化医药卫生体制改革是贯彻落实科学发展观、促进经济社会全面协调可持续发展的必然要求，也是进一步缓解群众"看病难、看病贵"问题，推进政府公共服务领域中一项重大机制创新工程。通过对甘肃民众的调查，及时了解他们对甘肃医改总体布局、具体措施、实践效果及当前存在的突出问题的看法、感受和期盼，以为经济欠发达地区破解医改难题，为政府科学制定更完善的保障和更健全的制度提供舆情参考和智力支撑。

（二）调研方法

本次舆情调查主要采用问卷调查和个别访谈相结合的方法。对问卷调查结果则主要采用SPSS数据分析法。

（三）调研样本概况

本次调研以国家与社会管理者、经理人员、私营企业主、专业技术人员、办事人员、个体工商户、商业服务业员工、产业工人、农业劳动者、失业人员等十大阶层为主要对象，分别在甘肃省兰州市、白银市、定西市、天水市、酒泉市、武威市、临夏回族自治州、甘南藏族治自州等八市（州）展开。各地问卷数量及调查对象的性别、年龄、民族、参加党派等基本信息参见"收入分配制度改革"专题。课题组共发放调查问卷670份，收回问卷660份，有效问卷646份，问卷的回收率是98.51%，有效率是97.88%。

二 问卷调查结果综述

（一）调查对象对"新一轮医药卫生体制改革政策"的了解程度

改革是最大红利。30多年来，我国经济社会取得的巨大成就得益于改革。深化医药卫生体制改革，是我国经济社会领域里的一项重大改革，也是保障和改善民生的一项重大举措。2009年中央作出了深化医改的决策部署，为了使改革尽快取得成效，为了使群众广泛得到实惠，为了让医务人员普遍受到鼓舞，新一轮的医改着力抓好五项改革，即"加快推进基本医疗保障制度建设"、"初步建立国家基本药物制度"、"健全基层医疗卫生服务体系"、"促进基本公共卫生服务逐步均等化"和"推进公立医院改革试点"等五大任务。经过几年的探索，我国已经织起了一张世界上规模最大的全民基本医疗保障网，构建了一个崭新的基层医疗服务平台，公立医院改革也积累了有益经验，群众看病难、看病贵的问题得到了有效缓解，医改也取得了阶段性的成绩。甘肃省委省政府立足省情，大力推进各项重点改革。截至2012年年底，在卫生部监测的27项医改指标中，甘肃省有6项居全国首位，有11项居前10名之列，综合排名居全国前列。甘肃的医改之路赢得了国家卫生部的充分肯定，并且提出了在全国推广甘肃经验。那么，迄今为止，广大甘肃民众对医药卫生体制改革的重点领域是否了解，他们对新一轮医改将要实现的主要目标、需要完善和建立的医药卫生体系及制度又有怎样的认知程度呢？调查显示，有2.17%的被访者表示"十分了解"，有26.63%的被访者表示"比较了解"，有57.28%的被访者"听说过一些"，有13.92%的被访者表示"不知道"（见表1）。由此可见，绝大部分民众对深化医药卫生体制改革的相关政策是关注的。

表1 被调查者对"新一轮医改政策"的了解程度

单位：人，%

	十分了解	比较了解	听说过一些	不知道
选择此项的人数	14	172	370	90
占被调查者总数的比例	2.17	26.63	57.28	13.92

当前，医药卫生体制改革已经进入深水区，触及的深层次矛盾将会越来越多，面临的困难也将越来越大，只有对医改政策有比较全面的认识，才会有更多的人理解医改，接受相关政策，并积极参与到医改中来，为医改的整体推进出谋划策，确保医改的系统性和相关机制的建立。

（二）调查对象对"医药卫生体制改革"的感受与认知

自从2009年全面启动实施深化医药卫生体制改革工作开始，甘肃省按照"保基本、强基层、建机制"的总体要求，针对省情，确立了"用最简单的方法解决最基础的问题"、"用尽可能少的费用维护居民健康"、"走中医特色的甘肃医改之路"的医改思路，统筹推进五项改革，突出中医特色。如今，基层医疗保障水平明显提高，群众看病就医的负担明显减轻，基层卫生机构基础设施建设明显改善。这里以医保、药价、民营医院等方面为切入点展开调查，了解被访者们对这些问题的切身感受和真实看法。

1. 88.40%的被访者对医疗保障水平感到满意

随着深化医药卫生体制改革工作的顺利开展，甘肃省城镇职工基本医疗保险、城镇居民基本医疗保险和新型农村合作医疗的人数和补助标准都在稳步增长，2014年，这三项基本的医保参保（合）率稳定在97%以上。尤其是作为一个经济欠发达省份，甘肃农村人口看病难看病贵的问题过去一直突出，实现人人享有医保的难度颇大。但随着改革的深入，2013年甘肃农民的参合率达到了97.53%。2014年，据甘肃省政府办公厅印发的《深化医药卫生体制改革2014年重点工作任务的通知》，城镇居民医保和新农合人均政府补助标准达到320元，在政策范围内住院费用支付比例将分别达到70%以上和75%左右，新农合门诊报销比例提高至50%左右。民众对这些看得见摸得着的实惠的满意度究竟怎样呢？调查结果显示，有6.97%的被调查者认为"非常满意"，有23.84%的被调查者认为"比较满意",有57.59%的被调查者认为"基本满意",有11.61%的被调查者认为"不满意"(见图1)。前三项的比例合计达到88.40%,可见,接近九成的被调查者对目前医疗保障的水平还是满意的。

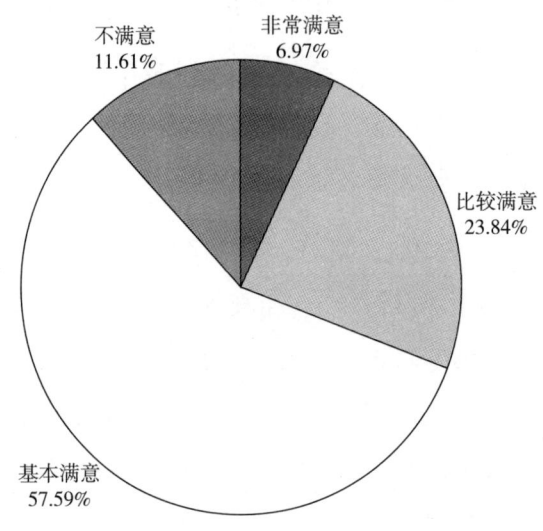

图1 被调查者对"医疗保障水平"的满意度

2. 被访者对药品价格涨跌变化的感受不一,认为"没有变化"和"越来越贵"的比例相当

看病贵,是个老生常谈的问题,其中这个"贵"字就包含了药价之贵。药品价格偏高是医药长期不分家、"以药养医"造成的必然结果。从生产厂家到经销商、到医生、再到医院、最后到患者,每一种药品在这个流通过程中,既存在着营销商与医生之间的利益链条,又附加了医院的医药加成,还包含了药品生产企业与医疗机构在药品销售中的各种垄断行为等等,在此"合力"的推动下,药价始终居高不下,最终全部转向患者,由其埋单,致使民众难以承受。破解"以药养医"是新医改的核心内容之一,也是解决看病贵的有效途径。甘肃省对基本药物采取统一招标、统一采购和统一定价,将政府主办的所有乡镇卫生院、社区卫生服务中心、村卫生室全部纳入实施国家基本药物制度的范围,实行"零差率"销售,将药品加价的15%让利于患者。据《甘肃日报》2013年7月13日题为"我省基层医院彻底告别'以药养医'"的文章报道可知,截至当时,甘肃省基本药物中标价与国家零售价相比,总体降幅达50%左右。药价降幅之大,令人欣慰。面对这样的变化,被调查者又是如何回答的呢?调查数据显示,感觉药价"明显下降"的被访者占2.01%,感觉"有所降低"的占25.54%,感觉"越来越贵"的占37.46%,感觉"没有变化"的占34.98%。

在被访者中,只有接近三成的人觉得药价呈下降趋势。缘何政府统计数据与民众的实际感受不相一致呢?这或许是由于以下几个方面的原因,其一是,目前药品价格整体偏高,百姓本身承受力有限导致的一种感觉;其二是,某些药品因生产企业不同、包装不同、规格不同、剂量不同,实行自主定价后出现个别药品价格上调,这抵消了降价的效果;其三是,政府公布的低价药品因成本上涨与民众实际收入增幅不对称;其四是,公立医院改革的试点范围有限,广大民众的感受还不太明显。

3. 有58.21%的被访者认为"有必要"适当提高医疗服务价格

适当提高医疗服务价格,是解决"以药养医"固有格局、针对公立医院因取消药品加成而收入减少的实情进行科学补偿的主要渠道之一。通过提高护理、手术、床位、诊疗等项目价格,降低大型设备检查费、药品价格,充分体现医务人员的劳动价值,提升服务水平,避免医生成为医改的"替罪羊",保证公立医院医生参与医改工作的积极性,使公立医院回归公益性。然而,也有不少群众质疑,提高医疗服务价格会不会引发新一轮的看病贵?鉴于此,我们进行了专门调查,其结果是:选择"很有必要"的被访者比例为25.70%,选择"有必要"的被访者比例是32.51%,选择"没有必要"的被访者比例是27.09%,表示"不清楚"的被访者比例是14.71%(见图2)。从图2可知,"很有必要"和"有必要"两项的比例合计是58.21%,说明有近六成的被访者认为适当提高医疗服务价格是有必要的。

与此同时,也有接近三成的被访者对此持反对意见。从调查访谈中得知,他们反对的主要原因就是,担心医院把药品价格降低的部分转移到医疗服务价格上,"换汤不换药"的结果是看病贵的问题还是不能有根本性的改变。由此可见,这就需要政府对医疗服务价格上涨幅度进行精准测算和评估,限定价格调整上线。同时,还需要把医疗服务费用纳入医保报销范围,实现医院收入不减少、群众负担有减轻的双赢结局。

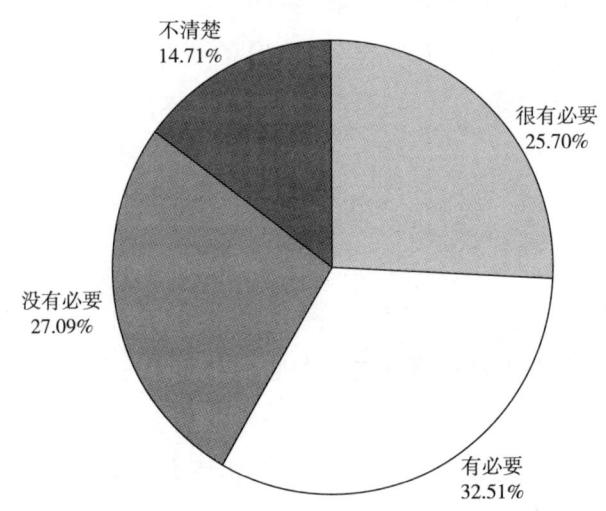

图2 被调查者对"适当提高医疗服务价格"的看法

4. 接近四成的被访者认为"应该大力支持"民营医院,但也有三成多的被访者认为应予以"严格控制"

我国在大力推进公立医院改革同时,也在逐渐消除阻碍民营医疗机构发展的各种壁垒。由于医疗资源配置不均,需要引入社会资本进入医疗服务行业，以此来改善群众对医疗资源需求的日益增加。同时，医疗卫生体制改革仅仅依靠政府单方面的推进，难以在较短的时间内取得成效，遇到的阻力难以及时化解，因此也需要鼓励民营医疗机构向高水平、规模化方面发展，进一步完善市场竞争机制，打破公立医院一家独大的局面。但民众对这样的意愿是否完全认可呢？在被访者心中，他们又是怎样看待民营医疗机构的呢？调查表明，38.85%的被访者表示"应该大力支持"，11.61%觉得"应该维持现状"，32.04%觉得"应该严格控制"，还有17.50%选择"不清楚"。

比较后发现，被访者对民营医院的看法，近乎分成了"大力支持"和"严格控制"相互对立的两大派别。究其原因，被访者在座谈中表达了他们的所思所想：一方面，政府鼓励民营医院会促进医改向纵深发展，患者就医也有公立医院之外的选择，方便了群众。但另一方面，民营医院自身经营不规范，唯利是图，高昂的费用令人望而却步，产生医疗纠纷不好解决等问题，影响了群众对民营医院发展前景的信心。

5. 86.69%的被访者对中医药的疗效是认可的，对其发展前景充满信心

"走中医药特色的甘肃医改之路"是甘肃在医改的实践与探索中逐渐摸索出来的一条新路子。甘肃是一个典型的西部欠发达地区，经济总量小、人均收入低、农村医疗卫生条件差的省情，客观上限制了对高新技术和高价药物为主要手段的消费模式，也不可能像东部沿海地区有充足的财政力量投入医改。既要立足省情，又要符合民愿，因此，在新一轮医改中甘肃省强调突出中医药特色，利用中医药相对便宜的特点来降低医疗费用，治理过度医疗，实现"用尽可能少的费用维护居民健康"的愿望。为此，甘肃卫生系统从2009年就开展了"中医学经典，西医学中医"的活动。在具体的医疗实践中，甘肃中医药在抢救急危重病人、自然灾害防疫、保障百姓健康、降低医疗费用等方面已经发挥出特殊优势,为中国医改提供了新思路。那么,在被访者的心目中及切身体会中,中医的疗效到底如何,甘肃中医药的发展前景是否广阔呢?调查显示,认为"效果很好"的被访者占47.37%,认为"效果较好"的占39.32%,认为"没有作用"的占2.01%,"没有用过"的占11.30%(见表2)。从表2可知,前两项合计达到86.69%。这表明,有八成多的被访者对中医推动医改是认可的。

如今,甘肃西医科室邀请中医会诊、西医学习中医培训班、中医"治未病"、中西医结合抢救等工作已经成为常态化。甘肃全省普遍建设了一批具有中医特色的乡镇卫生院、社区卫生服务中心和诊疗室,利用中药材治疗常见病和多发病,中医适宜技术在县、乡、村三级医疗机构也已实现全覆盖。甘肃省在深化医疗卫生体制改革实施方案中规划,在2015年全省中医药服务专业技术人员总数达到3.2万人,乡村和社区中医药适宜技术覆盖率达到100%,县级以上综合医院中医药服务覆盖率达到100%。甘肃中医药发展的基础深厚,中药资源十分丰富,中药材种植面积位居全国第一。甘肃依托这样的资源优势,对促进医改效果和带动中医药产业发展必将产生极大提升作用。

表2 被调查者对中医疗效及发展前景的看法

单位:人,%

	效果很好	效果较好	没有作用	没用过
选择此项的人数	306	254	13	73
占被调查者总数的比例	47.37	39.32	2.01	11.30

(三)调查对象对"医药卫生体制改革"相关问题的认识

医药卫生体制改革是一项长期性、综合性的工作,需要方方面面形成合力,才能根治看病贵、缓解看病难的痼疾。因此,一方面,医改要围绕五项重点任务展开,极力推动相关医疗环境的改善,使其为医改顺利推进营造良好氛围;另一方面,对当前医疗领域中突出的矛盾和问题要及时进行分析与反思,以"回头看"的方式确保改革成果,破解出现的新难题。以下是我们就被访者对基层医疗现状、医患问题和医改实施以来效果感受的调查与分析,对深化认识医改统筹推进相关领域改革具有一定参考价值。

1. 58.82%的被访者认为"人才短缺,能力不足"是基层医疗机构最为突出的问题

"强基层"是新一轮医改的总体要求之一。所谓基层医疗机构主要是指乡镇卫生院、村卫生室、社区服务中心,医改前三年的重点在基层,通过增加政府投入和建立新机制改变基层医疗机构技术落后、设备欠缺、医护配比不合理、发展困难的现状。甘肃省同样坚持医改重心在基层,不断加大基础设施建设力度,建立省、市、县、乡四级远程会诊平台,为乡镇卫生院配备了800多辆救护车,推进"收支两条线"管理,改进培训制度,加强人才储备,为基本药物制度的实施提供了有力支撑,使甘肃省基本药物制度提前一年完成国家规定目标。尽管如此,但大医院看病难的问题依然没有从根本上解决。基层医疗机构的服务能力远远达不到群众的需求,随着医保比例提高,加之交通便利、看病自由,越来越多的患者挤进大医院的"上流"趋势并未有大的改观。目前,到底是哪些突出的问题导致患者舍近求远,不愿到基层医疗机构就医?调查结果显示,选择"经费不足,设备陈旧"的被访者占11.92%,选择"人才短缺,能力偏低"的占58.82%,选择"医生作风散漫,态度不好"的占12.07%,选择"不了解"的占17.18%。基层医疗机构由于经费投入有限,设备不全,药品短缺,一些到此工作的年轻医生也往往因为待遇低、环境差而很快选择离开,长此以往,形成恶性循环。群众始终认为基层医疗

机构的服务能力不强，对其不放心，一旦有恙，多数人都选择去县上、市里的大医院，甚至直接到周边更大的医院去诊断，造成在基层就诊的人数很少，床位空置率很高。在访谈中，有部分被访者表示，他们从未去过离自己很近的基层医疗机构，基本上不清楚这些医疗机构中有多少人，有哪些设备，可以检查什么病种，等等。这也是该项调查结果中"不了解"的比例偏高，居整个选项第二位的主要原因。

2. 被访者认为"医院过度追求经济利益"、"医疗费用过高"和"患者对医疗期望值过高"是造成医患关系紧张的三个主要原因

近些年来，有关"医闹"的新闻报道层出不穷，成为人们热议的话题。长期以来，医患双方似乎一直没能走出利益博弈的困境。当患者走进医院求医，以一个求助者的弱势身份亟须获得专业的医疗救助时，具备充足信息量的医生却因工作量繁重整日疲于应付，只能机械性地照章办事；当患者忍受身躯的痛楚面对匆忙而不够亲切的大夫时只能被动配合。反之，在医疗这个具有高风险的职业压力下，医生与患者的体会天壤之别；当因技术本身的制约而产生医疗后果时，医生难以取得患者的真心理解。最后，治疗过程中累积起来的点滴怨恨，或许都在医疗费用支付时瞬间爆发。医患冲突究竟谁之过，医患之殇到底何时了？如何从体制上破解这一难题，就需要先从医患纠纷产生的各种原因入手进行分析，寻找病理。被访者对医患紧张问题产生的原因是怎样的意见呢？调查结果分别是，有34.52%的被访者认为是"医院过度追求经济利益"，位居所有选项第一；有20.43%认为是"医疗费用过高"，位居第二；12.38%认为是"患者对医疗期望值过高"，位居第三；10.84%认为是"医患双方沟通不畅"，居于第四；10.37%认为是"医德医风太差"，居于第五；7.89%认为是"医疗技术本身的制约"，居于第六；还有3.10%认为是"媒体报道过度渲染"，位居第七；另有0.46%认为是"其他"原因（见图3）。从图3可以看出，除了因医疗经济利益之争的比例稍高之外，其余位居三、四、五、六原因选项的比例相差无几,说明医患关系紧张是由综合性的社会原因所致。如今,随着消费者维权意识的增强,人们对自己的健康状况越来越关注,患者对疾病治疗的预期效果较高,对就医的环境有更高的要求。而许多知名医院里就医人数太多,医生劳动强度大,经常处在超负荷的状态。加之竞争压力大,部分医生长久带着一种压抑的心情在工作,时常无暇详细回答病人及家属的提问。同时,当今一些媒体为了增加受众人数,社会热点问题是其报道内容的首选,有时候对个别问题"小题大做"、渲染过度,吸引了大众眼球,却激化了医患矛盾。因此,需要从社会、医院、医生、患者及其病人家属等多方面进行疏导,只有形成尊重科学、回归理性的整体医疗环境,才能构建和谐的医患关系。

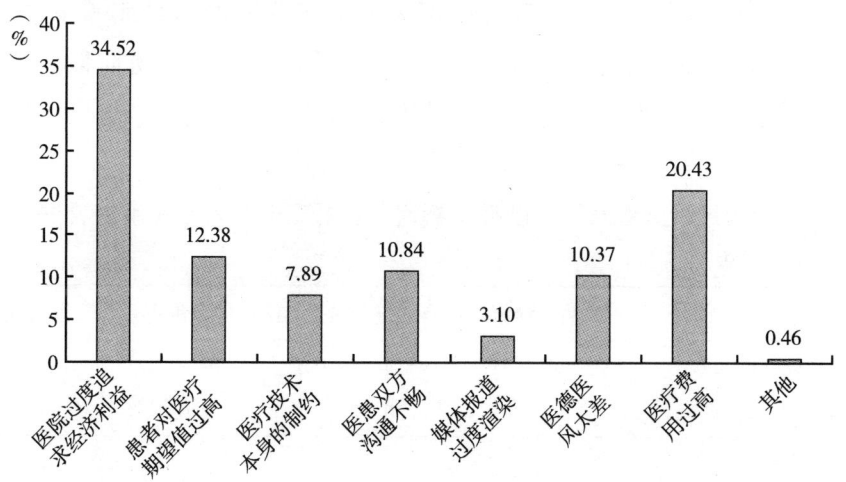

图3 被调查者对造成"医患关系紧张"原因的看法

3. 59.75%的被访者认为深化医改以来,"看病难、看病贵"的现象有所缓解

新一轮医改实施以来,甘肃因地制宜、灵活施策,力推基本药物零差率销售,目前已实现政府办基层医疗机构基本药物零差率销售全覆盖，药价下降，就诊人数上升，基本解决了"以药养医"的问题；甘肃省卫生厅向全省医疗机构推行医务人员"四个排队"和医疗机构"八个排队"制度，促进临床合理治疗，合理用药；对各地卫生工作进行排名通报，对违法广告药品重点曝光；号召全行业工作人员开设微博，传播健康知识，介绍医学风险，引导群众理性就医；多项举措扶持中医发展等十余项政策措施，有效地缓解了看病难、看病贵的矛盾。被访者们是如何看待这几年的医改进展的，对问病寻医的感觉又是怎样的呢？调查结果是，8.98%的被访者觉得"明显缓解"，50.77%觉得"有一定改变"，17.65%认为"比过去更难更贵"，22.60%认为"没感觉"（见表3）。综合前两项的数据，可以看出有近六成的被访者认为新一轮医改对"看病难、看病贵"的问题的确起到了缓解作用。也从侧面透漏出他们对医改的前景是充满希望的。同时，后两项的比例合计40.25%，说明医改正处在关键阶段，还有许多方面必须改善和提高，才能使群众满意，患者放心。

表3 被调查者对医改以来"看病难、看病贵"是否缓解的看法

单位：人，%

	明显缓解	有一定改变	比过去更难更贵	没感觉
选择此项的人数	58	328	114	146
占被调查者总数的比例	8.98	50.77	17.65	22.60

三 关于完善深化医药卫生体制改革的对策及建议

从新一轮医改实施之初，甘肃因情施策决定把资金投入向基层倾斜，让基层群众优先享受医改的红利。历经几年的探索与实践，医改取得成就是显而易见的，如新农合的参合率已经稳定在97%以上，

纳入新农合重点保障的农村重特大疾病逐年递增，病种已达到27种，年最高补偿金额达到23万；实现基本药物零差率销售后，有多种药品的价格目前为全国最低；对基层医疗卫生机构实行管理、人事、分配制度等"十项改革"，强化基层医疗卫生服务体系建设；全省以"315"模式推进公立医院改革，使得药品收入占业务收入比例、抗生素药品金额及患者自费药品使用量均明显下降；为构建和谐的医患关系，成立了全国首家代表患者利益的"甘肃省患者权益维护协会"，"甘肃第三方医疗纠纷人民调解委员会"也正式挂牌运行，等等。毋庸置疑，与全国平均经济发展水平还有较大差距的甘肃，在医改事业上突破常规，让广大群众已经享受到了医改带来的实惠。然而，要从根本上解决"看病难、看病贵"的难题，使医改接地气，达到医患双方联袂共抗疾病的目的，仍然需要统筹考虑，重点突破。

（一）多渠道完善公立医院的补偿机制

我国公立医院的收入主要由政府投入、医疗收入、药品收入三大部分组成，其中的药品收入比例偏高，是造成医院看病贵的一个重要原因。当取消药品加成后，公立医院收入减少造成运转经费短缺，导致公立医院利益受损，改革推进难度大。基于此，首先，医院承担的公共卫生服务支出应由政府财政补助。对于突发的自然灾害、流行性疾病、公共卫生安全事件等防治中产生的费用由政府负担，政府每年对承担公共卫生服务任务的医院进行绩效考核，将考核结果与补助资金挂钩，实行阶梯式补助。其次，出台医疗保险基金购买服务补偿办法。以医院全年的实际就诊数量和工作量，确定补偿金额。资金来源分别从新农合和城镇居民医保基金中以购买服务的方式进行结算，可依据基金的实际结余数额，确定具体的支出比例。再次，合理分配以奖代补资金。对国家及省上安排的部分专项奖励资金，以考核结果作为奖励标准的主要依据，对改革成效突出的试点医院进行重点奖励。

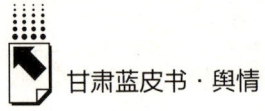

最后，对中央和省上划拨的扶贫资金中用于卫生事业建设的部分款项，应集中管理，统筹支配，设立一定比例的奖励基金，用作公立医院补偿资金的筹资渠道之一。

（二）加大对民营医院发展的支持力度

近些年来，个别民营医院在规模上不断扩大，收治患者的数量也不断增多，已经由早期的江湖游医变成了百姓就医的一个重要医疗机构。在推动公立医院破冰之行的同时，理应加大对民营医院的支持力度，引入市场竞争机制，发挥"倒逼效应"，为缓解群众"看病难、看病贵"做出积极的贡献。为此，第一，须制定支持民营医院发展的政策细则。对民营医院在税收优惠、土地规划出让优惠、大型设备配置放宽政策、人员职称晋升评定、享受医保定点条件等方面出台明确具体的细则，为其发展提供政策保障。第二，要建立民营医院和公立医疗机构特别是大型公立医院之间的人才合理流动机制。以政策促进公立与民营医院在技术交流和科研方面的深度合作，搭建互补发展平台。第三，对民营医院有特色的学科予以专门的卫生科研立项，给予相应的经费支持，鼓励民营医院开展医疗科技创新。第四，结合全省的富民行动，鼓励民营医院与相关部门联合，积极参与所在辖区内的社会公益活动，增强社会责任感，发挥专长，为民解忧，扩大影响。

（三）中医药在农村地区应实现"从治向防"的转变

中医药成本低廉，技术简便易学，对慢性病和地方病的疗效较好。甘肃省为减轻群众就医负担，在农村地区大力推广中医药适宜技术，人们对中医药文化已有一定基础。如今，应从治疗向预防改变，充分发挥中医"治未病"的理念。第一，对全省农村地区常见病、多发病进行目录排序后，分类分地区编印生产中医防治技术宣传书籍及音像制品。授人以鱼不如授人以渔，缓解看病难看病贵问题最根本的莫过于从源头上减少病人数量，因此，应以通俗易懂的当地语言说明相关疾病发生的病理学原理，介绍相应的中医防治对策，提高百姓的健康维护意识。第二，利用当地广播、电视、报纸等媒介，以中医预防疾病小常识的形式进行宣讲推介。以中医药结合当地饮食习惯为突破口，解析不同人群因体质差异、季节变化等需要注意的饮食禁忌，平衡膳食，合理营养，树立人们的中医药食物保健观念。第三，以县、乡镇卫生医疗机构为主，以当地乡村中医为辅，定期或不定期地开展中医健康教育进校园、进村社、进农户做宣讲。多方位、立体式地增进人们对中医预防、治疗特点及疗效的认知，使百姓从被动治疗疾病向主动预防疾病转变，从根本上减少就医人数。

B.6 关于兰州"4·11"自来水苯污染事件的舆情调查与研究

梁仲靖*

摘　要： 兰州"4·11"自来水苯污染事件是近年来我国各类环境突发事件中典型案例，不仅对广大兰州市民正常生活带来困扰与不便，而且引发了相当程度的社会恐慌与信任危机。它所暴露出来的城市供水安全、政府应急管理、城市工业布局等问题，是多年来各类矛盾和遗留问题长期积淀的结果。本报告从舆情视角出发，调查研究了兰州市区各阶层社会民众对于"4·11"自来水苯污染事件及其相关问题的看法、诉求和建议，通过把脉舆情动态，对兰州市城市供水安全、政府应急管理等方面提出了若干对策与构想。

关键词： 苯污染　舆情　公共危机　对策　兰州

2014年4月11日，兰州市发生了震惊全国的自来水苯污染事件。兰州威立雅水务集团公司4月10日17时对出厂自来水进行常规检验过程中，发现苯含量高达118微克/升，远超出国家限值的10微克/升；4月11日上午11时，新华网率先报道兰州自来水苯含量严

---

* 梁仲靖，硕士，甘肃省社会科学院历史所助理研究员，研究方向为旅游文化学。

重超标一事，随机被腾讯微博、微信等网络媒体纷纷转载；4月11日16时，兰州市召开新闻发布会称，未来24小时兰州市自来水不宜饮用，兰州市区将降压供水、限制生产性通水，并向市民提供免费饮用水；4月14日，兰州市政府新闻办通报称，经事故应急处置领导小组及专家研判，全市自来水已稳定达到国家标准。至14日上午7时，兰州全市解除应急措施，自来水恢复正常供水。

"4·11"自来水苯污染事件对全市居民正常生活带来了很大困扰和不便，引发了全城恐慌性抢购、囤积矿泉水风潮。虽然兰州市政府在事件期间采取各项应急措施，第一时间满足广大市民正常饮水供应，并及时、高效完成清污工作并恢复正常供水，但由于水质检验信息发布延迟以及长久遗留的相关历史问题等原因，苯污染事件加剧了民众的恐慌和不满，引来舆论的普遍质疑。兰州自来水苯污染事件作为近年来我国各类环境突发事件中典型案例，它所暴露出来的城市公共安全、政府应急管理、城市工业布局等问题，已经引起各级政府部门的高度关注和重视，包括辟建第二水源地等在内的兰州供水安全长远性规划方案已步入实施。但作为公共安全领域的突发性舆情事件，广大民众对这一事件的讨论和关注仍将持续。从社会舆情研究视角来看，广泛的社会监督是公民社会的基本特征，如何避免和消除突发性公共安全事件造成的社会恐慌和信任危机，如何通过政府与公众的良性互动最大限度地化解危机，如何建立长效机制预防类似事件的发生，政府与企业责任之间如何平衡等问题，都是本次舆情事件中值得探讨和关注的重大课题。

为了解"4·11"自来水苯污染事件对兰州市民产生的影响及兰州市民对这一事件的看法、感受、诉求和建议，甘肃省社会科学院舆情调研组于2014年8月下旬，先后在兰州市城关区、七里河区、安宁区和西固区开展专题调研。调研主要采用问卷调查与访谈相结合的方式。课题组先后发放问卷200份，回收有效问卷198份。通过分层抽样法选取样本，按照国家与社会管理者、经理人员、私营企业主、专业技术人员、办事人员、个体工商户、商业服务与员工、产业工人、农业劳动者、无业失业半失业人员十大阶层人口比例分层抽样①，同时兼顾性别、年龄、民族、户籍等社会学统计要素，力求抽样的真实性和代表性。有效调查问卷统计分布情况如表1所示。

表1 有效调查问卷统计分布情况

单位：人，%

性别	①男：113(57.1%) ②女：85(42.9%)
年龄	①18岁及以下：9(4.5%) ②19~25岁：36(18.2%) ③26~30岁：30(15.2%) ④31~45岁：93(47.0%) ⑤46~59岁：28(14.1%) ⑥60岁及以上：2(1.0%)
户籍	①城镇：167(84.3%) ②农村：31(15.7%)
居住地	①城关区：48(24.2%) ②七里河区：51(25.8%) ③安宁区：43(21.7%) ④西固区：56(28.3%)
文化程度	①小学及以下：4(2.0%) ②初中：21(10.6%) ③高中/中专：43(21.7%) ④大专：30(15.2%) ⑤本科：73(36.9%) ⑥硕士及以上：27(13.6%)
职业	①国家与社会管理者：12(6.1%) ②经理人员：14(7.1%) ③私营企业主：15(7.6%) ④专业技术人员：38(19.2%) ⑤办事人员：23(11.6%) ⑥个体工商户：14(7.1%) ⑦商业服务业员工：28(14.1%) ⑧产业工人：27(13.6%) ⑨农业劳动者：3(1.5%) ⑩无业失业半失业人员：16(8.1%) 缺省：8(4.0%)

一 统计结果综述

（一）兰州市民对"4·11"自来水苯污染事件的舆情关注及传播情况

饮水安全是人类健康和生命安全的基本保障。"4·11"自来水

---

① 参照陆学艺先生主编的《当代中国社会阶层研究报告》（社会科学文献出版社，2002），将当代中国社会结构划分为国家社会管理者等十大阶层。

污染事件发生以后，兰州市民对这一突发事件予以了充分关注和迅速反应。调查显示，75.8%的被调查者能够准确说出本次污染事件是由哪类有害化工物质超标所引起，尽管很多人未必清楚知道苯物质及危害，但这也从侧面反映了广大市民在关乎健康、生命安全基本供应保障方面所持有的敏感性和关注度。2014年4月10日17时、22时及次日凌晨2时，兰州市威立雅水务集团公司三次检测数据都显示苯含量严重超标，4月11日11时32分，新华网率先报道兰州自来水苯超标一事，半数以上的被访者（54.6%）在该新闻公布6小时之内知晓此事，其中近三分之一（28.3%）的民众在3小时之内即已知情，仅有11.1%的民众直到正式新闻公布24小时后才知道饮用自来水被污染（如图1所示）。可以看出，兰州"4·11"自来水苯污染事件舆情传播速度相对较快、效率相对较高。

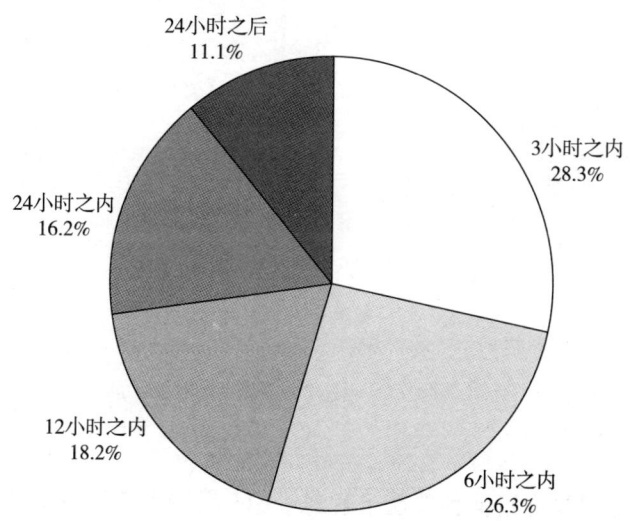

图1 "您是在最早新闻公布后多久知晓自来水苯污染事件"调查

关于对自来水苯污染事件最早信息获知渠道，近半数（48.5%）的被调查者表示最早由亲朋好友等通过手机、电话等方式告知，

20.2%的被调查者最早通过互联网获知，12.1%的人通过广播、电视获知，9.1%的民众则通过微信、微博渠道获知，通过政府公益短信了解苯污染事件的受访者仅占6.1%，另有4.0%的民众最早通过报纸或其他渠道了解"4·11"自来水苯污染事件（如图2所示）。这表明，兰州"4·11"自来水苯污染事件作为突发性公共安全事件，其传播机理有别于一般意义上社会热点事件的传播，主要表现为，广大民众不再是作为舆情事件旁观者或信息被动接受者，而是积极、主动参与舆情事件的扩散和传播，大部分人通过手机、电话等方式，第一时间向自己的亲朋好友告知，使得这一突发性公共安全事件在全市范围内迅速由舆情关注层面向危机共同应对环节转化。

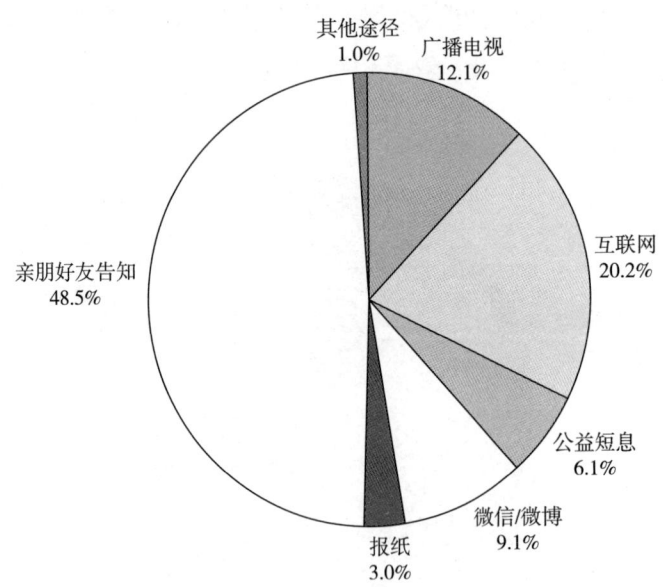

图2 "您最早通过何种渠道了解到4·11自来水苯污染事件"调查

（二）"4·11"自来水苯污染事件对兰州市民产生的主要影响调查

"4·11"自来水苯污染事件对几乎所有的兰州市民都造成一定

程度影响和不便,不仅使广大市民正常生活用水受到限制,而且由于取水和购水增加了额外的精力和费用开支,同时,水污染事件还对民众的情绪产生了副作用,加剧了民众的恐慌、焦虑和不满。调查显示,97.3%的被调查者表示他们的正常生活受到自来水苯污染事件影响,其中63.6%的人表示影响很大,34.3%的人认为有一定的影响,但影响不大(如图3所示)。73.7%的被调查者坦言在自来水苯污染事件期间,有抢购、囤积矿泉水、饮料的行为经历。从地域分布看,认为苯污染事件对自己生活"有很大影响"的被调查者中,来自西固区的回答命中率为82.1%,来自安宁区的回答命中率为72.2%,城关区为61.5%,七里河区为38.5%。可以看出,兰州"4·11"自来水苯污染事件对西固、安宁两地居民影响最为显著。由于在此次苯指标超标事件中,城关区和七里河区自来水始终未发现苯物质,水质一直稳定正常,最早于4月12日凌晨3时解除应急措施,因此,城关、七里河两地居民受影响程度相对较小。西固、安宁两地由于紧邻

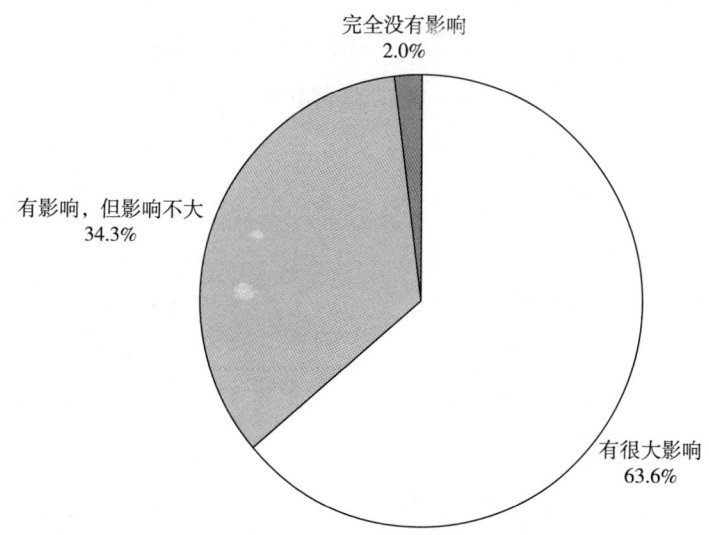

图3 "4·11自来水苯污染事件对您的生活产生多大影响"调查

化工企业污染源，位于被污染的兰州威立雅水务集团北线3号、4号自流沟供水区间，经过相关部门排查、监测和应急处理，安宁区于4月13日17时恢复供水，西固区则直到4月14日7时才正式解除应急措施和恢复供水。因此，西固、安宁两地居民受苯污染影响持续时间最长，影响程度最深。

（三）关于对苯污染事件所暴露出来的问题环节和责任主体的认识

在问及"4·11自来水苯污染事件以前，您所居住地自来水水质如何"时，42.4%的被访者回答"一般"，21.2%的人回答"较差"，17.2%的人回答"非常差"，仅有19.2%的民众认为居住地水质状况"较好"或"非常好"。这一统计充分表明，兰州市自来水问题由来已久，绝大多数民众长期以来对兰州市自来水水质等问题深表不满。近十年来，兰州市居民生活用水在2004年由以前的0.70元/方涨到0.90元/方，2005年底又涨至1.45元/方，2009年再度调整价格到1.75元/方，加上污水处理费，目前兰州市民最低生活用水价格为1.95元/方。中国经济周刊、新华网曾相继报道《兰州水价9年5次上调，水企亏损遭质疑》，对于兰州市作为西北五省居民人均收入排名倒数第二的城市，水价跃居第二提出批评，而且在5年前便将矛头直指兰州市供水企业——威立雅水务集团公司。长久以来的水质安全状况及价格因素等问题，都为"4·11"自来水苯污染事件舆情总爆发埋下了伏笔。

关于"4·11"自来水苯污染事件所暴露出的最大供水安全问题环节，广大市民在这一问题上见仁见智，各执一词。28.3%的被调查者认为对自来水水质检验监测与信息发布环节最为值得注意，24.3%的被调查者认为供水设施的日常管理与维护环节问题更突出，21.2%的人认为兰州市城市总体规划与工业布局不合理，19.2%的人认为兰

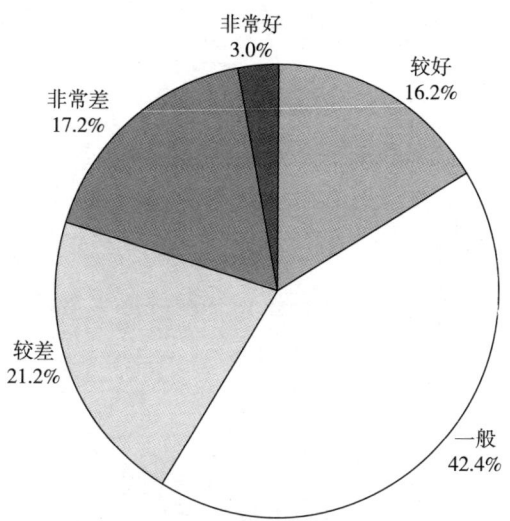

图 4 "4·11 苯污染事件之前您所居地自来水水质如何"调查

州水源地选址和供水设施建设有问题，6.1%的人则质疑政府部门对自来水供应的特许经营和日常监管，另有 1.0% 选择其他（如图 5 所示）。所有调查对象在这一问题上没有形成明显倾向性意见，表明广大市民对兰州市城市供水每一环节存在的问题和隐患都有不同程度的认识，同时也充分说明兰州"4·11"自来水苯污染事件实质上是供水安全方面各种矛盾和问题长期沉淀的结果。

"4·11"自来水苯污染事件普遍引发了广大市民对供水安全事故责任的追问，究竟谁应对这一公共安全事件负责？调查显示，46.8%的民众认为兰州供水服务的商业运营商威立雅水务集团公司应负主要责任，27.7%的民众认为兰州市政府及其相关部门应负主要责任，24.5%的民众则认为兰州石化公司应对事故负责（如图 6 所示）。威立雅水务集团公司作为兰州市唯一自来水供应企业，在本次苯污染事件中首当其冲受到广大民众的普遍指责，从媒体公布消息来看，威立雅水务公司不仅在供水设施日常监管和维护等方面严重失

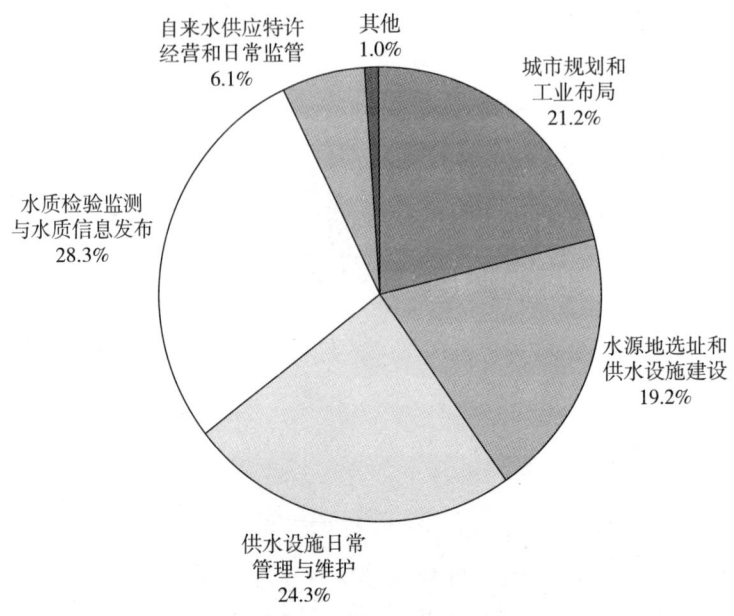

图 5 "您认为 4·11 自来水苯污染事件暴露出最大安全问题出自哪一环节"调查

责,同时在事件初期污染信息报告不及时更加剧了民众不满情绪,4月 10 日 17 时左右威立雅公司检测出苯含量严重超标后,又连续三次对水质进行检验,直到次日凌晨 5 时才将污染情况报告给兰州市政府,延报长达 12 小时之久。威力雅水务公司负责人又在事发后接受采访时称"顺便"检测发现苯指标超标,联系到 3 月初发生自来水异味事件,人们普遍质疑:毒水到底喝了多久?兰州市政府及其相关职能部门日常监管不到位,对于突发公共安全事件的应对,既反应迟钝,又缺乏透明,政府公信力在本次苯污染事件中也受到了严重挑战。兰州石化公司事后被证实为本次苯污染事件的污染源,作为上世纪甘肃工业经济的产物,兰州石化公司对兰州市生态环境和公共安全威胁问题由来已久,近年来爆炸、泄露等安全事故频频发生,几乎已经成为悬挂在兰州市民头顶的达摩克利斯之剑,无时不对广大市民的健康安全构成威胁。2007年，环保部组织的石化行业风险排查中，兰州石化被确定为重大环境风险源单位。本次自来水苯污染事件再度引发广大市民对兰州石化公司迁出兰州市区的呼声。

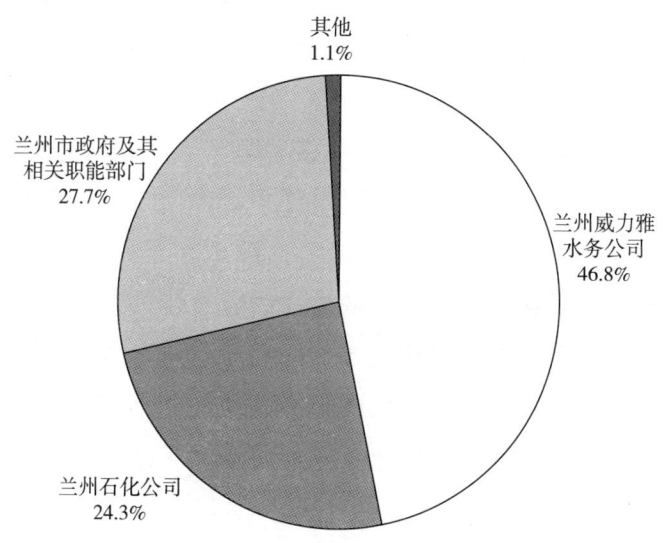

图6 "您认为谁应对兰州4·11自来水苯污染事件负责"调查

（四）兰州市民如何评价兰州市政府在应对苯污染事件中所发挥的作用

"4·11"自来水苯污染事件期间，兰州市政府通过广播电视、政府微博、公益短信、政府新闻发布会等平台，及时向社会公众发布预警信息和事态进展；通过紧急降压供水及调用、配送和免费发放瓶装水、桶装水等措施，第一时间满足了广大市民基本饮用水诉求；通过组织排查、清污及全方位跟踪监测等措施，以最快速度恢复全市正常供水。政府及主要部门"一把手"亲赴一线进行危机处置，通过官方道歉和正面表态，在一定程度上缓解了民众不满情绪。危机过后，兰州市政府根据事故调查组调查结果，依据《环境保护法》、《公务员法》、《行政机关公务员处分条例》、《甘肃省党政领导干部问责实施办法》等相关法律法规，对20名相关责任人和责任单位依法予以处置。同时，结合本次苯污染事件所暴露出来的问题，兰州市政府还通过督促落实原3、4号自流沟球墨铸铁管管线敷设工程、修订完善饮用水水质检测制度、启动实施《兰州第二水源建设工程实施方案》等措施，对兰州市城市供水安全进行集中整治和长远谋划。客观而言，兰州市政府在本次突发事件中，各项应急措施称得上迅速高效，善后处理工作也相对务实得力，甚至在某些方面超出一般预期。然而，由于供水安全是城市的生命线，直接关系千家万户居民的健康和安全，加之多年长期积累的问题和矛盾没有得到有效化解，本次供水安全事故加剧了广大市民的恐慌、质疑和不满，政府公信力大受影响，广大民众对兰州市政府应对危机各项措施总体评价不高（如表2和图7所示）。其中，对自来水污染信息公布不满意率达到78.8%，对相关责任追查、处理方面不满意率达到64.6%。相对而言，民众对于政府在满足基本生活饮水供应和清污及恢复正常供水方面的工作表现较为认可，满意度均达到45.5%。

表2 "您如何评价兰州市政府在4·11自来水污染事件中所发挥的作用"调查

单位：%

	非常满意	基本满意	不满意	非常不满意	说不清楚
自来水污染信息公布	4.0	11.1	33.3	45.5	6.1
满足基本生活饮水供应	5.1	40.4	29.3	22.2	3.0
清污和恢复正常供水	9.1	36.4	25.3	25.3	4.0
官方正面表态和道歉	9.1	25.3	28.3	33.3	4.0
相关责任追查和处理	6.1	17.2	33.3	31.3	12.1
整改措施和长远规划	5.1	31.3	28.3	34.3	1.0

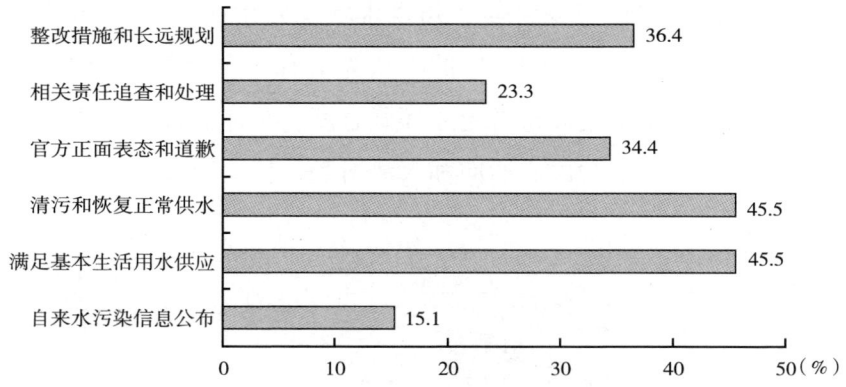

图7 民众对兰州市政府在"4·11"苯污染事件期间所发挥作用满意度评价

(五)兰州市民对开辟刘家峡第二水源地建设的期待与信心

水源地污染隐患是兰州市城市供水安全面临的突出问题,长期以来对广大市民健康安全构成威胁。调查显示,"4·11"自来水苯污染事件虽然已经过去数月时间,但88.9%的民众对于目前居住地水质状况仍不放心,开辟第二水源地、从源头上保障城市供水安全已经成为广大兰州市民的殷切期盼。事实上,早在2008年,《兰州市城市战略用水方案规划》已确定刘家峡为兰州市备用水源,"4·11"自来水苯污染事件发生后,兰州市正式启动第二水源地建设工程,并将其定位为兰州市"一号工程"。按照规划方案,兰州第二水源取水点选址在永靖刘家峡水库大坝右岸上游,自刘家峡取水口至西固柳泉乡芦家坪出水口全长约32公里,全程采用直线有压隧洞方式输水,输水规模近期为5.5亿立方米/年,远期为8.3亿立方米/年。工程预计投资53亿元,并有望在10月31日前正式开工[①]。对此,广大兰州市民予以较高的关注和评价,调查显示,90.9%的被调查者认为实施刘

---

① 《第二水源地项目定为兰州"一号工程"10月31日前开工》,《兰州晚报》,2014年9月2日。

家峡第二水源地建设工程将使兰州供水状况发生改观,其中27.3%的人认为会有显著改善,63.6%的人认为会有一定改善,仅有9.1%的民众对第二水源地建设持否定或怀疑态度。总体而言,刘家峡第二水源地建设工程已成为民心所向和大势所趋,广大市民对此高度乐观和充满期待。

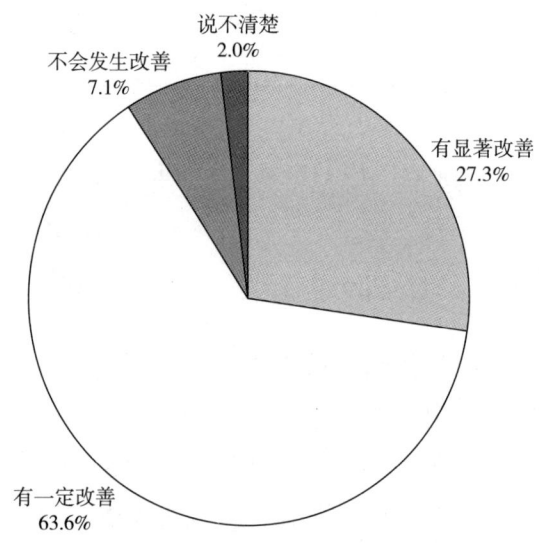

图8 "您认为实施第二水源地建设工程能否有效改善兰州市供水现状"调查

二 主要结论

(一)"4·11"自来水苯污染事件舆情关注度高,社会影响面广,成为近年来兰州市重大舆情突发事件

兰州"4·11"自来水苯污染事件作为一起重大供水安全责任事件,受到了社会各界的普遍关注。随着新华网率先将其公之于众,许多国内外主流媒体纷纷对事件的全程追踪报道,大大推进了事件处理

和危机化解。广大兰州市民作为这次事件的亲历者,对这一关乎人身权利和健康安全的事件表现出了高度的敏感和关注。调查显示,近三分之一(28.3%)的民众在最早新闻公布后3小时之内即已知情,近半数(48.5%)的民众通过手机、电话等方式第一时间向亲朋好友告知危机,使得信息传播和扩散效率大大领先于官方媒体平台,为广大市民自发应对危机创造了条件。同时,"4·11"自来水苯污染事件对97.3%的被访民众带来影响和不便,导致正常生活用水受到限制,增加了成本开支,还加剧了民众的恐慌、焦虑和不满。73.7%的被调查者在自来水苯污染事件期间有抢购、囤积矿泉水、饮料的经历。兰州市近400万人口中,西固、安宁两地居民受苯污染事件影响持续时间最长、影响程度最深。由于"4·11"自来水苯污染事件舆情关注度高,社会影响面广,该事件已经成为近年来兰州市发生的重大舆情突发事件。

(二)"4·11"自来水苯污染事件是兰州市供水安全方面各种矛盾和问题长期沉淀的结果,民众不满由来已久

"4·11"自来水苯污染事件是兰州市供水领域多年来各种矛盾和问题的集中体现。其一,长久以来的水质安全状况及价格因素,为"4·11"自来水苯污染事件舆情总爆发埋下了伏笔。其二,威立雅水务公司作为兰州市供水行业唯一垄断性企业,供水服务质量长期不见改进提升,供水设施陈旧老化,水质安全监测责任不到位,自检自测,既当守门员又当裁判员,危机事件发生后污染信息报告不及时,在本次苯污染事件中,首当其冲受到公众指责。其三,政府公共服务意识薄弱,应急处理反应迟钝且缺乏透明度。更为重要的是,自来水供给在很大程度上属于公共服务范畴,兰州市政府在推进市政公用事业市场化改革过程中,由于自身经营亏损、融资负担等原因,迎合威立雅税务集团"资本换市场"战略,通过兰州市国资委控股55%方式,将供水事业推向市场,长期备受争议。广大市民作为地方财税的

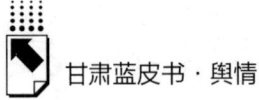

纳税人，对本次污染事件暴露出的市政设施投入不足、监管不力、保障工作不到位等方面，有理由、有权利提出批评质疑。其四，兰州石化公司作为本次苯污染事件和历次环境安全事故的肇事企业，位于兰州市"风水上游"地带，长期以来对兰州市水源、空气构成污染隐患。作为历史遗留和经济发展的产物，长期得不到根治，兰州市民恐慌和不满由来已久。

（三）"4·11"自来水苯污染事件虽然对政府公信力产生一定影响，但广大市民对政府应对措施仍然予以积极评价

突发性水污染事件关系千家万户居民的健康和安全，及时的信息公开有助于消除恐慌和安定秩序。媒体报道显示，兰州市政府在威立雅公司发现苯含量超标近12小时后才接到污染报告，近24小时之后才通过新闻发布会正式发布饮用水安全警示，信息发布严重滞后。而以企业自检为主的水质检测公正性、水质信息的真实性在"4·11"自来水苯污染事件期间也备受质疑，加之此前3月份曾出现过自来水异味事件，政府相关处置不透明、没有及时回应公众的合理诉求，导致公众对政府在苯污染事件期间发布任何信息都心存质疑或曲解，政府公信力受到空前挑战。但同时也应当看到，兰州市政府为应对突发事件，积极采取各种有效应急处置措施，在一定程度上缓和了民众的不满情绪。民众对兰州市政府在满足基本生活用水和快速恢复正常供水等方面表现出来的务实和高效，也予以了较为客观、积极的评价。

（四）"4·11"自来水苯污染事件凸显"工业围城"之困，兰州市民对开辟第二水源地予以较高期待

"4·11"自来水苯污染事件也是长期以来我国城市规划不合理、工业布局混乱的产物。从2005年的松花江水污染事件到2009年江苏盐城自来水污染事件，从2012年山西长治苯胺泄漏事件到2013年青岛"11·22"输油管道爆炸事件，从污染源上总能发现一些共性，就是水体污染、饮用水的污染大多由石化企业产生油污所致。国家环保部曾有调查研究数据显示，全国约81%的化工石化建设项目布设在江河水域、人口密集区等环境敏感区域，其中45%为重大风险源。由于规划布局等历史原因，我国有1.1亿居民住宅周边1公里范围内有石化、炼焦、火力发电等重点排污企业。不合理的城市规划和工业布局，使我国的饮用水安全问题面临着严峻挑战。兰州市供水水源以黄河地表水为主，水源结构单一。此次兰州威立雅水务集团受污染的自流沟，周边分布着中核集团公司504厂、兰州石化公司、兰州维尼纶厂等数十家企业，水源地污染隐患一直是城区供水安全的主要问题和突出矛盾。同时，兰州现有供水设备始建于上世纪50年代，设计最大供水能力是保障240万人用水。根据国务院《关于加强城市供水节水和水污染防治工作的通知》要求："凡50万人口以上的城市，均需开辟第二水源。"① 兰州市区人口已近440万，辟建第二水源地成为兰州市供水安全和经济发展之必需。广大兰州市民对此予以了较高的信心和期待，90.9%的被调查者认为实施刘家峡第二水源地建设工程将有助于改善兰州市水质状况，刘家峡第二水源地建设工程已成为大势所趋和民心所向。

三 对策与思考

（一）完善信息公开和公众参与机制，加快政府职能转变

突发性公共安全事件信息不对称往往会加剧社会恐慌和政府公信力下降。务必吸取"4·11"自来水苯污染的经验和教训，认真贯彻

---

① 国务院：《关于加强城市供水节水和水污染防治工作的通知》（国发〔2000〕36号）。

落实《突发事件应对法》和《中华人民共和国环境信息公开办法(2007)》，从保障公民的知情权、监督权和参与权出发，完善信息公开和公众参与机制，加快政府职能转变。一是突发性环境安全事件信息公开必须做到及时、准确、完整、具体，严肃处理信息延报、瞒报行为，最大程度保障民众知情权，为危机应对创造条件；二是搭建公众参与平台，引入市场化监测机制，鼓励第三方检测机构介入，对城市水质等环境指标进行不定期检测；三是建立公众信息反馈机制，广泛接受社会监督并及时、高效地回应、处理公众的合理诉求和建议；四是完善政府环境信息公开的基础工作条件，建立完善城市环境信息动态监测数据库，并实现实时互动、跨库共享，对相关信息进行跨区域、跨时段、跨机构的动态更新，最大限度地发挥环境信息的社会服务功能；五要丰富和创新信息公开的渠道和形式，通过大众媒体、互联网等手段和预告、通告、说明等形式，主动、有效地公开环境信息。总之，要从民众的福祉利益出发，从公民社会建设出发，加快推进服务性政府职能转变。

（二）加大市政基础设施投入，认真落实第二水源地建设

要进一步加大在市政公共基础设施建设方面的投入，统筹推进城市供水、供电、供热、燃气、通信、排污等各类地下管网的建设、升级和改造，逐步淘汰材质落后、漏损严重、影响安全的老旧管网，加大对现有水源地的保护力度，推进供水净化、污水处理等方面工艺改造和技术革新，加强城市应急配套设施建设，全面提升市政公共设施硬件保障能力。同时，要加快推进刘家峡第二水源地建设，严格执行项目评估论证、工程招标、资金使用和质量验收等相关制度与规范，加强社会监督和信息公开，严把质量关，切实保障项目工程尽早投入使用，力争刘家峡第二水源地项目工程建设成为兰州市民心工程，从源头上保障广大市民饮用水安全。

（三）建立健全城市供水安全长效机制和政府应急管理机制

要进一步理顺政府和企业之间的责权与分工，在加大对水务事业公共性财政支出同时，要强化政府监管职责，健全完善供水机制，建立一套涵盖污染防治、水源保护、水厂生产、管网运输的现代城市安全供水制度体系。一是要加强水源地水质检测和潜在污染源的监控与防范，建立城市地下管线信息管理系统、信息共享机制，实现地下管线统一管理，摸清地下管线运行存在的结构性隐患，明确地下管线的运营维护状况和责任主体；二是修订和完善饮用水水质检测指标，将苯等有机物非常规检测指标纳入日常检测，定期向社会公布检测结果；三是要完善水价定价、调整机制，建立反映资源价值的供水价格体系。通过制度确保水务收入的透明度，将上浮收入切实用在改善服务和水质上。此外，要逐步建立健全风险应急管理机制，完善应急管理组织体系，建立权威有力的常设应急管理机构；健全重大活动应急预案体系，加强对公众安全的风险和隐患进行评估，增强应急响应的效率，改变原有的批示、汇报响应模式，加快响应的速度和质量；同时注重加强应急资源储备和应急配套设施建设。

（四）完善和落实环境安全法律法规，优化城市经济产业布局

在城市公共安全管理方面，要认真贯彻落实《环境保护法》、《水污染防治法》、《大气污染防治法》等法律法规，进一步理顺政府机关在环境法律实施中的权力关系，严肃处理环境侵权、环境违法事件，坚决预防和整治企业违法排污行为，切实维护人民群众环境权益。要进一步健全和完善环境公民诉讼制度、生态损害赔偿和救济制度、环境公益诉讼制度方面的法律法规，强化对污染事故责任法人的侵权补偿以及在生态修复、生态损害等方面的责任和处罚。

同时，要进一步加快产业结构调整步伐，推动产业升级和节能减排，优化城市经济布局，对于高风险、重污染企业要坚决迁离水源保护区和人口密集区，诸如兰州石化公司等企业的搬迁应尽早提上议事日程。

（梁仲靖　金蓉）

阶 层 篇

Ranks

B.7
党政干部对甘肃省加快转型发展建设国家生态安全屏障综合试验区的认知与思考

魏学宏*

摘　要： 建设国家生态安全屏障综合试验区，是甘肃省贯彻落实党的十八大"五位一体"总体布局、推动生态文明建设的战略举措。党政干部对甘肃省加快转型发展建设国家生态安全屏障综合试验区的认知与思考将直接关系这一战略的实现。通过问卷调查，了解到党政领导干部阶层对甘肃省加快转型发展建设国家生态安全屏障综合试验区的认知不是很全面、很深入，建议从加强宣传，充分

---

* 魏学宏，硕士，甘肃省社会科学院副研究员，主要研究方向：信息学、美学。

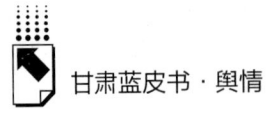

发挥省级各部门职能作用，创新和完善实验区生态补偿制度，大力发展生态资源型产业等方面深入普及国家生态安全屏障综合试验区的知识和推进这一战略的建设。

关键词： 甘肃 国家生态安全屏障综合试验区 党政干部 认知 建议

2013年12月18日，国务院常务会议通过《甘肃省加快转型发展建设国家生态安全屏障综合试验区总体方案》。《方案》指出，甘肃地处青藏高原、黄土高原、内蒙古高原交会处，在国家生态建设中具有重要战略地位。要突出水资源节约集约和合理利用，促进产业结构优化、人口有序转移，加强生态保护建设与环境综合治理，在主体功能区规划实施、集中连片特困地区区域发展与扶贫攻坚等方面不断取得突破，构筑西北乃至全国的生态安全屏障。建设国家生态安全屏障综合试验区，也是甘肃省贯彻落实党的十八大"五位一体"总体布局、推动生态文明建设的战略举措。建设国家生态安全屏障综合试验区对探索生态文明建设新模式，加快资源节约型、环境友好型社会建设具有示范意义。

本课题试图通过调研分析甘肃党政干部对甘肃省加快转型发展建设国家生态安全屏障综合试验区的认知与思考，了解党政领导干部阶层对甘肃省加快转型发展建设国家生态安全屏障综合试验区的认知程度以及他们对综合实验区建设的思考，为有关部门掌握动态提供参考。

一 被访者的基本情况

本次被访对象主要选取在甘肃省委党校和甘肃省行政学院参加培训的来自全省14市（州）的党政领导干部，包括地（厅）级、县

（处）级和科级三个级别，本次调查共发放问卷300份，收回有效问卷252份，问卷回收有效率为84%。有效问卷统计分布情况如表1所示。

表1 有效调查问卷统计分布情况*

单位：人

性别	男：207（82.1%）	女：33（13.1%）	缺省：12（4.8%）
年龄	20~30岁：7（2.8%） 51以上：39（15.5%）	31~40岁：60（23.8%） 缺省：10（3.9%）	41~50岁：136（54%）
文化程度	大专：20（7.9%） 博士：5（2.0%）	本科：164（65.1%） 缺省：11（4.4%）	硕士：52（20.6%）
职务级别	科级：99（39.3%） 地厅级：45（17.9%）	县处级：98（38.9%） 缺省：10（3.9%）	
月收入	1001~2000元：1（0.4%） 3001~4000元：106（42.0%） 5001以上：43（17.1%）	2001~3000元：9（3.6%） 4001~5000元：85（33.7%） 缺省：8（3.2%）	
所在地区	白银：9（3.6%） 嘉峪关：3（1.2%） 兰州：87（34.5%） 平凉：10（4%） 武威：11（4.3%）	定西：10（4%） 金昌：7（2.8%） 临夏：9（3.6%） 庆阳：9（3.6%） 张掖：6（2.4%）	甘南：12（4.7%） 酒泉：14（5.5%） 陇南：7（2.8%） 天水：8（3.2%） 缺省：50（19.8%）

* 本文图表数据均源自专题问卷统计结果。

二 问卷数据分析

（一）被访党政干部对甘肃省加快转型发展建设国家生态安全屏障综合试验区总体方案的了解情况

问及"您了解《甘肃省加快转型发展建设国家生态安全屏障综合试验区总体方案》的具体内容吗"时，有6人选择了很了解，有

137人选择了大概了解,有79人选择了知道一点,有30人选择了不了解,具体比例见图1。

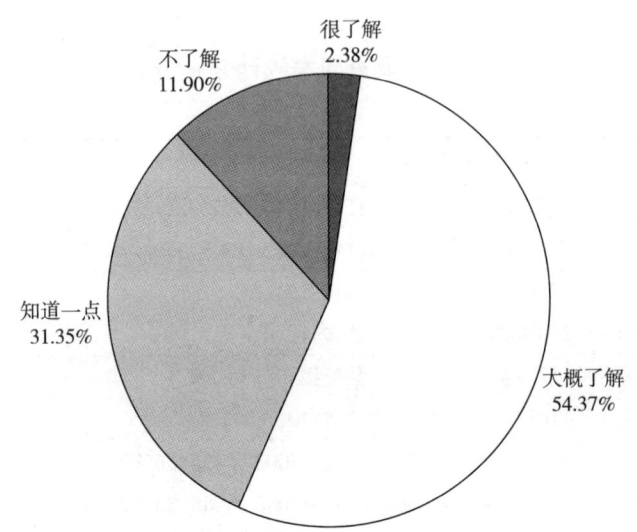

图1 被访党政干部对甘肃省加快转型发展建设国家生态安全屏障综合试验区总体方案的了解比例

问及"您听过关于甘肃省加快转型发展建设国家生态安全屏障综合试验区相关文件的传达吗"时,有145人选择了"有",占58.54%,有107人选择了"没有"占41.26%。由此可见,甘肃省加快转型发展建设国家生态安全屏障综合试验区自批复、实施意见发布至今,相关文件的传达以及总体方案的学习都没有深入到位,很多领导干部对相关内容不了解,我们还需要花费一定的时间努力让干部熟悉甘肃省加快转型发展建设国家生态安全屏障综合试验区的内容和要求。

(二)被访党政干部对甘肃省加快转型发展建设国家生态安全屏障综合试验区的关注

甘肃省是我国生态系统最复杂最脆弱的地区之一,也是黄河、长江的重要水源涵养区,有着十分重要的生态地位。构筑西北乃至全国重要的生态安全屏障,既关系甘肃经济社会的可持续发展,也关系国家生态安全大局。在252位被访对象中,表示十分关注甘肃省加快转型发展建设国家生态安全屏障综合试验区的有101位,比较关注的有123位,偶尔看看的有26位,不关心的2位,分别占被访者总数的40.1%、48.8%、10.3%和0.8%。由此可见,被访的党政领导干部对甘肃省加快转型发展建设国家生态安全屏障综合试验区的关注率还是比较高的,大多数人(占88.9%)都密切关注甘肃省加快转型发展建设国家生态安全屏障综合试验区。问及"如果要加强甘肃省加快转型发展建设国家生态安全屏障综合试验区相关知识的宣传力度,您认为哪种方式最有效(单选)"时,3.7%的被访者选择广播、45.5%选择电视、19.9%选择互联网、8.5%选择报纸、4.1%选择标语或公益广告、10.2%选择手机短信、7.7%选择政府文件或工作报告、0.4%选择其他(见图2)。

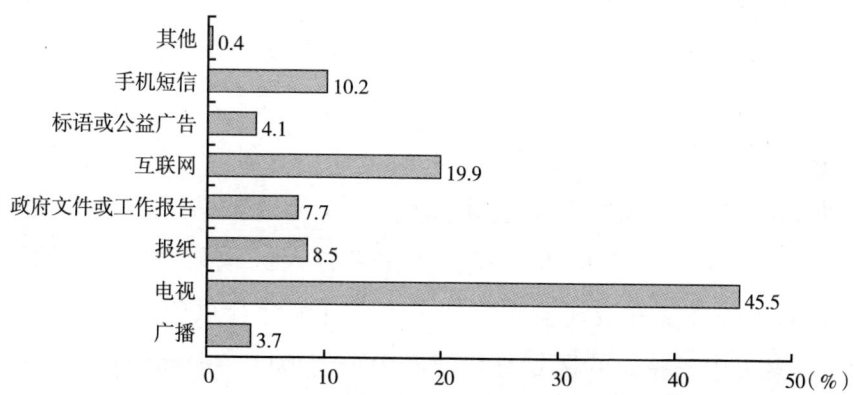

图2 被访党政干部对甘肃省加快转型发展建设国家生态安全屏障综合试验区相关知识宣传方式的期望比例

(三)被访党政干部对甘肃省加快转型发展建设国家生态安全屏障综合试验区相关问题的认识

1. 对甘肃省加快转型发展建设国家生态安全屏障综合试验区基

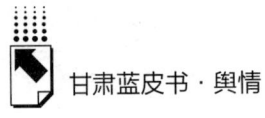

本原则的认识

对建设国家生态安全屏障综合试验区，甘肃省政府提出了坚持科学布局、统筹发展，保护优先、转型发展，以人为本、和谐发展，先行先试、创新发展的基本原则。原则是说话或行事所依据的法则或标准，遵照原则行动，事情会顺利；违背原则行动，结果可能是事与愿违。在被问及"您认为下面哪一个不是建设国家生态安全屏障综合试验区的基本原则"时，仅有11.2%的被访党政干部选择了问卷中设置的"分步推进，分区治理，分类指导"项。这充分说明党政干部对建设国家生态安全屏障综合试验区的基本原则还不了解。

2. 被访党政干部对甘肃省加快转型发展建设国家生态安全屏障综合试验区具体内容的了解程度

在252位被访者中，表示对甘肃省加快转型发展建设国家生态安全屏障综合试验区具体内容很了解的有6位，大概了解的有137位，分别占样本总数的2.4%和54.4%。反映出被访的党政领导干部对甘肃省加快转型发展建设国家生态安全屏障综合试验区的具体内容了解得不是很深刻很全面。有32.0%的被访者只是知道一点甘肃省加快转型发展建设国家生态安全屏障综合试验区的内容。特别是有10.1%的干部不了解具体内容。在甘肃省人民政府关于贯彻落实《甘肃省加快转型发展建设国家生态安全屏障综合试验区总体方案》的实施意见中，将试验区划分为河西内陆河地区、中部沿黄河地区、甘南高原地区、南部秦巴山地区、陇东陇中黄土高原等五大区域，总体要求是前三年打好基础攻难点、后五年全面推进见成效，突出四大生态屏障和五大重点区域建设。当问及对五大区域的正确表述时，仅有102人的选择是正确的。调查数据显示，大部分被访甘肃省党政领导干部对甘肃省加快转型发展建设国家生态安全屏障综合试验区具体内容的认知比较低，还需要进一步加强了解有关知识。只有对甘肃省加快转型发展建设国家生态安全屏障综合试验区相关内容有了深刻认识，才可能在决策中重视并正确实践。因此，在建设国家生态安全屏障综合试验区过程中，让干部了解情况，把建设国家生态安全屏障综合试验区的具体内容和本地区本部门发展实际情况相结合是下一步实际工作的重点之一。

3. 对甘肃省加快转型发展建设国家生态安全屏障综合试验区主要障碍和难点的认知

生态建设带给全社会的是社会效益和经济效益相融合的综合效益，收益是不可估量的。甘肃省很早以前就开始了生态建设的改造之路。但我们不得不说，生态工程与快速收益的工业相比，绝对是一项艰苦卓绝的长期工作，把对蓝天白云、青山绿水的期待变成现实并不是一件简单的事情。所以，真正要打赢一场打造生态安全走廊的战役，需要的是斩荆棘破巨浪的耐心、勇气和魄力，需要我们做很多的工作、干很多的事情。而在被问到"您认为建设国家生态安全屏障综合试验区的最主要障碍是什么（单选）"时，被访者中有12.4%认为政府部门积极性不够；21.6%认为社会公众建设意识不强烈；55.2%认为缺少资金的投入；2.1%认为缺少相应的技术支持；8.7%认为缺少惩罚和激励机制。（见图3）

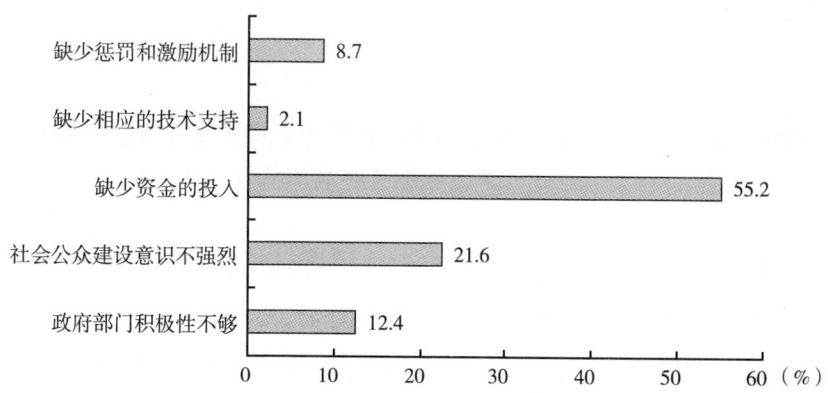

图3 被访党政干部对甘肃省加快转型发展建设国家生态安全屏障综合试验区最主要障碍的认知比例

问及"您认为建设国家生态安全屏障综合试验区的难点主要是哪方面（多选）"时，15.3%的人认为是政府宣传及政策落实不到位；15.7%的人认为是群众参与建设意识不够高；12.8%的人认为是原有生态资源管护力量不够，森林资源保护难度大；13.8%的人认为是草地沙化退化严重，水土流失加剧；20.5%的人认为生态补偿机制尚未完全建立，利益均衡无法实现；21.9%的人认为是资金投入不足，生态保护建设后劲乏力等问题（见图4）。

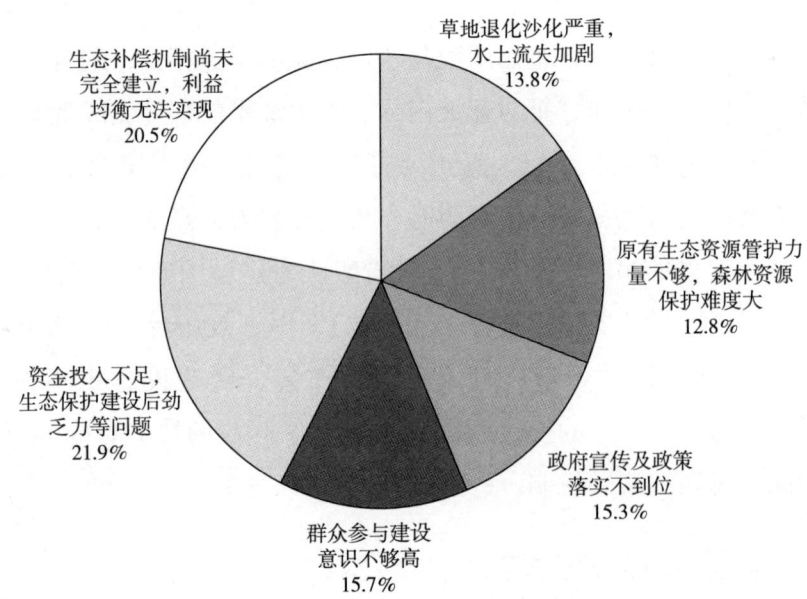

图4　被访党政干部对甘肃省加快转型发展建设国家生态安全屏障综合试验区最主要难点的认知比例

由此可见，要把建设国家生态安全屏障综合试验区落到实处，甘肃各地党政干部都要认真思考国家生态安全屏障综合试验区建设过程中，阻碍本地区本部门发挥力量的障碍是什么？制约本地区本部门推进国家生态安全屏障综合试验区建设的难点是什么？党政干部只有充分认识到建设国家生态安全屏障综合试验区需要解决的瓶颈，才能对甘肃省加快转型发展建设国家生态安全屏障综合试验区起到一定的促进作用。

4. 对甘肃省加快转型发展建设国家生态安全屏障综合试验区有效手段的认识

在被问到"您认为建设国家生态安全屏障综合试验区有效的手段是什么（多选）"时，18.8%的人认为是加大政府投入；18.5%的人认为是构建生态保护、经济发展和民生改善的协调联动机制；18.6%的人认为是创新方式，建立生态补偿的长效机制和多元投入的投融资机制；11.7%的人认为是加强政府宏观调控，确立推动科学发展的正确导向；15.7%的人认为是建立国家生态安全屏障综合试验区建设进度考核评价机制；16.7%的人认为是加强宣传，提高公众参与意识（见图5）。

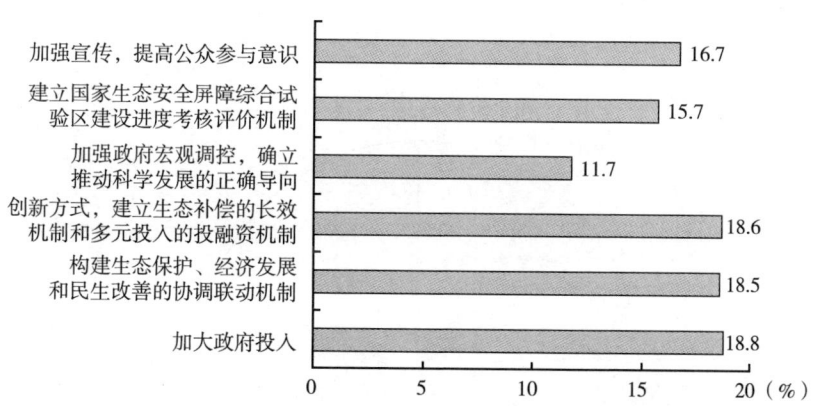

图5 被访党政干部对甘肃省加快转型发展建设国家生态安全屏障综合试验区有效手段的认知比例

5. 对国家生态安全屏障综合试验区建设主体的认知

甘肃省加快转型发展建设国家生态安全屏障综合试验区的目标实现需要全社会的推进，甘肃省政府就加快生态安全屏障建设，对每一项工程的具体牵头单位或部门都做了具体的规定，诸如省林业厅、省农牧厅、省水利厅、省财政厅、省发展改革委等多家单位都在列，负责推动生态安全屏障试验区建设任务的全面落实。实际上，政府、企业、社区组织和村委会、媒体等机构与团体以及普通群众都是建设国家生态安全屏障综合试验区的重要推动者。在被问及"您认为建设国家生态安全屏障综合试验区最应该做出行动的是谁（单选）"时，政府负责部门成为被访者的首选。83.1%的被访者认为政府负责部门应该在国家生态安全屏障综合试验区建设中做出行动，10.1%认为是所涉及的农村村委会和城区社区组织，5.1%则认为是企业，被访者中仅有0.4%和1.3%认为是环保团体和媒体。（见图6）调查数据显示，甘肃党政干部大多数认为甘肃省加快转型发展建设国家生态安全屏障综合试验区战略实现的主体应该是政府负责部门，政府负责部门要善于把国家政策变成普通干部和群众的自觉行动。

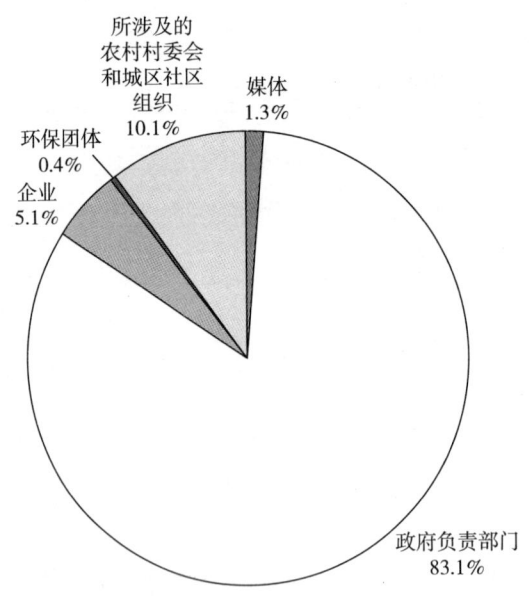

图6 被访党政干部对国家生态安全屏障综合试验区建设主体的认知比例

（四）党政干部对甘肃省加快转型发展建设国家生态安全屏障综合试验区主要着力点和重点完善层面的认识

2014年4月，甘肃省人民政府下发了甘肃省人民政府关于贯彻落实《甘肃省加快转型发展建设国家生态安全屏障综合试验区总体方案》的实施意见的文件（甘政发〔2014〕32号），甘肃各有关部门认真贯彻省政府的文件要求，半年来全省上下做了大量工作，全力推动国家生态安全屏障综合试验区建设。但从目前的实际效果看，国家生态安全屏障综合试验区建设的进展情况与文件政策要求的落实环节还有很大差距，出现问题的主要原因是很多地方政府负责部门的思路和行动与省政府的文件要求还不同步。由此，甘肃省党政干部对甘肃省加快转型发展建设国家生态安全屏障综合试验区过程中的着力点和完善的层面也各有各的理解。问及"您觉得建设国家生态安全屏障综合试验区应该从哪些方面着力"时，20.0%的人认为是着力加强重要生态区位环境治理，20.7%的人认为是着力推进重点生态工程建设，22.4%的人认为是着力构建生态补偿机制，14.4%的人认为是着力改善城乡人居环境，22.5%的人认为是着力树立尊重自然、顺应自然、保护自然的生态文明理念。问及"您认为在建设国家生态安全屏障综合试验过程中的哪个层面需要重点完善"时，被访者的39.5%认为要从国家以及省委、省政府的政策层面完善，选择政府部门执行政策层面的有18.9%，选择政府资金投资与落实层面的占38.6%，选择普通群众以及工作人员建设实践层面的占3%。从调查和访谈结果看，被访甘肃党政干部认为完成国家生态安全屏障综合试验区建设任务需要重点完善政策的落实和资金投入。因此，我们要加强政策衔接，争取落实资金投入，推动生态安全屏障试验区建设步伐。

（五）被访党政干部对甘肃省加快转型发展建设国家生态安全屏障综合试验区主要驱动因素的认识

在与一些干部的交流中，他们谈到生态屏障建设，不是说不要发展，生态屏障要建设，但没有经济的支撑，国家生态安全屏障综合试验区就是空中楼阁。所以，不能停下来搞生态，关键是用什么样的杠杆驱动部门、企业、群众去积极构筑生态安全屏障。而在问及"您觉得建设国家生态安全屏障综合试验区的最主要驱动因素是什么（单选）"时，75.4%的人认为是国家的政策支持，4.6%的人认为是省上各大部门的全力推进，4.2%的人认为是社会公众极力呼吁，12.1%的人认为是有利于地方经济发展，2.9%的人认为是企业参与并获得利润，0.8%的人认为是基层工作人员全力参与（见图7）。从数据来看，争取国家政策的支持是必然的，但生态和经济是不能截然分开的。只有经济发展了，生态环境才能得到更好的保护。否则，人们为了生存，只能单纯拼资源、拼消耗，乱砍滥伐、滥挖矿产……因此，从甘肃经济的实际情况来看，要实现经济与生态的"双赢"，远非想象的那样容易。

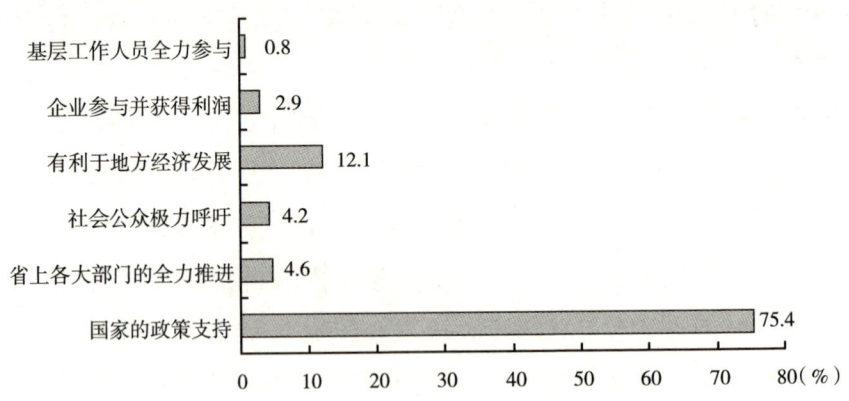

图7　被访党政干部对建设国家生态安全屏障综合试验区主要驱动因素的认识认知比例

（六）被访党政干部对建设国家生态安全屏障综合试验区好处的认识

建设好国家生态安全屏障综合试验区对于早日建成经济发展、山川秀美、社会和谐、民族团结的幸福美好新甘肃，具有重大的现实意义与深远的历史意义。甘肃省党政干部对建设国家生态安全屏障综合试验区好处的认识，将直接关系国家生态安全屏障综合试验区的建设。"建设国家生态安全屏障综合试验区，您认为都有哪些好处？（多选）"的调查结果显示，20.4%的被访者认为有利于整合各类资源，推动区域和流域综合治理；18.6%认为有利于建立健全生态综合治理和生态补偿等长效机制；17.5%认为有利于加快体制机制创新、促进社会协调发展、转变经济发展方式；20.9%认为可以逐步走出一条内陆欠发达地区转型跨越发展与生态文明建设相融合的路子；22.6%认为对探索生态文明建设新模式，加快资源节约型、环境友好型社会建设具有示范意义（见图8）。

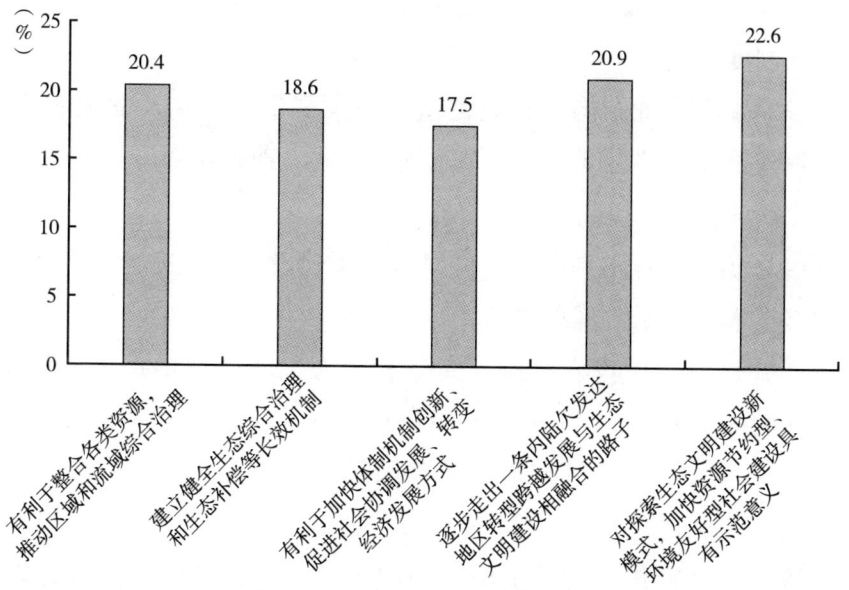

图8 被访党政干部对建设国家生态安全屏障综合试验区好处认识的比例

（七）被访党政干部对建设国家生态安全屏障综合试验区一些问题的建议和对策

为了进一步加快国家生态安全屏障综合实验区的建设步伐，围绕生态安全屏障试验区涉及方面，我们设计了5个问题面向党政干部广征建议，请大家出谋划策。经过整理提炼，党政干部回答内容如下。

1. 有效解决甘肃水资源匮乏问题，除了合理利用外，您有哪些措施建议？

（1）植树造林，退耕还林，加大植被覆盖，加强新增植被的保护，改善水源地生态，建设好水源生态涵养区。

（2）把工业用水和生活用水分开，加大水价改革力度，建立合理的水权确认机制，培育水权交易市场，实行水权交易，充分发挥水价、水权在水资源中的杠杆作用。完善居民用水节水机制，实行阶梯水价，奖励节水。提高大型企业水资源补偿费用的收取，建立企业用水循环制度。

（3）调整产业结构，农业种植大力发展干旱作物，加大农业节水工程建设投入的力度，实施节水灌溉工程，改进浇灌方式，发展高效节水滴灌技术，提高单方水效益。

（4）顶层设计水利布局，加强水工程建设，建设完善水利设施，利用好丰水期水库的蓄水功能。

（5）建立政府投入机制，充分利用人工降雨技术加大降雨量；充分利用好集雨节流工程，严格管制地下水开采，强化取水执法。

（6）争取国家项目支持，借鉴国际经验，加大调水工程建设，加快实施南水北调西线工程。

（7）加大宣传，动员全民节约用水，树立节水意识，落实节水措施，建立节水型社会。

2. 您认为如何建立甘肃环境污染综合防治机制？

（1）加大政府监管，建立省政府牵头，各职能部门负责，各相关部门参与的齐抓共管的联动机制，建立和完善环境污染综合治理制度。建立健全环保部门问责制，责任到人，层层签订责任书，层层追责，健全考核机制，负责环境管理的领导实行一票否决制，机制要有长久性。

（2）成立相关机构，出台可操作政策，特定部门监督。加强社会舆论监督，人大监督，民主党派监督，群众监督，加大社会监督，尤其要把监督权让给媒体和社会公众，搭建好从上到下，从政府到民间的立体监督框架，同时加大社会公众对政府执法力度的监督。

（3）节能减排，实行清洁生产，大力发展清洁能源，限制污染项目上马。

（4）加大对重点行业、重点企业的环境监管。对大污染的厂子重点治理，关停高污染、高耗能企业。对企业的环保措施评价做到扎实有效，建立健全一套环境综合奖励惩治机制，加大污染事件的查处和惩处力度，提高违法成本，形成谁污染谁治理机制，对治理较好的企业给予资金奖励。

（5）借鉴国外城市垃圾处理办法，强化环境污染综合防制的手段、措施。加大宣传力度，提高公众自觉性，制定并实施相关政策，城乡联动实现垃圾分类回收。

3. 您认为如何建立健全甘肃各级政府生态建设与环境保护目标责任制？

（1）按照有关规定实施，不同层面不同区域分别对待，把目标任务落实到具体单位和个人，层层建立目标责任制，层层签订责任书。把生态建设和环境保护作为考核政府绩效的硬性指标，作为考核各级领导干部的首要内容。进一步加强对县级环境保护部门的业务考核，建立科学的责、权、利有机统一的考核体系。

（2）各地区、各部门分片做好规划，分解落实细化措施，县乡村要落实到人，年初布置，必须有一定的质量和数量标准，年终要进行项目评估，检查落实情况。

（3）对现有生态进行全面详细的分类，加大生态保护与建设资金投入，健全生态补偿机制，财政转移支付与以奖代补相结合。

（4）大力引进社会公众对政府的监督和质询，加强对立案落实情况的处罚力度，不要有责不究，敷衍塞责。

4. 您认为如何进一步加强植被的新增和保护？怎样合理地实施退耕还林，加强植树造林工作？

（1）保护现有基础，加大监测，要严格执行"五禁"政策，对于破坏植被者加大惩处力度。探索多渠道补偿机制，扶持鼓励把现有的一些经济林转化为生态林。

（2）退耕还林要争取国家资金和技术的支持，国家政策与基层实际相结合，要求与需求相结合，下达任务指标与地方生态条件相结合，封山禁牧，退耕还林，要提高生活在植被区域群众的经济补偿。

（3）动员社会力量参与，引进企业等社会力量参与绿化和保护工作，尤其重视非政府组织的参与和建设，集合各方力量共同推进植树造林。加大植树宣传力度，鼓励在房前屋后、渠边地旁栽树，建立和落实谁栽植、谁管理、谁所有的新机制，调动其积极性。

5. 您对甘肃省加快转型发展建设国家生态安全屏障综合试验区还有什么建议？

（1）加大政策资金投入，做好顶层设计，搞企业联盟，大力发展环保科技与产业。做好和加快土地流转工作，实在无法流转的一些边缘和边远山地可以植树造林。

（2）河西开荒严重，名为饲草开发和荒滩开发，实则破坏自然，并违背中央关于禁止开荒的决定，加大对河西祁连山原始森林保护的投入，加大对河西中部绿洲的综合治理。

(3) 通过基层调研、实地查看等方式，听取基层建议，校对顶层设计，因地制宜，完善工作方案，使之切实可行。

三 结论与分析

调查显示，第一，对甘肃省加快转型发展建设国家生态安全屏障综合试验区总体上持认可态度，也能认识到建设国家生态安全屏障综合试验区给甘肃带来的利益以及对国家的意义。但从目前实际来看，党政干部自己感觉实施成效并不乐观。希望以后从上到下都要重视国家生态安全屏障综合试验区建设，更加深入地将国家生态安全屏障综合试验区内容分解，各级负责部门真抓实干，少说多干，落实完成建设任务。

第二，被访的绝大部分党政干部对甘肃省加快转型发展建设国家生态安全屏障综合试验区的了解程度仅限于知道有这么一件事而已，对甘肃省加快转型发展建设国家生态安全屏障综合试验区的具体内容、实现的基础、完成的条件了解得很有限。这一方面反映出党政干部对甘肃省加快转型发展建设国家生态安全屏障综合试验区重视不够，另一方面也说明甘肃省建设国家生态安全屏障综合试验区宣传的力度和手段不够，需要进一步加强。地方政府各级、各单位领导对建设国家生态安全屏障综合试验区能够直接施加影响，他们对建设国家生态安全屏障综合试验区的了解都如此有限，由此推想，企业、公众的认知度就更加有限了。

第三，被访者认为甘肃省加快转型发展建设国家生态安全屏障综合试验区在经济、技术、体制等方面还有较多的困难和障碍，诸如管护力量不足，森林资源保护难度大；草地退化沙化严重，水土流失加剧；生态补偿机制尚未完全建立，利益均衡无法实现；资金投入不足，生态保护建设后劲乏力等问题。甘肃省加快转型发展建设国家生态安全屏障综合试验区要想较好地完成建设任务，政府不但要加快转型，创造良好的发展环境。还需要做好上联下动的工作，积极向上争取政策和资金的支持，从发展经济、做好补偿等方面破解难题。还要积极做好下属单位以及普通群众的工作，整合转化资源优势，加强做好国家生态安全屏障综合试验区基础性建设，保证建设能顺利实施。

第四，被访者认为甘肃省加快转型发展建设国家生态安全屏障综合试验区还需要政府、企业、媒体、公众等的共同努力，通过发挥政府宏观调控作用，加大扶贫开发力度，加快对贫困地区基础设施建设的投资力度，实施移民搬迁。大力促进社会保障体系建设，提高养老、医疗等社会保障水平，保证国家生态安全屏障综合试验区内特别是少数民族生活不受影响。

四 对策建议

（一）加强对建设国家生态安全屏障综合试验区内容和意义的宣传

"政治路线确定之后，干部就是决定因素"。党政干部是推动国家生态安全屏障综合试验区建设战略的执行者、组织者与实践者，党政领导干部是影响一个地区国家生态安全屏障综合试验区建设的重要因素。只有让干部树立建设国家生态安全屏障综合试验区的战略意识，才能把国家生态安全屏障综合试验区建设好。根据党政干部对甘肃省加快转型发展建设国家生态安全屏障综合试验区的内容了解不够深入的实际，建议要加强甘肃省加快转型发展建设国家生态安全屏障综合试验区的内容政策及要求的宣传。充分传达贯彻国家以及省政府文件，组织干部专门学习相关文件，安排部署相关工作并积极推进。同时利用报刊、广播、电视、网络等媒体，广泛开展相关学习，让建设国家生态安全屏障综合试验区的内容和精神深入人心，转化为广大党员干部和群众的自觉行动。

（二）省级各部门要充分发挥职能作用，加大力度推进生态屏障建设

甘肃省加快转型发展建设国家生态安全屏障综合试验区是一项综合性系统工程，不会一蹴而就，为保证规划的顺利实施，省直有关部门按照省政府的任务分工，在规划制定、政策争取、项目建设等方面，做好向对口国家部委的汇报衔接和落实工作，并加强部门间的协调联动，推进试验区建设任务的全面实施。各市州、县人民政府要切实加强对生态建设工作的领导。健全工作机制，细化工作措施，建立和完善生态环境保护与建设目标责任制，对建设的主要任务和指标实行目标管理，形成省市县分级负责、各部门协作配合、社会广泛参与的工作机制，大力推进生态屏障建设。

（三）创新和完善实验区生态补偿制度，减轻农牧业生产对生态的破坏

按照环境保护靠补偿、污染治理给补助、经济发展予扶持的基本思路，通过加大财政转移支付、征收生态补偿费、建立生态建设基金等方式，完善一般性转移支付补偿机制，完善专项转移支付生态补偿机制，积极推进区域性和上下游间的补偿机制，有效整合各类资源，建立健全生态综合治理和生态补偿等长效机制，从根本上改变长期以来"零敲碎打"、分散治理的生态建设模式，从而形成整体合力和综合效益。同时，要用优厚的生活待遇，保障区域人民生活，减轻农牧业生产对林地的破坏，使他们从生态的利用者变成生态的保护者，自觉自愿保护生态环境。

（四）立足生态资源，大力发展生态资源型产业

甘肃省加快转型发展建设国家生态安全屏障综合试验区要坚持把生态建设与产业转型发展相结合。牢固树立"绿色发展、生态立省"理念，以生态保护工程实施和生态综合治理为契机，加大国家生态安全屏障综合试验区建设与保护资金投入力度，因地制宜探索国家生态安全屏障综合试验区建设与保护产业发展模式。立足生态资源，贯彻循环经济理念，积极培育高效环保节水设备和节水灌溉设备产业，大力发展风能、太阳能等新能源产业，不断拓展延伸产业链，加快发展生态资源型产业。大力发展高效特色农业，做大做强生态农业，积极培育生物产业，利用生态资源型产业促进经济中快速发展。

在问及"您对甘肃建设国家生态安全屏障综合试验区是否有信心"时，178 人选择了有信心，占 70.6%；59 人选择了信心不大，占 23.4%；12 人选择了没有信心，占 4.8%；3 人选择了没有什么感觉，占 1.2%。综合来看，广大党政干部还是能够积极地通过各种途径了解有关甘肃加快转型发展建设国家生态安全屏障综合试验区的报道以及内涵，对这一战略还是充满了信心。梦想在前，路在脚下，我们相信只要顽强奋斗、艰苦奋斗、不懈奋斗，甘肃加快转型发展建设国家生态安全屏障综合试验区的目标一定能实现。

B.8 新社会阶层对甘肃省非公经济发展环境的评价与诉求

索国勇 马亚萍*

摘　要： 本项研究从公民视角，选择甘肃新阶层人士为被访问对象，以新社会阶层人士对甘肃省非公经济发展环境的评价与诉求为主题，从宏观和微观角度研究分析新社会阶层人士对甘肃省非公经济发展环境的评价与诉求。在分析研究基础上，本研究提出了应完善支持甘肃非公经济发展政策、法律法规和机制，加强监管为非公有制经济发展营造公平公正的政策法制环境，创新金融机制、放宽市场准入条件、公平配置各类资源、加大财税支持力度，优化非公经济金融和投资环境，从而激发非公有制经济活力和创造力。

关键词： 新阶层　甘肃　非公经济　发展环境

一　研究背景与调查数据来源

（一）研究背景

新社会阶层是指改革开放以来，从工人、农民和知识分子阶层中

---

* 索国勇，甘肃省社会科学院政治研究所副所长，副研究员，主要研究方向为藏传佛教及藏族文化。马亚萍，甘肃省社会科学院西北少数民族女性与社会性别研究中心主任，副研究员，主要研究方向为民族社会学。

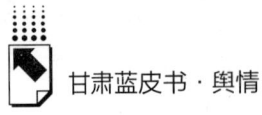

分化出来的，存在于传统体制之外的新社会群体人士。

甘肃省为落实2005年《国务院关于鼓励支持和引导个体私营等非公有制经济发展的若干意见》（国发〔2005〕3号），以及中共十八大报告提出"毫不动摇鼓励、支持、引导非公有制经济发展，保证各种所有制经济依法平等使用生产要素、公平参与市场竞争、同等受到法律保护"[①]的目标，出台了一系列贯彻落实国务院"非公经济36条"的政策措施，全方位、多层次、宽领域地推进甘肃省非公经济发展，全省非公经济呈现总量扩张、增速加快的良好态势。为全面了解业界对甘肃非公经济发展环境评价与诉求，进一步优化甘肃省非公经济发展环境，本项研究从公民视角，选择甘肃新阶层人士为被访问对象，以新社会阶层人士对甘肃省非公经济发展环境的评价与诉求为主题，从宏观和微观角度研究分析新社会阶层人士对甘肃省非公经济发展环境的评价与诉求，旨在透过新阶层视域折射甘肃非公经济发展环境存在的不足及其需要进一步改善的方面，从而推动完善甘肃省扶持非公经济发展政策和制度，优化支持非公有制经济发展环境，激发非公有制经济活力和创造力，为推动甘肃省经济快速健康发展增添新活力，具有重大学术理论和现实实践意义。

（二）调查数据来源

本项研究采用问卷随机抽样与访谈相结合的方法，以问卷调查为主访谈为辅，问卷使用SPSS数据库统计软件录入。共发放问卷300份，有效问卷280份，有效回收率为93.3%。文中使用的数据、图表等如没有特殊说明，均来自课题组进行的"新社会阶层对甘肃省非公经济发展环境的评价与诉求"问卷抽样调查。鉴于本次被访问

---

① 中共十八大报告。

对象新阶层分布广，问卷因受经费、人力等多重因素制约，受访面难于顾全地域分布的东西南北中，因此本次问卷调查以新阶层职业分类为基数，从职业分类种类齐全和从业人员数量考量，故选择省会城市兰州市为田野调查点。受访问对象是居住在城市的新社会阶层从业人员，按其职业分为民营科技企业的创业人员和技术人员、受聘于外资企业的管理和技术人员、个体户、私营企业主、中介组织的从业人员、自由职业等六个行业的从业人员。从受访问者性别结构看，男性147人，占总数的52.5%，女性133人，占总数的47.5%；从年龄分布看，50岁及以下268人，占总数的95.7%，51岁及以上12人，占总数的4.3%；从受教育程度看，本科以下的91人，占总数的32.5%，本科及以上189人，占总数的67.5%；从职业分类看，民营科技企业的创业人员和技术人员46人，占总数的16.4%，受聘于外资企业的管理和技术人员35人，占总数的12.5%，个体户50人，占总数的17.9%，私营企业主47人，占总数的16.8%，中介组织的从业人员50人，占总数的17.9%，自由职业者52人，占总数的18.6%（详见表1）。统计数据显示，新阶层人士呈现年轻化和高学历的特点。经SPSS数据库统计分析软件检测，结果显示问卷设计各项指标合格，田野调查点能满足问卷各项指标需求，被访问对象具有一定的代表性，因此，我们认为本次调查数据能够比较客观地反映甘肃新阶层对非公经济发展环境的评价。

表1 受访问对象的基本情况

单位：人，%

调查信息		人数	百分比
地点	兰州	280	100
性别	男	147	52.5
	女	133	47.5

续表

调查信息		人数	百分比
年龄段	20~30	95	33.9
	31~40	106	37.9
	41~50	67	23.9
	51~60	12	4.3
受教育程度	小学以下	0	0
	中学或专科	91	32.5
	本科	166	59.3
	硕士	21	7.5
	博士	2	0.7
职业	民营科技企业的创业人员和技术人员	46	16.4
	受聘于外资企业的管理和技术人员	35	12.5
	个体户	50	17.9
	私营企业主	47	16.8
	中介组织的从业人员	50	17.9
	自由职业者	52	18.6

二 新社会阶层对甘肃省非公经济发展环境评价

（一）政策法制环境

1. 对政策环境持肯定态度

为考量新阶层人士对甘肃支持非公经济发展政策的评价，在问卷中设计了"您对非公经济发展政策是否满意"的问题，调查问卷数据分析显示，在新阶层对非公经济发展政策环境总体评价中，受访者中9.3%认为"满意"，49.3%认为"基本满意"，35.4%认为"不太满意"，6%认为"很不满意"（详见图1），其中基本满意和满意之和占受访者总数的58.6%，不太满意和很不满意之和占受访者总数的41.4%，表明大多数受访问者对甘肃支持非公经济发展政策环境持肯定态度。从新社会阶层人士不同职业从业者对非公经济发展政策的评价数据做进一步分析，"满意"和"基本满意"两个变量合数显示，民营科技企业的创业人员和技术人员、受聘于外资企业的管理和技术人员、私营企业主的被访者，对非公经济发展政策满意度较高，满意度分别占受访者总数的80.4%、74.3%、66%，"不太满意"和"很不满意"两个变量合数显示，个体户、中介组织从业人员和自由职业者的被访者，对非公经济发展政策不满度偏高，不满度分别占受访者总数的66%、48%、48.1%（详见表2）。以上变量分析表明在新社会阶层人士中，对非公经济发展政策环境满意程度最高的是民营科技企业的创业者和技术人员，占受访者总数的80.4%，满意度最低的是个体户，占受访者总数的66%，反映了政府在制定扶持非公经济发展政策时，偏重对规模企业政策扶持，对个体户等微小企业的政策扶持重视程度不够。

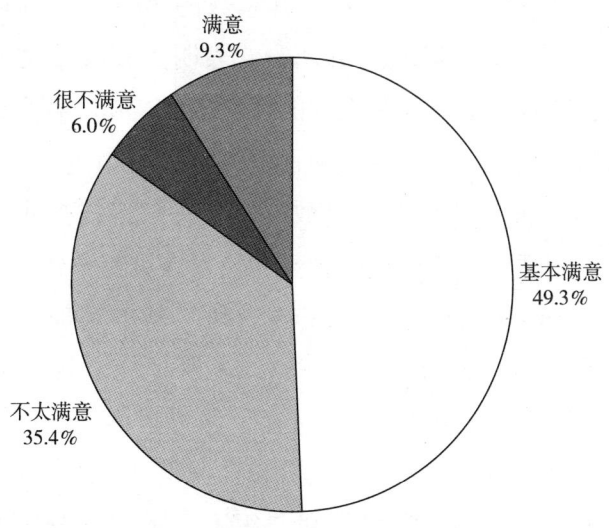

图1 对非公经济发展政策满意度的评价

表2 不同职业者对非公经济发展政策环境的评价

单位：%

职业	满意	基本满意	不太满意	不满意
民营科技企业的创业人员和技术人员	23.9	56.5	19.6	0
受聘于外资企业的管理和技术人员	5.7	68.6	25.7	0
私营业主	14.9	51.1	23.4	10.6
个体户	4.0	30.0	58.0	8.0
中介组织从业人员	4.0	48.0	40.0	8.0
自由职业者	3.8	48.1	40.4	7.7

2. 对法规完善程度总体满意度较低

为考量新阶层人士对甘肃支持非公经济发展法规完善程度的评价，在问卷中设计了"您认为现行非公经济法规是否完善"的问题，调查问卷数据分析显示，在新阶层对非公经济发展法规完善程度总体评价中，5%的受访者认为"完善"，35.4%认为"基本完善"，53.6%认为"不够完善"，6%的认为"很不完善"（详见图2）。其中选择完善和基本完善的受访者占其总数的40.4%，选择不够完善和很不完善的受访者占其总数59.6%，表明大多数受访者对甘肃支持非公经济发展政策法规完善程度的评价较低。从新社会阶层人士不同职业者对非公经济发展法规完善程度评价数据做进一步分析，"完善"和"基本完善"两个变量合数显示，民营科技企业的创业人员和技术人员、受聘于外资企业的管理和技术人员与私营企业主的受访者，对现行非公经济法规选择"完善"和"基本完善"者分别占受访者总数的65.2%、57.1%、48.9%，表明他们对现行非公经济法规完善程度的满意度较高；"不够完善"和"很不完善"两个变量合数显示，个体户、中介组织从业人员和自由职业者的受访者，对现行非公经济法规选择"不够完善"和"很不完善"者分别占受访者总数的76%、78%、67.3%（详见表3），表明他们对现行非公经济法规完善程度的满意度偏低；对非公经济现行法规完善程度满意度最高的是民营科技企业的创业者和技术人员，占受访者总数的65.2%，满意度最低的是中介组织从业人员，占受访者总数的78%。以上变量分析表明在新社会阶层人士中，不同经济体的从业者对相关法规需求度有一定差异，同时反映了相关法律法规有需要完善之处。

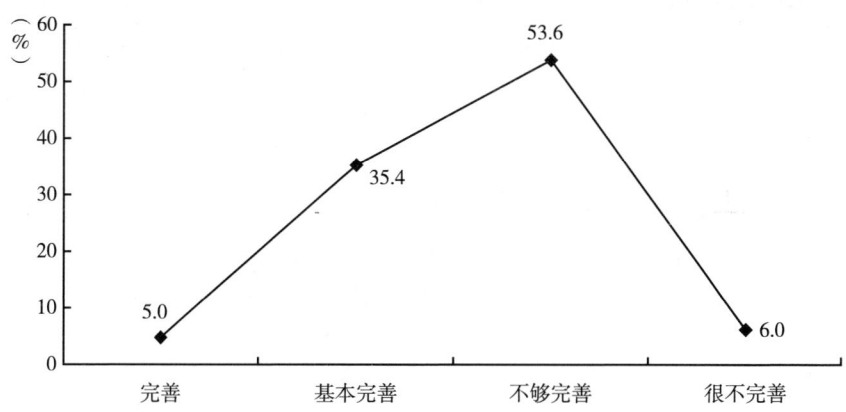

图2 现行法规完善程度的评价

表3 不同职业者对非公经济法规完善程度的评价

单位：%

职业	完善	基本完善	不够完善	很不完善
民营科技企业的创业人员和技术人员	8.7	56.5	32.6	2.2
受聘于外资企业的管理和技术人员	0	57.1	42.9	0
私营业主	14.9	34	40.4	10.6
个体户	0	24	64	12
中介组织从业人员	2	20	76	2
自由职业者	3.8	28.8	59.6	7.7

3. 执行政策法规公平公正度总体评价偏低

为考量新阶层人士对甘肃支持非公经济发展政策法规公平公正程

度的评价,在问卷中设计了"您认为政策法规在执行中是否做到公平公正"的问题,调查问卷数据分析显示,在新阶层人士在对非公经济发展政策法规执行中的公平公正程度总体评价中,6.1%的受访者认为"公平公正",41.4%认为"基本公平",41.4%认为"不够公平",11.1%认为"很不公平"(详见图3)。认为公平公正、基本公平之和者占其总数的47.5%,认为不够公平、很不公平之和者占其总数的52.5%,表明大多数受访问者对甘肃在支持非公经济发展政策法规执行中的公平公正程度评价较低。

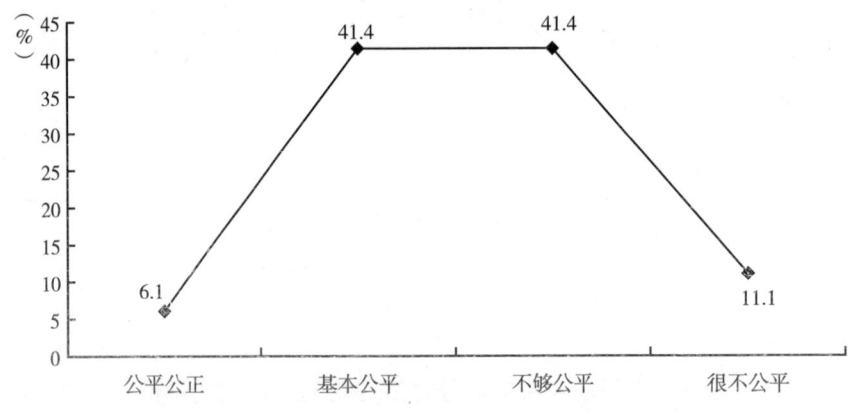

图3 执行政策法规公平公正程度的评价

4. 对政府行政审批制度总体评价呈现满意和不满意均衡化

为考量新阶层人士对甘肃支持非公经济发展中,政府在行政审批制度方面的评价,在问卷中设计了"您对非公经济的政府行政审批制度是否满意"的问题。调查问卷数据分析显示,在新阶层对政府支持非公经济发展行政审批制度政策总体评价中,6.8%的受访者认为"满意",42.5%的认为"基本满意",41.8%的认为"不太满意",8.9%的认为"很不满意"(详见图4),其中认为满意、基本满意之和者占其总数的49.3%,认为不太满意、很不满意之和者占

新社会阶层对甘肃省非公经济发展环境的评价与诉求

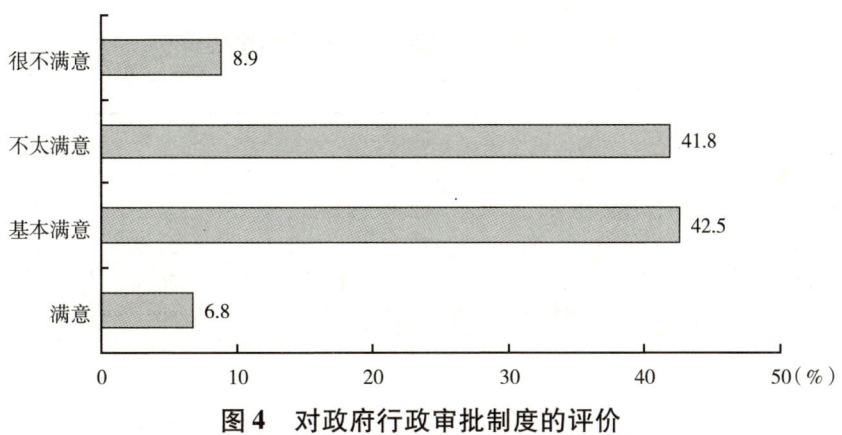

图4 对政府行政审批制度的评价

其总数的50.7%。从新社会阶层人士不同职业者对甘肃支持非公经济发展中政府在行政审批制度方面的评价数据做进一步分析,"满意"和"基本满意"两个变量合数显示,民营科技企业的创业人员和技术人员、受聘于外资企业的管理和技术人员、私营企业主的受访者,对政府行政审批制度满意程度较高,满意度分别占受访者总数的65.2%、60%、59.6%;"不太满意"和"很不满意"两个变量合数显示,个体户、中介组织从业人员和自由职业者的被访者,对政行政审批制度不满意程度偏高,不满程度分别占受访者总数的68%、60%、55.8%(详见表4)。对政府行政审批制度满意程度最高的是民营科技企业的创业者和技术人员,占受访者总数的65.2%,不满意程度最高的是个体户,占受访者总数的68%。以上变量分析表明在新社会阶层人士中,对政府行政审批制度满意度在不同职业间存在较大差异。

综上所述,新阶层对甘肃非公经济发展政策法制环境的评价总体持肯定态度,但不同职业的经济群体满意度相差很大,反映出政策法规有一定的倾向性或片面性,还不能惠及整个非公经济所有行业。根据访谈和问卷调查的结果看,大中型企业的满意度较高,而微小企业和个体经营者等经济群体的满意度偏低,半数以上的受访者认为现行政策法规不够完善,特别是政策法规在执行中还存在不够公平公正的

表4　不同职业者对政府行政审批制度的评价

单位：%

职业	满意	基本满意	不太满意	很不满意
民营科技企业的创业人员和技术人员	8.7	56.5	32.6	2.2
受聘于外资企业的管理和技术人员	2.9	57.1	34.3	5.7
私营业主	17	42.6	27.7	12.8
个体户	6	26	56	12
中介组织从业人员	2	38	50	10
自由职业者	3.8	40.4	46.2	9.6

现象，造成已有的政策法规落实不到位，好的政策法规不能够完全发挥作用。我们以往过多看重个别龙头企业的象征作用，而忽略更广大微小企业经济群的成长壮大。扶持政策、社会和自然资源倾斜，造成非公经济发展不均衡，非公经济的经济分化制约了非公经济的健康发展。因此，甘肃省非公经济发展的政策法规有待认真落实和进一步完善。

（二）政府服务总体评价

为考量新阶层人士对甘肃支持非公经济发展中政府服务工作满意度的评价，在问卷中设计了"您对非公经济发展中政府服务工作是否满意"的问题。调查问卷数据分析显示，在新阶层对非公经济发展中政府服务工作满意度总体评价中，8.9%的受访者认为"满意"，42.1%的认为"基本满意"，41.1%的认为"不太满意"，7.9%的认为"很不满意"（详见图5）。其中认为满意、基本满意之和者占其总数51%，认为不太满意、很不满意之和者占其总数49%，表明大多数受访问者对甘肃支持非公经济发展中政府服务工作满意度和不满意度平分秋色。对新社会阶层人士不同职业者就甘肃支持非公经济发展中政府服务工作满意度评价数据做进一步分析，"满意"和"基本满意"两个变量合数显示，民营科技企业的创业人员和技术人员、受聘于外资企业的管理和技术人员与私营企业主的受访者满意度分别占其总数的69.5%、60%、63.8%，表明他们对政府服务工作满意程度较高；"不太满意"和"很不满意"两个变量合数显示，个体户、中介组织从业人员和自由职业者的受访者，不满程度分别占其总数的68%、56%、57.7%（详见表5），表明他们对政府服务工作满意度偏低。对政府服务工作满意程度最高的是民营科技企业的创业者和技术人员，占受访者总数的69.5%，不满意程度最高的是个体户，占受访者总数的68%。以上变量分析表明在新社会阶层人士中，一方面非公经济发展中不同经济群体对政府服务需求不同，另一方面也反映了政府在对非公经济发展服务中，重视规模企业服务，对个体户等微小企业服务不足。

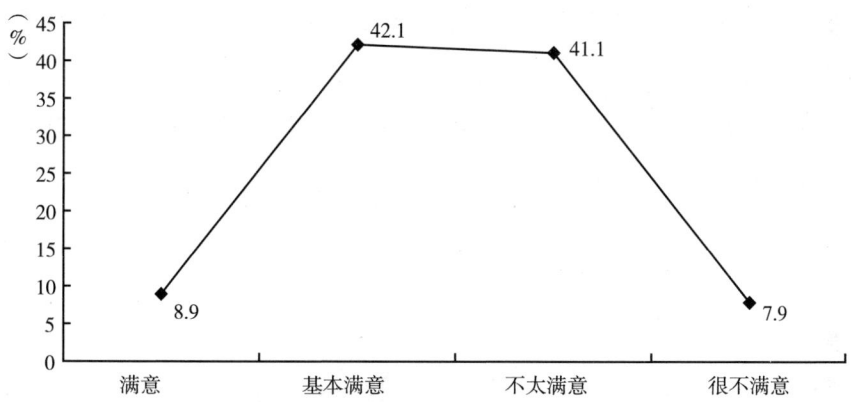

图5 对政府服务工作的评价

表5 不同职业者对政府服务工作的评价

单位：%

职业	满意	基本满意	不太满意	很不满意
民营科技企业的创业人员和技术人员	13	56.5	28.3	2.2
受聘于外资企业的管理和技术人员	2.9	57.1	37.3	2.9
私营业主	23.4	40.4	21.3	14.9
个体户	2	30	54	14
中介组织从业人员	6	38	52	4
自由职业者	5.8	36.5	50	7.7

（三）社会环境总体评价持肯定态度，具体评价有差异

社会环境对非公经济发展有直接影响，是决定投资者是否投资的重要参考系数，我们把基础设施建设、公共安全和社会保障三个方面作为测试新阶层甘肃省非公经济发展社会环境评价指标。

1. 对基础设施建设环境总体评价持肯定态度

为考量新阶层人士对甘肃非公经济发展社会环境中基础设施建设方面的评价，在问卷中设计了"您对非公经济发展的基础设施建设是否满意"的问题，调查问卷数据分析显示，对非公经济发展环境中的基础设施建设总体评价中，6.4%的受访者认为"满意"，45.7%认为"基本满意"，38.2%认为"不太满意"，9.6%认为"很不满意"（详见图6）。其中认为满意、基本满意之和占受访者总数的52.1%，认为不太满意、很不满意之和占受访者总数的47.8%，表明受访者对基础设施建设总体上持肯定态度。

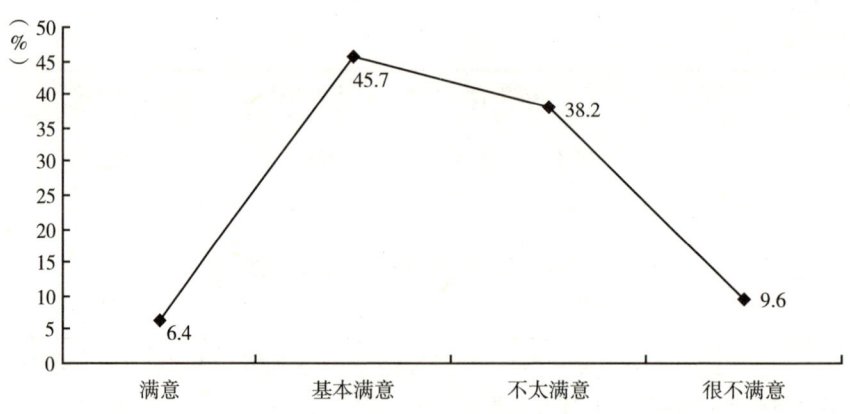

图6 对基础设施建设的评价

2. 公共安全环境总体评价较高

为考量新阶层人士对甘肃支持非公经济发展中政府服务工作满意

度的评价，在问卷中设计了"您对非公经济发展中公共安全状况总体是否满意"的问题。调查问卷数据分析显示，在对非公经济发展中公共安全状况总体评价中，受访者中7.9%的认为"满意"，49.3%的认为"基本满意"，35.7%的认为"不太满意"，7.1%的认为"很不满意"（详见图7）。其中认为满意和基本满意的占受访者总数的57.2%，认为不太满意和很不满意的占受访者总数的42.8%。从新社会阶层人士不同职业者对非公经济发展中公共安全状况总体满意度评价数据做进一步分析，"满意"和"基本满意"两个变量合数显示，民营科技企业的创业人员和技术人员、受聘于外资企业的管理和技术人员与私营企业主的受访者，对非公经济发展公共安全状况总体满意度较高，满意度分别占受访者总数的84.8%、71.5%、59.5%；"不太满意"和"很不满意"两个变量合数显示，个体户、中介组织从业人员和自由职业者的受访者，对非公经济发展公共安全状况总体满意度偏低，不满程度分别占受访者总数的96%、46%、53.8%（详见表6）。以上变量分析表明在新社会阶层人士中，对非公经济发展公共安全状况总体满意度最高的是民营科技企业的创业者和技术人员，占受访者总数的84.8%，满意度最低的是个体户，占受访者总数的96%，表明不同职业者因所处的工作环境不同对公共安全的感受不同。在对问卷中设定的人身安全、财产安全、卫生防疫、饮水食品安全和防灾减灾五项公共安全的具体评价指标做进一步数据分析，"满意"和"基本满意"两个变量合数显示，选择人身安全、财产安全和防灾减灾项"满意"和"基本满意"受访者分别占其总数的80.4%、72.1%、56.1%，表明他们对这三方面的满意度较高；"不太满意"和"很不满意"两个变量合数显示，选择对饮水食品和卫生防疫安全项"不太满意"和"很不满意"受访者分别占其总数的69.6%、58.6%（详见表7），表明他们对饮水食品安全满意度偏低。以上变量分析表明新社会阶层人士在针对公共安全状况具体指标评价中,满意度最高的是人身安全,占受访者总数的80.4%,满意度最低的是饮水食品安全,占受访者总数的69.6%。

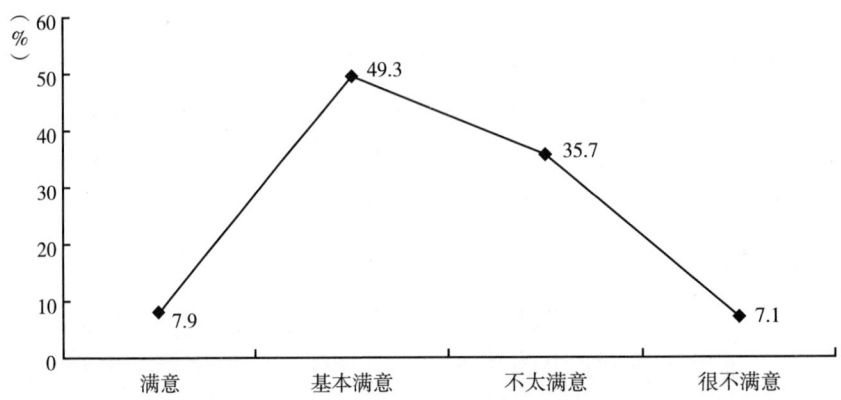

图7 对公共安全的总体评价

表6 不同职业者对公共安全状况的评价

单位:%

职业	满意	基本满意	不太满意	很不满意
民营科技企业的创业人员和技术人员	17.4	67.4	15.2	0
受聘于外资企业的管理和技术人员	2.9	68.6	25.7	2.9
私营业主	19.1	40.4	27.7	12.8
个体户	2	32	54	42
中介组织从业人员	4	50	42	4
自由职业者	1.9	44.2	44.2	9.6

表7 对公共安全状况的具体评价

单位:%

项目	满意	基本满意	不太满意	很不满意
人身安全	27.5	52.9	13.6	6.1
财产安全	17.5	54.6	23.6	4.3
卫生防疫	11.4	30	38.6	20
饮水食品安全	9.6	20.7	34.6	35
防灾减灾	13.2	42.9	20.7	23.2

3. 对社会保障总体满意度较低

在问卷中设计了"您对现行保障水平总体是否满意"的问题,用以考量新阶层人士对甘肃非公经济发展社会保障方面的评价。问卷数据分析显示,5%的受访者认为"满意",39.3%的认为"基本满意",45%的认为"不太满意",10.7%的认为"很不满意"(详见图8)。其中认为满意、基本满意之和者占受访者总数的44.3%,认为不太满意、很不满意之和者占总数的55.7%,超过半数的受访者对社会保障表示不满意,表明他们对甘肃非公经济发展社会保障总体评价较低。在对问卷中设定的公共服务、公共福利、社会保险和社会救助四项社会保障的具体评价指标做进一步数据分析,"满意"和"基本满意"两个变量合数显示,选择对社会保险和社会救助项"满意"和"基本满意"的受访者分别占其总数的53.9%、56.8%,表明受访者对社会保险和社会救助的满意度较高;"不太满意"和"很不满意"两个变量合数显示,选择对公共服务和公共福利项"不太满意"和"很不满意"的受访者分别占其总数的58.6%、56.8%(详见图9),表明受访者对公共服务和公共福利的满意度较低,以上变量分析表明新社会阶层人士在针对社会保障具体指标评价中,满意度最高

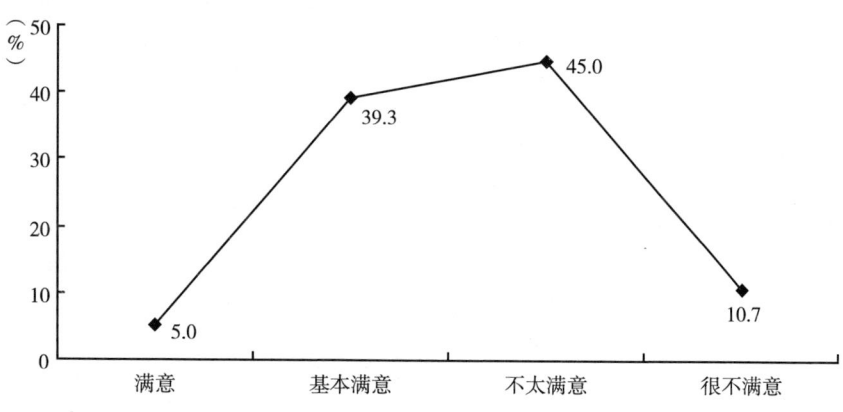

图8 对社会保障的总体评价

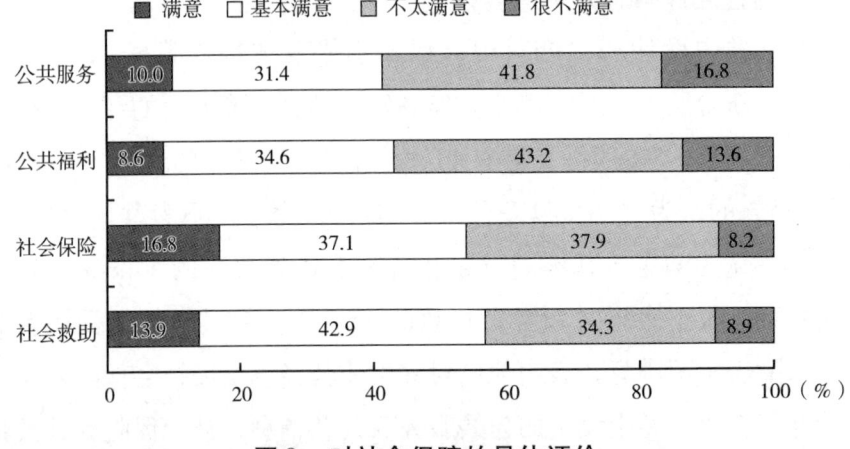

图9 对社会保障的具体评价

的是社会救助,占受访者总数的56.8%,满意度最低的是公共服务,占受访者总数的58.6%。

(四)经济环境的评价

经济环境对非公经济发展影响至关重要,是决定投资者投资规模、收益、金融等方面的重要参考系数,我们把市场准入公平度、市场竞争公平度、市场秩序、市场信用、投资、融资、生态和资源环境八个方面作为测试新阶层甘肃省非公经济发展经济环境的具体评价指标,并就政府放宽市场准入政策对改善非公经济发展环境的效果进行评价。

1. 经济环境的总体满意度低

为考量新阶层人士对甘肃非公经济发展经济环境的评价,在问卷中设计了"您对非公经济发展经济环境总体是否满意"的问题。问卷数据分析显示,8.6%的受访者认为"满意",40.7%认为"基本满意",42.5%认为"不太满意",8.2%认为"很不满意"(详见图10)。其中认为满意、基本满意之和占受访者总数的

49.3%，认为不太满意、很不满意之和占总数的50.7%，半数的受访者对非公经济发展的经济环境总体表示不满意。

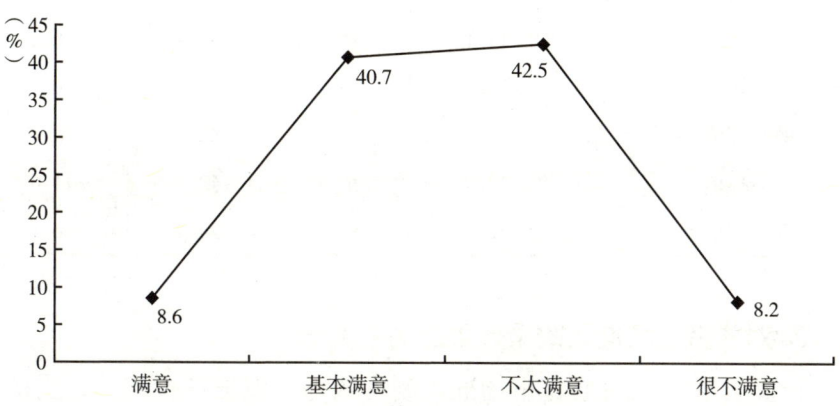

图10 对经济环境的总体评价

2. 对市场环境具体指标评价高低不一

在对问卷中设定的市场准入公平度、市场竞争公平度、市场秩序、市场信用及投资、融资、生态和资源环境八项市场环境的具体评价指标做进一步数据分析，从"满意"和"从不满意"受访者满意度最高的选项是市场准入公平度，占其总数的25%，满意度最低的选项是市场信用和资源环境，占其总数的16.1%（详见表8）。变量分析结果表明随着国家对非公经济市场准入制度逐渐放宽，新阶层人士对其满意度有所提高。

表8 对市场环境的具体评价

单位：%

项目	满意	基本满意	不太满意	很不满意
市场准入公平度	25	41.8	27.1	6.1
市场竞争公平度	16.4	36.4	37.9	9.3

续表

项目	满意	基本满意	不太满意	很不满意
市场秩序	20	29.6	40.4	10
市场信用	17.1	31.4	35.4	16.1
投资环境	23.6	30.7	35.7	10
融资环境	19.3	33.6	32.1	15
生态环境	12.9	30.4	42.1	14.6
资源环境	12.5	35	36.4	16.1

3. 对放宽市场准入政策效果的信心偏低

就新社会阶层对放宽市场准入制度的评价数据进行统计，受访者中5%认为"十分有效"，42.9%认为"有效"，41.1%认为"效果一般"，11%认为"没有效果"（见图11）。其中认为十分有效和有效的占47.9%，认为效果一般和没有效果的占52.1%。超过半数的受访者对政府放宽市场准入政策、改善非公经济发展环境效果缺乏信心。

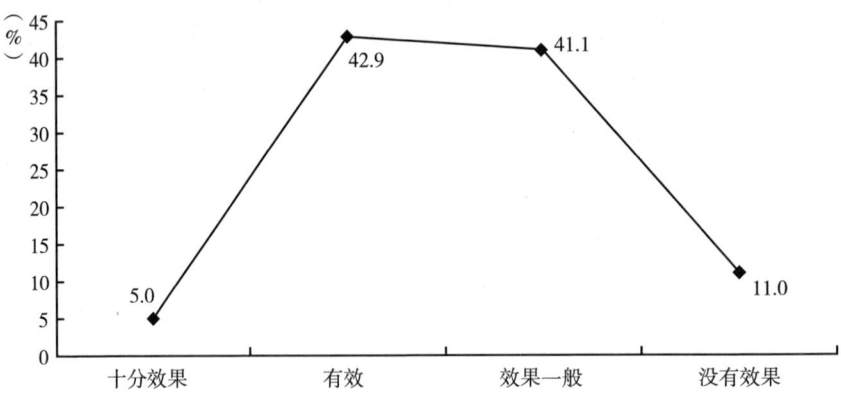

图11 对放宽市场准入制度效果的评价

三 新社会阶层对非公经济发展环境的诉求

在新阶层人士对期望政府改善工作的十个选项中，期望值最高的前三项为政府服务、资源配置和社会保障，期望值分别为60%、57.1%、53.6%（见图12）。

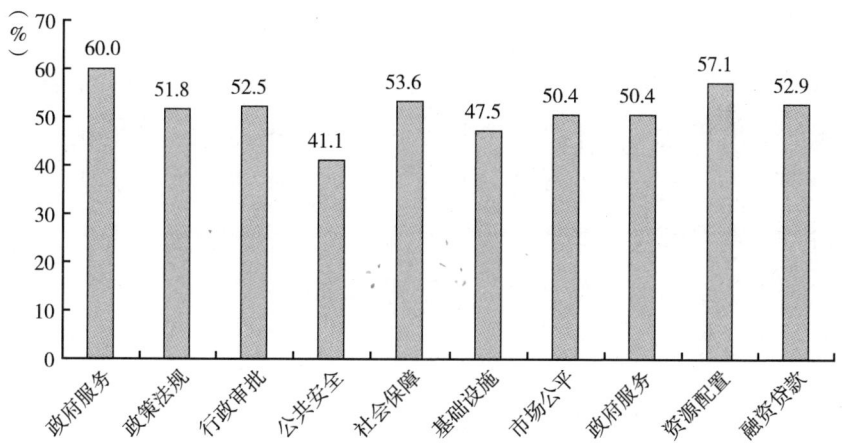

图12 对政府改善非公经济发展环境的期望

四 基于调查数据分析的结论与思考

（一）基于调查数据分析的结论

通过对调查问卷和访谈资料的分析，我们认为本次受访的新阶层人士对甘肃非公经济发展环境评价与诉求是客观中肯的，基本符合甘肃省非公经济发展现状。

综观整体评价，无论从宏观和微观视域，还是从多层面、多指标考量，其反映出的问题与当前甘肃省非公经济社会发展中存在的问题基本一致，期望政府扶持和改善非公经济发展政策及环境方面聚焦于政府服务。与此同时，受访的新阶层人士对甘肃省非公经济发展环境评价体现了甘肃省政府在支持和改善非公经济政策及环境方面的努力卓有成效，因此全省非公经济呈现总量扩张、增速加快的良好态势。但受欠发达省情等诸多因素制约，甘肃省非公经济发展综合环境（包括重要自然资源条件、生态环境、经济和社会环境、智力环境等）质量，与全国31个地区相比排位靠后，与全国相比差距明显，因此非公经济发展滞后已经成为影响甘肃省经济社会发展的突出短板。基于上述分析，我们认为提高综合环境质量是甘肃经济社会发展的长期性战略任务，甘肃各级政府能否为非公经济营造一个良好的发展环境，将对甘肃非公经济全面健康发展，对甘肃传统经济结构的调整优化，甚至对西北地区未来区域经济发展都会产生深远影响。

（二）新社会阶层对非公经济发展环境的思考

积极把握国家政策支持非公经济发展、丝绸之路经济带建设、向西开放的现实契机，借助建设全国华夏文明保护传承和创新发展示范区、兰州新区等良好发展契机，依托全省优势全力推进加快非公经济发展步伐，对甘肃加快实现全面建设小康社会具有重大的战略意义，为此建议如下。

1. 完善支持甘肃非公经济发展政策和机制

政策和机制是非公经济发展的基础。近年来，甘肃省委省政府制定了一系列促进非公经济发展的优惠政策和措施，但诸多政策还停留在宏观层面上，缺乏具体的制度安排。甘肃省委省政府在未来制定支持非公经济发展政策时，应加大对微小企业的政策扶持力度；把国家支持"非公经济新36条"和省政府制定的有关非公有制发展政策落到实处；加大政策宣传，将非公经济政策落实情况纳入政府督查范围，形成定期督促检查制度；破除甘肃省非公经济发展中存在的体制性和环境障碍因素，为非公经济健康成长创造良好的政策氛围和服务环境。

2. 完善支持甘肃非公经济发展法律法规机制

完善法律法规、加大法律宣传和监管力度。建立对非公经济违规执法责任追究和限时行政复议制度，严格规范相关部门的执法行为，依法开展监督管理，坚决制止各种乱收费行为，切实减轻企业负担，依法保护非公企业的合法财产及其权益，依法保护非公企业的生产经营活动，为非公经济发展营造公平公正的法制环境。加大法律宣传力度，引导企业树立守法和诚信经营理念。

3. 创新金融机制

充足的资金是非公企业发展的支柱，为消解制约甘肃非公经济发展融资难问题，积极推进金融服务创新，鼓励银行业金融机构开展经营机制创新、金融产品和服务创新，开展"动产质押、融资租赁"等新型信贷业务，发展灵活多样的小额贷款融资方式，完善资本金补充和风险补偿机制，建立扶持非公微小企业金融服务专营机构，从而消除制约甘肃省非公经济发展融资的"瓶颈"。鼓励非公经济参与金融体制改革，建立多种所有制金融经营机制，拓宽非公经济尤其是微小企业融资的渠道。

4. 放宽非公经济市场准入条件

在贯彻落实《国务院关于鼓励和引导民间投资健康发展的若干意见》和《甘肃省人民政府关于鼓励和引导民间投资健康发展的实施意见》（甘政发〔2011〕62号）前提下，鼓励和引导民间资本进入基础设施领域，放宽个体工商户申请人范围、名称核准条件、经营项目及场所限制，建立限时办结制度。免收登记类、证照类等各种行政性收费，以优化非公经济投资环境。

5. 建立资源公平配置制度，加大财税支持力度

各级政府及行业主管部门在矿产、土地、金融、电力、运输等资源配置方面，给予非公经济平等的待遇。探索将高速公路、地方铁路、城市供水供气供暖等基础设施和公用设施的经营权配置给非公经济实体，力争在甘肃省资源公平配置方面扶持非公经济发展取得新突破。整合现有的支持非公经济发展各项资金，设立省政府非公经济发展基金，用于支持非公企业人才培训、技术创新、创业孵化园建设、信用担保、信息服务等体系建设等，更好地发挥财政资金的导向作用。各级财政安排预算专项资金建立微小企业融资保证金。政府有关部门安排的政府性资金，给予符合规定、通过审核的非公经济项目与其他投资主体同等的待遇。

B.9
甘肃农民工对社会保障制度改革的反响与要求

魏 静*

> **摘　要：** 农民工是城镇化进程的主力军，农民工的社会保障问题关系城镇化的质量和农民工的生存状况。随着城乡二元结构的进一步打破，城乡一体化建设的推进，统筹城乡养老保障，建立符合城镇化的养老保障体系，是社会保障制度改革的必然举措。2014年，国家出台了《城乡养老制度衔接暂行办法》，鼓励更多的农民工加入城镇职工养老保险，并使两大养老保障体系做到了无缝对接。本文主要围绕这一政策，对甘肃农民工进行调查，其目的是了解他们目前的养老保障状况以及对国家实施这一政策的反响与看法。本文也就上述的调查结果提出了合理的对策建议以供参考。
>
> **关键词：** 甘肃　农民工　社会保障　反响

我国农村社会保障体系主要包括养老、医疗两大块，本文主要就农村养老保障制度进行舆情调查和分析。甘肃省农村养老保障制度是在国家大政策背景下积极稳妥推进的，从最初的农村养老保

---

* 魏静，甘肃省社会科学院供职，副研究员，主要从事明清地方史研究。

试点到新型农村养老保障的全覆盖再到城镇居民养老保险的全面实行，甘肃省农村养老保障经历了逐步完善的过程。伴随着加快推进城镇化的步伐，我国必然要建立与之相适应的养老保障制度。打破城乡二元户籍就是城镇化的直接体现，进一步统筹城乡养老保障制度也势在必行。2014年7月，我国出台了由人社部和财政厅联合印发的《城乡养老制度衔接暂行办法》。该办法全文共有11条，主要是鼓励在城镇务工的农民工积极参加城镇职工养老保险，并以此来提高农民工的养老保障水平，以适应城镇的发展进程。本文就这一政策的推进在农民工中的反响做深入调查和分析，考察当前统筹城乡养老的社会保障政策在推进中是否存在阻力，分析其中的原因，并试图提出具有实际价值和可供参考的对策建议。本文通过问卷的形式了解民意舆情，调查对象为农民工，共发放问卷300份，收到有效问卷287份，实际回收率为96%，调查地点在兰州市安宁区、七里河区以及皋兰县、榆中县。

一 调查结果基本情况及分析

（一）调查对象的人口学基本情况

本次调查的对象是农民工，其基本情况如表1。

从本次调查对象的基本情况可以看出，男性农民工比例要高于女性，但夫妻两人同时外出务工的情况也很普遍。从年龄上看，20~45岁的居多（67%），说明外出务工者多为青壮年劳动力，也有因家庭经济原因而外出务工的中老年群体（33%）；从婚姻上看，已婚者居多（49.1%），且多数都有小孩，这些孩子有的跟随父母，有的是在农村被老人照料的留守儿童，也有在外读书的大、中专学生；从户籍所在地看，多数（73.5%）为农村户籍，但也有相当一部分

（26.5％）已经取得城镇户籍，取得城镇户籍的方式主要是通过购房成为城镇居民；从月收入上看，多数（73.5％）在 1001～3000 元之间，主要从事餐饮、物流、建筑、装修、家政等行业，其中也有长期的个体流动商贩以及固定的个体商户。从表 1 中也可看出有相当一部分被调查者（26.5％）有较高的月收入，他们主要是从事长途运输或技术含量较高的行业，比如在建筑工地开塔吊或在企业中从事数控机床操作、电气焊等工种，有的农民工被一些大型企业如电力公司、铁道公司、燃气公司、建筑公司等长期雇用，也能取得较高且较为稳定的收入。

表 1　调查对象的基本情况

单位：个，％

性别	男	194(67.6)
	女	93(32.4)
年龄	20～30 岁	83(29)
	31～45 岁	109(38)
	46～55 岁	52(18)
	56 岁及以上	43(15)
婚姻状况	未婚	92(32.1)
	已婚	141(49.1)
	离异独身或丧偶独身	54(18.8)
户籍所在地	农村	211(73.5)
	城镇	76(26.5)
月收入	1000 元及以下	0(0)
	1001～2000 元	102(35.5)
	2001～3000 元	109(38.0)
	3001 元及以上	76(26.5)

（二）参加养老保险基本情况

本次调查的农民工全部参加了城乡养老保险，主要是城镇居民养老保险，也有少数购买了城镇职工养老保险。城镇居民养老保险是统筹城乡养老保险的新型举措，将原来的新型农村养老保险与城乡居民养老保险进行统筹整合，从而打破了城乡界限，简化了国家养老保障的类型，同时也提升了城乡居民养老保障的层次，适合不同经济收入群体的购买需求。但是随着城市化的进一步推进，城乡居民养老保障仍然跟不上时代的需求，广大农民工、在乡农民、城镇失地农民以及其他城镇非职工群体等不仅要在户籍上实现城乡合一，还应在养老待遇上跟上城镇化的水平，实现真正意义上的城市居民的转化。因此，进一步完善养老保障制度就是当前刻不容缓的事情。下面是此次被调查者及其家人的基本养老保障情况，见图1。

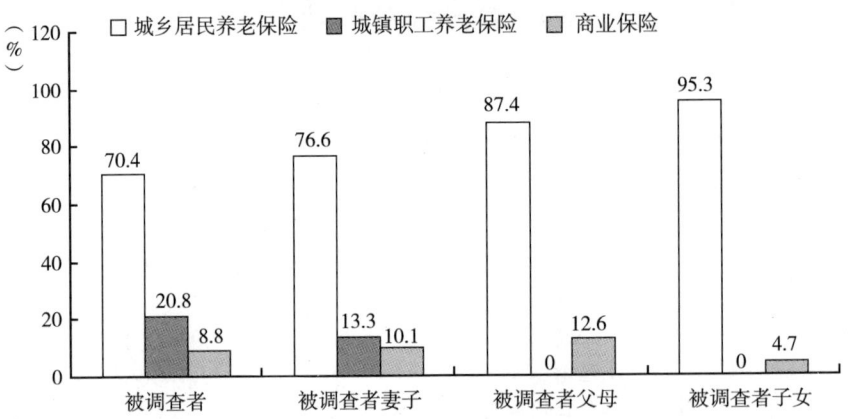

图1 被调查者及其家人参加养老保险类型情况

图1表明，从参与养老保障类型看，绝大多数被调查者及其家人（7成以上）参加了城乡居民养老保险，有少数被调查者及其妻子参加了城镇职工养老保险，被调查者的父母和子女没有参加城镇职工养老保险的实例，总体上看，参加商业保险的情况也属于少数。调查中，我们得知绝大多数的农民工愿意参加城乡居民养老保险，主要是因为城乡居民养老保险保障层次多，灵活方便，也是广大农民工能够负担的一种养老保险。商业保险的参与度低主要是因为被调查者认为

这种养老保险的诚信度要低于社会基本养老保险，商业保险的缴费额度也高于普通养老保险，因此并不普遍。对于2014年国家出台的《城乡养老制度衔接暂行办法》，许多被调查者还不了解，少数参与这种养老保险的被调查者多是长期在城镇生活，有一定的经济基础并从事较为稳定职业的群体，如长期被雇用在国企中的农民工、个体商户以及其他一些收入较好且比较稳定的人群。

（三）是否愿意参加城镇职工养老保险

2014年2月，国家人社部、财政部等部门印发了《城乡养老保险制度衔接暂行办法》，该《办法》整合统筹了城镇职工养老保险和城乡居民养老保险，规定参加上述两种保险的居民，缴纳城镇职工养老保险满15年，并达到了城镇职工法定退休年龄后，可以享受城镇职工的养老待遇。也就是说，城乡居民可以申请参加城镇职工养老保险。两种养老保险具有很大的灵活性，进退自如，在制度上达到了无缝衔接，比如参加城镇职工养老保险缴费年限不足15年的可转入城乡居民养老保险，之前的缴费额累计进入当前的养老保险中。参加城乡居民养老保险的在申请参加城镇职工养老保险后，之前的缴费金额相应累计进入当前的养老保险中。《城乡养老保险制度衔接暂行办法》的推出，是国家鼓励广大城乡居民参加城镇职工养老保险这种较高层次养老保险的重大举措，也是适应当前城镇化进程的重要体现。那么，广大农民工对于这一政策具有怎样的反映和心声，我们可以从图2显示的数据进行了解。

图2显示有50.7%的被调查者表示愿意参加城镇职工养老保险，有44.2%的被调查者表示不愿意参加，有极少数（5.1%）持无所谓的态度。可以看出，多数被调查者是愿意参加城镇职工养老保险的，原因是这种养老保险将来能有一个较高且稳定的养老待遇，特别受到愿意在城镇长期扎根生活的群体的青睐。通过图2也可看出，有近一

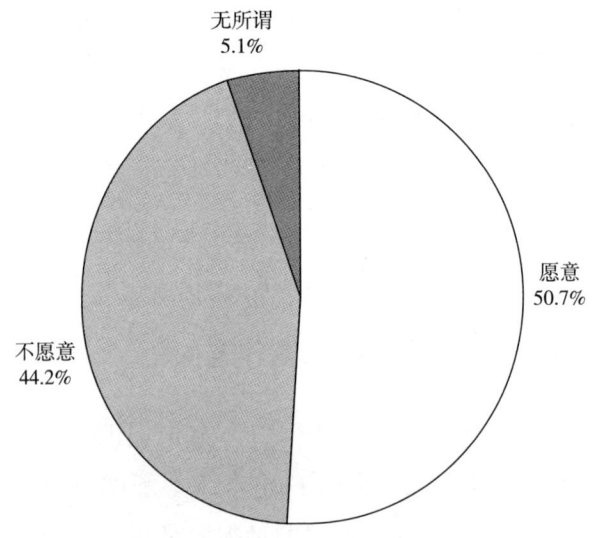

图 2　是否愿意参加城镇职工养老保险

半的被调查者表示不愿意参加这种养老保险，主要有以下几个因素：一是对这种养老保险还不了解；二是认为自己打工收入低，不能负担这种养老保险；三是已经购买了城乡居民养老保险，对未来的生活走向不确定也没有过高的奢求。

在这里我们有必要了解一下城乡居民养老保险和城镇职工养老保险两种保险的缴费方式。参加城乡居民养老保险的人员按年缴费，缴费年限为 15 年，缴费标准分为 12 个档次，分别是每年 100 元、200 元、300 元、400 元、500 元、600 元、700 元、800 元、900 元、1000 元、1500 元、2000 元。年满 60 周岁及以上、未享受国家规定的基本养老保险待遇且有户籍的老人不用缴费，可以按月领取城乡居民养老保险的基础养老金，该基础养老金由政府全额支付。参保人可以自由选择缴费档次，缴费多缴费时间长，将来得到的养老待遇就高，这种缴费方式适合不同经济收入的群体，且缴费具有很大的灵活性，缴费负担可根据自己的实际能力量力而行。

以 2013 年为例，城镇职工养老保险的缴费情况大致是这样的：根据甘肃省人社厅、省统计局的文件显示，2012 年度甘肃省城镇国企在岗职工年平均货币工资为 38440 元。因此，从 2013 年 7 月 1 日起，养老保险缴费标准将按照 2012 年度在岗职工平均货币工资标准 38440 元为标准计算，即按月平均工资 3203.33 元进行计算。根据这一标准，2013 年甘肃省养老保险缴费基数标准也将全面提高，月缴费基数的下限为 1922 元，上限为 9609.99 元，也就是每年的缴费标准在 1922 元~9609.99 元之间。因此，2013 年 7 月 1 日起个人每月最低须缴纳 160 元养老金。

我们以 2013 年城镇职工每年最低缴费额 1922 元算，这一缴费标准相当于城乡居民养老保险缴费当地的第 12 档，也就是最高层次的缴费档次。从中可以看出以下几个问题：一是城乡居民养老保险和城镇职工养老保险在缴费水平和保障水平上有很大的差距；二是城乡居民养老保险适合收入较低且不稳定的广大农民工和其他一些城乡低收入群体，而城镇职工养老保险适合收入较高且稳定的企业员工，尤其是国企职工；三是缴纳较低档次的城镇职工养老保险与缴纳高档次的城乡居民养老保险差距不大，因此只有缴纳较高档次的城乡居民养老保险才能得到和国企员工大致相同的养老待遇。由此可以看出，绝大多数被调查者都选择参加城乡居民养老保险，主要还是由于广大城乡居民收入偏低。虽然有较多数的被调查者有参加城镇职工养老保险的意愿，然而这种意愿毕竟和现实还有很大的差距。

（四）城镇职工养老保险缴费能力调查

国家鼓励广大城乡居民参加城镇职工养老保险，这是推进城镇化过程中统筹城乡养老保障体系、提升养老保障水平的重大举措。但是养老保障层次的提高必须建立在个人经济能力的基础上，这是一个正相关的关系。在甘肃这样一个欠发达的省区，广大农民工是否有能力参与到这一养老保障体系中来是笔者极为关注的问题。图 3 显示了对这一问题的调查结果。

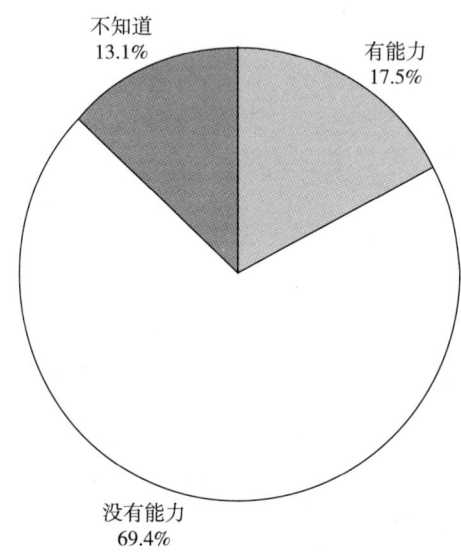

图 3　对城镇职工养老保险缴费能力的调查

从图 3 可以看出，有 69.4% 的被调查者认为没有能力缴费，究其原因主要有如下几点：一是打工收入低，缺乏稳定性，且开销大。绝大多数农民工的打工收入都集中在 2000~3000 元之间，这些青壮年农民工都是上有老下有小，除了基本必需的生活开销外，既要赡养老人，还要供养上学的子女，同时还要负担租住房屋的租金。二是外省来甘务工者情况特殊。有些从外省来甘务工的农民工，并不想长期留在打工地，而是打算趁年轻力壮多挣些钱，今后返回家乡养老，这一部分群体的养老保障关系近一半都在原户籍所在地，因此并不考虑在打工地购买养老保险。三是绝大多数外出务工者已经参加了城乡居民养老保险，他们认为城乡居民养老保险虽然保障水平低，对他们来说风险并不大，而城镇职工养老保险虽然保障水平高，但风险大，与其遇到风险又退回到原来的城乡居民养老保险，还不如自始至终参加更为稳定的城乡居民养老保险,如果有更多的收入也可用来储蓄养老。图3显示有17.5%的被调查者认为有能力缴纳城镇职工养老保险,原因是这部分被调查者多数是在城镇扎根落户的外来人员,这些人或是较为稳定的个体商户,或从事较高技术含量的工种,或长期在大型企业雇用,因而有较高且较稳定的收入,他们一般选择购买养老保障水平较高的城镇职工养老保险。这部分人中很多已在当地购置了住房,子女也在城镇读书,并取得了城镇户籍。参加城镇职工养老保险对于他们来说是十分明智的选择。

(五)关于城乡居民养老保险的调查

甘肃省城乡居民养老保险基本实现了全覆盖,这是一种保障水平较低,但覆盖面广的基本养老保障类型。随着城镇化的推进,城乡户籍制度的打破,必然要建立与之相适应的社会保障制度,而城乡居民养老保障显然不能满足城镇化的需求。但是,在甘肃这样一个欠发达省份,多数城乡居民还是选择参加这种类型的养老保险。我们在调查中也想了解这样一个重要的问题,即"您满意当前城乡居民养老保险的养老待遇吗"。图4是对这一问题的调查结果。

图4显示有82.3%的被调查者不满意当前的城乡居民养老保险的养老金待遇。为什么绝大多数被调查者不满意当前的养老金待遇?我们可以先了解一下2014年城乡居民养老金待遇的情况。甘肃从2014年1月起,在2013年的基础上再次提高城乡居民社会养老保险的养老金待遇,调整范围主要是甘肃省年满60周岁以上参加城乡居民社会养老保险且符合领取养老金待遇条件的人员。这次调整主要是针对甘肃全省参加城乡居民社会养老保险的年龄在60周岁以上的老年人,每人每月可领取最低养老金65元,其中的55元由中央财政发放,在此基础上,省财政拿出补贴资金3.24亿元,每人每月再增拨10元(2013年是5元)。这次调整覆盖全省270万名60周岁以上的

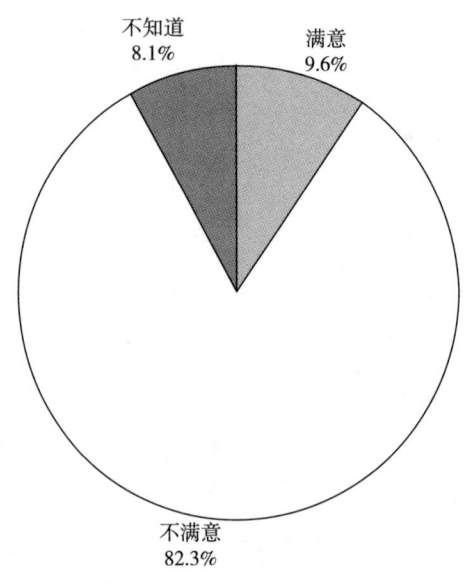

图 4　对城乡居民养老保险养老待遇的看法

老年人。城乡居民养老保险规定多缴多得,长缴多得,但不能低于15年,按规定分为12个档次,每个档次相差100元,所得养老金范围在65元到1000元之间。国家虽然不断提高城乡居民养老金待遇,但从总体上看,养老金保障水平还是很低,根本无法适应城镇化的进程。通过上述城乡居民养老金待遇所显示的数字看,这样的保障水平很难满足城乡居民的养老支出。在调查中,我们发现很多人存在这样的意识,即并不将城乡居民养老保障看作今后唯一的养老保障,而是打算在年轻力壮时多挣钱,以此为今后的养老做打算,或通过储蓄理财,或通过购买其他保险。总之,外出务工者是一个十分庞大的群体,他们忙于生计胜过其他群体,这种无奈也使他们在生活中缺失了更多值得关注的东西。

(六) 对收入满意度的调查

收入是影响城乡居民选择何种养老保险的重要因素。外出务工的农民工负担很重,甚至很多中老年农民工群体也面临同样的生活压力。农民工的负担主要有如下几个方面:基本生活开支、供养孩子、返乡后修房买房、负担老人、婚丧嫁娶等等。调查中我们得知,甘肃农村多数地方兴修了新农村住房,国家对新农村住房实行优惠政策,但农民仍需要负担一部分费用。很多农民通过借贷的方式购买了新农村住房,但也相应背上了沉重的经济负担。有的农民通过低息贷款发展种养殖,因此也负债累累。有的农民工家庭中还有生病的老人、在读的学生等等,这些都使外出务工的农民经济负担极其沉重,而打工收入远远不能满足这些支出。通过图5我们可以了解农民工对当前收入的满意程度。

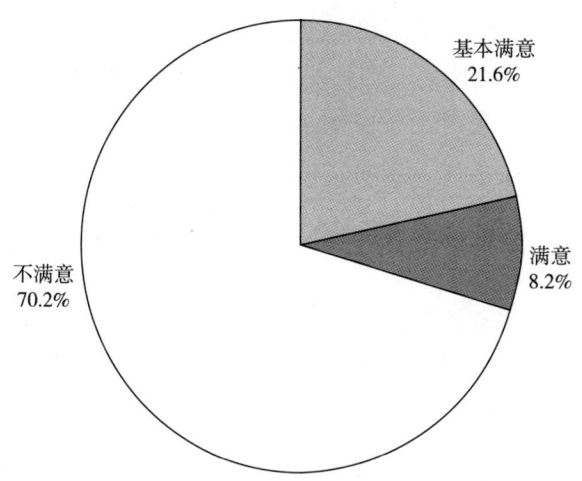

图5 农民工对收入的满意度调查

图5显示有70.2%的被调查者对当前的收入不满意。从调查中我们得知,绝大多数农民工的收入在2000~3000元之间,正如上文所说农民工的经济负担极其沉重,这样的月收入很难满足家庭支出。一些农民工所在用工单位给农民工购买了城镇职工养老保险,但由于农民工工作的流动性和随意性较大,因此即使购买了城镇职工养老保

险，也存在很大的不确定性。农民工较低的收入使得他们不可能有能力购买这种较高层次的养老保险，他们只有选择购买城乡居民养老保险或希望用工单位为其购买养老保险，以此来降低生活成本。

（七）对打破城乡二元结构的反响

我国的城乡二元化社会结构，是在计划经济时代逐渐形成的。国家通过严格的户籍管理，使城乡居民处于分离状态。同时，国家在民生福利上的投入偏向于城市，导致城乡居民之间的差距越来越大。改革开放以后，农村地区的经济水平出现了较大的提高，但由于这套制度没有从根本上改变，因此农村的发展仍然赶不上城市的发展速度。这种格局长期存在，不仅压抑农村居民生活水平的提高，事实上对城市的发展也将产生拖累。比如，拥挤的城市人口使城市居民的生活消费支出越来越高，而由于城乡生活水平的差距，城市居民缺少向农村流动的现实动力和条件。事实证明，这种城乡二元化的社会结构，已经不能适应当下的中国发展需求。图6是农民工对打破城乡二元结构的反响。

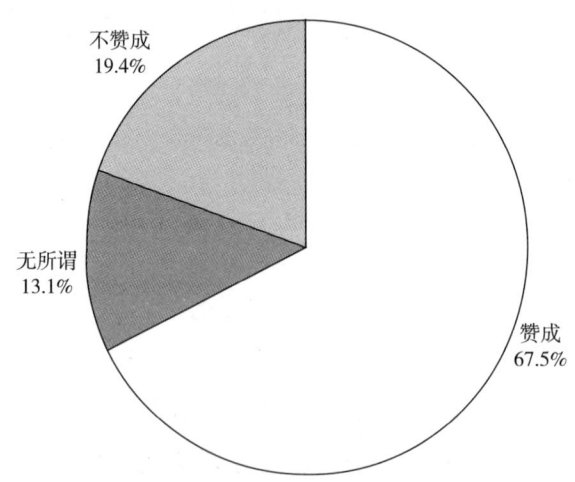

图6 农民工对打破城乡二元结构的反响

图6显示,绝大多数被调查者(67.5%)赞同打破城乡二元结构。打破城乡二元结构,需要建立起城乡互相融合的社会机制。除了在户籍管理上进行改革外,更重要的是要对目前的一系列制度进行改革。调查中我们了解到,很多农民工对打破城乡二元结构在认识上有一定的偏差,比如他们普遍认为打破城乡二元体制就是让农民成为城里人,其实并非这样。在打通城乡二元结构的社会里,城乡之间应该是互相融合的,农民可以进城成为城镇居民,城镇居民也可以到农村去安家落户。但是目前的制度制约了这种可能性。比如,农村的土地流转只局限于集体经济组织,城市居民无缘参与,这一方面使农民的宅基地因为市场交易的不充分而导致交易价格低下,另一方面也使城市居民不能通过购置农村宅基地而在农村置业。城镇化的一个显性目标,就是要创造条件让农民成为城市居民,让农村居民能够和城市居民平等地分享国家现代化的成果。

二 本次的调查结论

(一)城乡居民养老保障水平低

城乡居民连续缴费15年,年满60周岁后每月最低只能领取65元养老金,即使是按最高标准缴费,每月的养老金待遇也不超过几百元。我国城乡居民养老保险实施已有四年时间,但中央基础养老金标准从未变动,省级财政的逐年增幅也不多,年均仅仅5元标准。和城镇职工养老金待遇相比差距极其显著,且城镇职工养老金连续八年大幅度上调,城乡居民养老保险却基本没有什么大的调整。目前,城乡居民养老保险的保障水平,离老有所养、老有所依的养老标准还有很大的差距。城乡居民也是国家公民,和其他老年群体一样也要求过上体面的老年生活。城乡居民养老保险待遇如果不能得以改善,显然与社会和谐的建设目标相背离。城乡居民养老保险保障待遇过低，就其原因看，主要与养老金待遇中的基础养老金部分过低有关。自2009年新农保制度实施以来，新农保基础养老金待遇截至目前始终保持在每人每月55元的水平上。随着我国经济社会的持续发展以及财政收入的日益增长，国家完全有能力提高城乡居民养老保险的基础养老金标准，省级财政也有能力加大补贴标准。当然，也应建立个人参保动态调整机制，使政府与个人共同努力，来逐步提高城乡养老保险的水平。虽然城乡居民养老保险实行多缴多得的原则，符合市场经济的"效率"原则，但是对于一个公平正义的社会来说，既要讲效率，同时又要讲公平，这才是一个福利性社会应具有的特征。社会的公平程度体现国家如何对待弱势群体，只有弱势群体普遍能够得到国家的较高福利，这个社会才是先进的、公平的。目前，参加城乡居民养老保险的多是城乡低收入群体，他们是城镇正规就业人员，政府应使其生活水平得到应有的保障，努力缩小其和其他社会群体的收入差距，从而维护与促进社会公平与和谐。

（二）扩大城镇职工养老保险的参与群体还需要一个较长期的过程

国家鼓励农民工和广大城乡居民参加城镇职工养老保险，以此来提升他们的养老保障水平，从愿望上来讲是好的，但是这一愿望的实现必须建立在一个前提下，即农民工和广大城乡居民有较高且较稳定的收入。和城乡居民养老保险相比，参加城镇职工养老保险对于大多数非正规企业城乡居民来说只能是一个愿望。在甘肃这样一个欠发达省份，多数农民工属于城乡低收入群体，生活负担沉重，生存状况较差。调查中我们发现，多数农民工表示在农村靠自己的一亩三分地只能勉强维持生计，收入太低、见效慢，到城里打工能够赚取相对较高的收入来补贴生计。一些人表示自己不喜欢在农村务农，除了收入低这个因素外，到城里来可以长见识学技能。还有人认为城市的设施完备、生活水平高，计划先到城市务工，等有钱了就在城市经商，待经济能力达到了就在城市买房子，以后就在城市发展。调查不难发现，农民外出务工经商主要为了增加收入、增长见识、学习技术。从农村到城市，外出务工农民开始更新观念，转变生活方式。调查发现，农民工多数每月收入在 2000～3000 元之间，当然不同工种的工人工资是不一样的。建筑行业里像木工、架子工、钢筋工等劳动强度较大工种其工资也高一些，也有些工人技术差一些工资要低一些，比如没有职业技能的小工就干一些杂活，他们每月大概只能拿到 2000 元左右。本次调查显示农民工工资较前几年有所增长，近年来由于国家对农民工的关注，各行业农民工工资有所上调，据统计有半数农民工月收入达到 3000 元，三成月收入在 2500 元左右，一成不到 2000 元，一成超过 3000 元，其中男性工人月收入平均在 2700 元左右，女性工人月收入平均在 2000 元左右。但是一半左右的农民工每月自己的生活支出占月收入的比重仅为 30%左右，他们把自己收入的大部分寄（带）回了家乡。正如上文所说，他们有着很重的生活负担，上有老下有小，由于各种原因，他们中很多人还有沉重的经济负债，因此，像农民工这样的城乡群体要购买城镇职工养老保险还需要一个较长期的过程。

（三）农民工参加城镇职工养老保险的机制存在很大障碍

目前，农民工参加职工养老保险的主要问题是参保率低，劳资双方的积极性都不高，双方矛盾突出。虽然政府鼓励农民工所在企业为其购买职工养老保险，按规定企业和员工各按一定比例缴纳养老保险，但很多企业并没有履行这一职责，很多农民工也游离于职工养老保险之外，有相当一部分农民工为自己购买了保障层次低但较为放心稳定的城乡居民养老保险。目前，政府要求企业吸纳农民工参加职工养老保险,这是基于城镇化建设的长远考虑,但是并未得到劳资双方的积极响应。究其原因,主要是因为:企业缺乏参保动力。众所周知,企业在经营中总是以成本最低、利润最大为目的。目前,各种社会保险费用几乎占到企业成本的40%以上,企业不积极为员工购买养老保险在所难免,加之农民工本身流动性很大,这些都弱化了企业积极缴纳保险的动力。就农民工来讲,他们外出务工,多数只考虑当前的收入,他们甚至担心企业会拖欠工资,连当前的工资都拿不上,因而极少考虑长远的养老打算;加之多数已在户籍所在地参加了城乡居民养老保险,因此对参加职工养老保险的积极性并不高。在劳资双方的积极性都不高的局面下,行政执法部门往往也面临困境。随着农民工维权意识的不断加强,一旦劳资双方解除了劳动合同,企业由于没有为员工购买保险,因此会产生双方的纠纷,这时辞职员工要求企业追补社会保险。执法部门如果维护农民工利益,则会影响企业经营;保护企业利益,则损害了农民工的利益,因此陷入两难的执法困境。

三 对策建议

(一)提高城乡居民养老保险的保障水平,逐步缩小和城镇职工养老保险的差距

国家人社部公布了《2013年人力资源社会保障快报数据》,数据显示我国城乡居民养老保险参保人数已接近5亿,而职工参保人数大约为3亿。2013年,城镇职工养老保险期基金收入为22483.6亿元,支出为18416.7亿元,而城乡居民养老保险期基金收入为2154.0亿元,基金支出为1453.7亿元。前者的基金支出额是后者的12.7倍,基金收入是后者的10.4倍。因此,无论是绝对值还是相对值,和职工基本养老保险相比,城乡居民养老保险都是偏低的。从缴费水平来看,2012年居民养老保险人均年缴费水平只有169元,与职工养老

保险的人均年缴费7200元相比，前者只是后者的零头。缴费低下是居民养老保险待遇低下的主要原因。目前城乡居民的养老金水平，根本无法负担起老有所养的重任，即使是这样低的缴费水平，对于赤贫人群来说，也是一种负担。从居民养老保险的养老金组成部分看，基础养老金是由中央财政转移支付，这一制度从根本上说不是保险制度，而是一种福利制度。因此，要解决保障水平低的问题，关键在于建立健全居民养老金待遇调整机制。对于城乡居民养老金标准的调整，应从公共财政补贴的公平性着手，居民养老保险补贴标准还有待提高。当前影响城乡居民养老金待遇的主要是基础养老金，应将基础养老金支付与参保人人均纯收入挂钩，通过建立中央财政补助资金动态投入机制，使基础养老金随着经济发展、收入的提高而提高。应建立基础养老金最低标准正常调整机制，根据经济发展和物价变动等情况，适时调整全国基础养老金最低标准。

（二）进一步完善农民工养老保障的体制机制

我国目前实行的城镇职工养老保险难以适应农民工的特点。城镇职工养老保险是解决国有企业退休职工老有所养的问题，在制度设计上是根据一定的供养比例设计缴费标准，其特点是刚性强、门槛高。这种养老体制很难适应农民工年龄结构轻、老人比例小、流动性大、收入低且不稳定等特点，因此当前城镇职工养老保险的制度设计亟须完善。农民工是一个不断产生又不断分化的阶层，一部分通过劳动致富成为城镇居民，一部分又回到农村，一部分常年往来于城乡之间。因此，应该建立和完善符合农民工实际特点的养老保障制度，鼓励农民工加入职工养老保险，可按照"低门槛准入，低标准享受，关系可衔接转移"以及"低水平广覆盖"的原则进行，也就是说企业为农民工购买职工养老保险应实行"就低"和"灵活"的原则，为广大农民工将来在城镇的养老提供兜底保障。

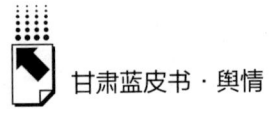

（三）健全和完善农民工工资保障机制，提高农民工的收入

提高农民工的收入是鼓励农民工参加职工养老保险的前提，应从以下几个方面着手：一是通过产业结构调整来积极引导就业结构的调整，重点解决民工就业不稳定的社会问题。完善各级劳动力市场的运行机制，为技术型农民工开辟更宽的输送渠道，使技术性人才能够得到应有的收入。二是加大对农民工的培训力度，各级政府应加强职业教育和培训工作，使青壮年劳动力在外出务工前得到一定程度的职业技能培训，变体力型劳动力为技术性劳动力，不断提高农民工的知识水平和职业素质，使他们既能在岗位工作上发挥特长，又能得到较高的收入。三是建立健全农民工维权的长效机制。着力解决农民工工资拖欠和偏低的问题，有的企业为追求利润的最大化，随意压低农民工的工资待遇，甚至不履行劳动法，任意延长农民工的工作时日而不支付加班费。因此，应积极建立健全农民工工资保障机制，规范工资支付行为，根据市场水平即时调整最低工资支付标准，积极推进农民工工资的协商制度。对于不履行社会保障法和《劳动法》的企业要严格查处。四是要通过宣传，加大农民工的维权意识，增强农民工的法律意识。

（四）打破城乡二元结构，加快城乡一体化的建设

城乡发展一体化，是社会发展的内在规律，是现代化建设的重要内容和发展方向。本次调查访谈的对象中，多数赞同打破制约城乡社会发展的二元结构。农业和工业是社会发展的两个基本产业，农村和城市是人类活动的两大区域。工业和农业、城市和农村之间必然存在着内在的、有机的联系，它们之间的关系是相互依赖、相互补充和相互促进的。城乡一体化，就实质来说就是将工业和农业、城市和农村作为一个统一整体来发展，实现城乡资源的优化整合。二元户籍制度

下，进城务工的农民工，虽已不从事农业，但并不能真正获得市民身份，无法真正融入城市，在就业、子女教育、医疗、社会保障、住房等公共服务领域无法享受与市民相同的待遇。农村社会养老保险水平明显低于城镇，特别是城镇社会保障体系对农民工来说，覆盖面还很低。总之，城乡二元结构使城乡资源不能合理流动和优化整合，城乡资源配置极不均衡，使城乡差距逐步拉大。因此，必须健全体制机制，打破城乡二元结构，形成城乡一体化的新型城乡关系，从而有助于真正实现农民在社会保障等公共服务领域的公平。

B.10
农民对甘肃省"双联"行动绩效的评价与要求

侯万锋*

摘　要： 本报告以农民为调查对象,以"双联"行动绩效的评价和要求为重点予以实证分析。被访者认为,甘肃省自2012年伊始的"双联"行动整体成效较为明显,各项任务落实较为到位,但也存在一些难题,有诸多不足。一方面,被访者认为党的群众路线教育实践活动对深入开展"双联"行动有所促进,开展"双联"行动对推动新一轮扶贫攻坚、维护农村稳定和谐、加强农村基层组织建设都有不同程度的积极作用,另一方面,被访者对持续深入开展"双联"行动仍有诸多要求和期盼,主要集中在农村基础设施建设、农村特色经济培育和健全各项社会保障制度等领域。由于受诸多因素制约,在"双联"行动实践中存在的难点问题急需破解,诸多不足急需改进。"双联"行动必须针对难题,直面不足,在坚持"六个结合"和"四个融入大局"的新要求下持续深入推进。

关键词： 农民"双联"行动　评价　要求　甘肃

---

* 侯万锋,硕士,甘肃省社科院政治研究所副研究员,研究方向为民族政治学、当代中国政治发展、农村政治学等。

甘肃省从2012年2月伊始的"双联"行动，坚持"宣传政策、反映民意、促进发展、疏导情绪、强基固本、推广典型"六大任务，立足推动甘肃转型发展，着眼密切党群干群关系，转变了行政机关的作风，提升了培养干部的能力，顺应了广大人民群众的期盼，使得这项行动成为扶贫攻坚、加快全面小康建设、密切党群干群关系的主要举措和重要渠道。农民是我国社会阶层中人数最多、分布范围最广的群体，既是"双联"行动受益者，又是评价人。本课题选取农民作为调查对象，把农民对"双联"行动绩效的评价与要求作为专题予以实证分析，目的在于了解农民对甘肃省"双联"行动开展两年多来的客观评价和真实要求，分析"双联"行动实践中面临的挑战、不足和难题，总结"双联"行动中探索出的管用做法、成功经验，以期为甘肃省委省政府持续深入开展"双联"行动提供可资借鉴的决策参考。

一 调查对象的基本情况

本次调查以天水市麦积区、清水县、白银市平川区、定西市渭源县、庆阳市宁县等地多个乡村作为重点调查区域和个案，主要以问卷调查、个别访谈等实证分析为主，辅之以实地观察、座谈等形式展开调查。共发放问卷320份，收回有效问卷311份，有效问卷回收率为97.19%。从性别比例看，男性202人，占64.95%；女性109人，占35.05%。从年龄分布看，18~25岁的48人，占15.43%；26~35岁的71人，占22.83%；36~45岁的88人，占28.30%；46~60岁的76人，占24.44%；61岁及以上的28人，占9.00%。从政治面貌看，中共党员35人，占11.25%；无党派或民主党派9人，占2.89%；共青团员27人，占8.68%；群众240人，占77.17%。从文化程度看，7人不识字，占2.25%；小学文化程度的87人，占27.97%；初中文化程度的125人，占40.19%；高中或中专文化程度的65人，占20.90%；大专及以上文化程度的27人，占8.68%。从婚姻状况看，未婚的53人，占17.04%；已婚的242人，占77.81%；丧偶的10人，占3.22%；离婚的6人，占1.93%。从主要收入来源看，靠种地的177人，占56.91%；靠外出打工的86人，占27.65%；靠经商的22人，占7.07%；靠其他方面收入的26人，占8.36%。从家庭人口数量看，1人之家的6人，占1.93%；2人之家的14人，占4.50%；3人之家的44人，占14.15%；4人之家的108人，占34.73%；5人及以上家庭数量为139人，占44.69%（见表1）。总体看来，本次调查男性的被访者比例多于女性被访者，75.00%以上的被访者年龄主要集中在26～60岁之间，普通群众、已婚、小学和初中文化程度的被访者较多，在70.00%左右，绝大多数被访者家庭收入靠种地和外出务工，以4人及以上家庭人口的被访者为主。同时，本次调查还对"双联"所在村的一些村干部、村民和个别"双联"干部就"双联"行动的开展情况进行了深度访谈。

表1 调查对象的基本情况

单位：人，%

项目	分类	人数	百分比
性别	男	202	64.95
	女	109	35.05
年龄	18～25岁	48	15.43
	26～35岁	71	22.83
	36～45岁	88	28.30
	46～60岁	76	24.44
	61岁及以上	28	9.00
政治面貌	中共党员	35	11.25
	无党派或民主党派	9	2.89
	共青团员	27	8.68
	群众	240	77.17

续表

项目	分类	人数	百分比
文化程度	不识字	7	2.25
	小学	87	27.97
	初中	125	40.19
	高中或中专	65	20.90
	大专及以上	27	8.68
婚姻状况	未婚	53	17.04
	已婚	242	77.81
	丧偶	10	3.22
	离婚	6	1.93
收入来源	种地	177	56.91
	外出打工	86	27.65
	经商	22	7.07
	其他	26	8.36
家庭人数	1人	6	1.93
	2人	14	4.50
	3人	44	14.15
	4人	108	34.73
	5人及以上	139	44.69

资料来源：《2015甘肃省舆情蓝皮书》专题问卷统计结果。

二 农民对"双联"行动绩效的评价与要求

（一）大多数被访者对"双联"行动的总体评价较高，认为"双联"行动的整体成效较为明显

就"您对'双联'行动开展两年来的总体评价"看，选择"非常满意"的36人，占11.58%；选择"比较满意"的67人，占21.54%；选择"一般满意"的94人，占30.23%；选择"不满意"的43人，占13.83%；选择"不好说"的71人，占22.83%（见图1）。图1表明尽管有36.66%的被访者对"双联"行动的总体评价不

高，表示"不好说"和"不满意"，但总体看来，63.34%的被访者对开展两年来的"双联"行动是认同和满意的。

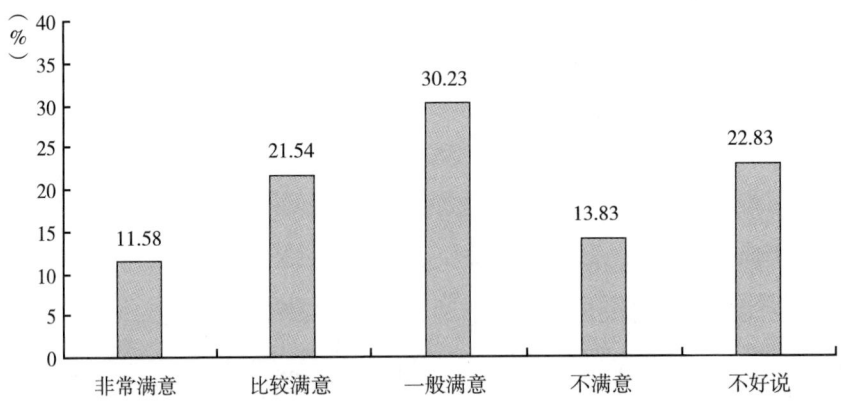

图1 被访者对"双联"行动开展两年多来的总体评价

就"您认为'双联'行动开展两年多来的整体成效如何"的调查数据看，28位被访者认为"成效显著"，占9.00%；59位被访者认为"成效较好"，占18.97%；100位被访者认为"有一定成效"，占32.15%；55位被访者认为"没有成效"，占17.68%；69位被访者表示"不好说"，占22.19%（见图2）。图2表明，约60.00%的被访者认为"双联"行动开展两年多来的整体成效较为明显。

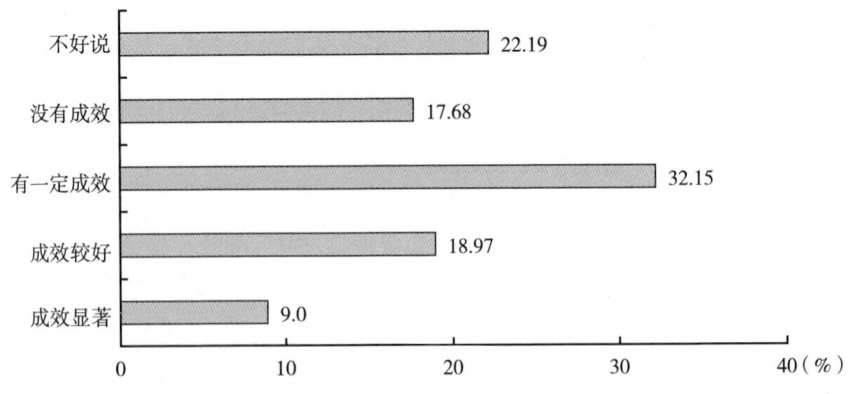

图2 被访者对"双联"行动开展两年多来整体成效的看法

（二）6~7成的被访者认为"双联"行动的六大任务落实较为到位，满意度较高

在宣传政策方面，20位被访者认为"双联"行动开展以来对宣传政策方面的"成效显著"，占6.43%；48位被访者认为"成效较好"，占15.43%；132位被访者认为"有一定成效"，占42.44%；33位被访者认为"没有成效"，占10.61%；78位被访者表示"不好说"，占25.08%（见图3）。图3表明65.00%左右的被访者认为"双联"行动在落实宣传政策方面较为到位，成效较好。

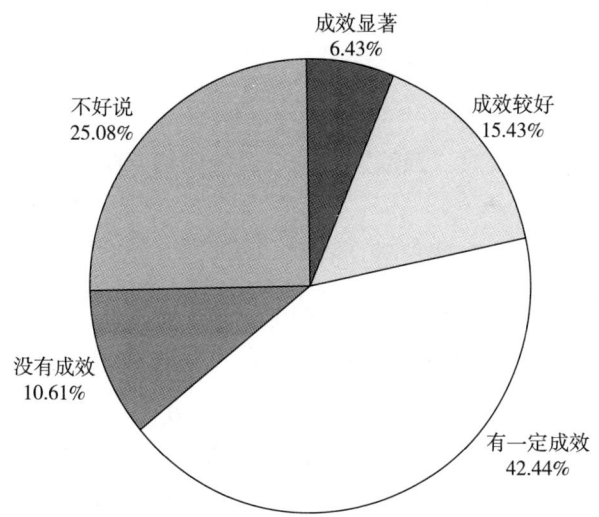

图3 被访者对"双联"行动在宣传政策方面成效的看法

在反映民意方面，16位被访者认为"双联"行动开展以来在反映民意方面的"成效显著"，占5.14%；51位被访者认为"成效较好"，占16.40%；114位被访者认为"有一定成效"，占36.66%；62位被访者认为"没有成效"，占19.94%；68位被访者表示"不好

说",占21.86%（见图4）。图4表明约60.00%的被访者认为"双联"行动在反映民意方面是有成效的，任务落实较好。

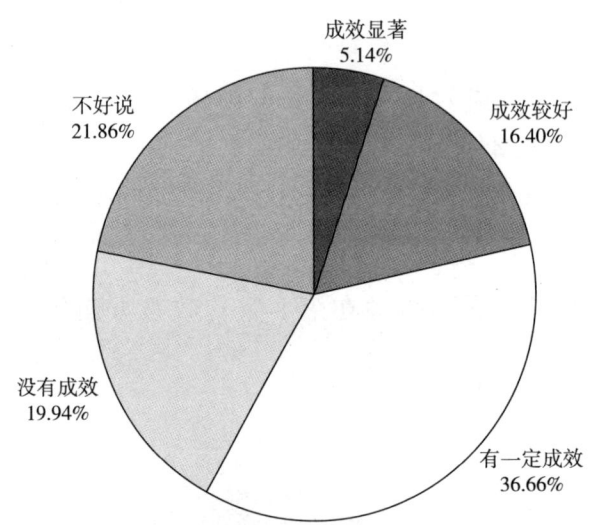

图4 被访者对"双联"行动在反映民意方面成效的看法

在促进发展方面，22位被访者对"双联"行动开展以来对促进农村发展任务的落实表示"非常满意"，占7.07%；51位被访者表示"比较满意"，占16.40%；136位被访者表示"一般满意"，占43.73%；56位被访者表示"不满意"，占18.01%；46位被访者表示"不好评价"，占14.79%（见图5）。图5表明67.20%的被访者对"双联"行动开展以来在促进农村发展任务的落实上表示满意，只是程度不一。

在疏导情绪方面，30位被访者认为"双联"行动开展以来对疏导情绪这一任务的落实表示"非常满意"，占9.65%；45位被访者表示"比较满意"，占14.47%；129位被访者表示"一般满意"，占41.48%；46位被访者表示"不满意"，占14.79%；61位被访者表示"不好评价"，占19.61%（见图6）。图6表明65.6%的被访者对"双联"行动在疏导情绪方面的成效是肯定的，满意度较高。

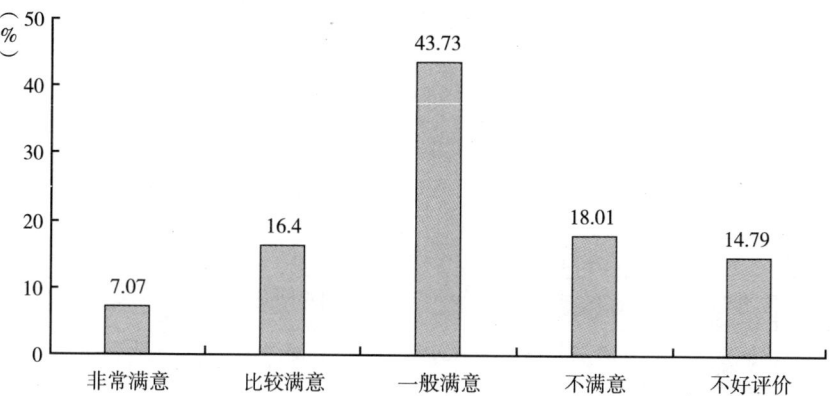

图 5　被访者对"双联"行动在促进农村发展上的满意度

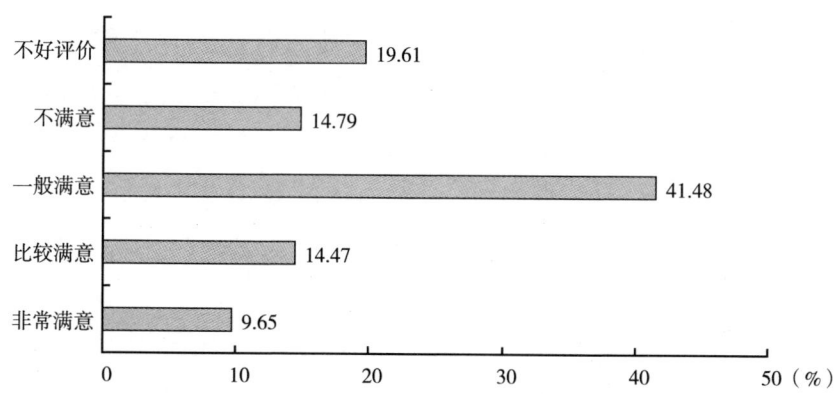

图 6　被访者对"双联"行动在疏导情绪方面的满意度

在强基固本方面，25位被访者认为"双联"行动的开展对强基固本的作用"非常好"，占8.04%；51位被访者认为"比较好"，占16.40%；141位被访者认为"还可以"，占45.34%；68位被访者认为"不太好"，占21.86%；26位被访者认为"非常不好"，占8.36%（见图7）。图7表明约70.00%的被访者认为"双联"行动的开展对强基固本任务落实的作用较大，评价相对较高。

在推广典型方面，24位被访者认为"双联"行动在推广典型方

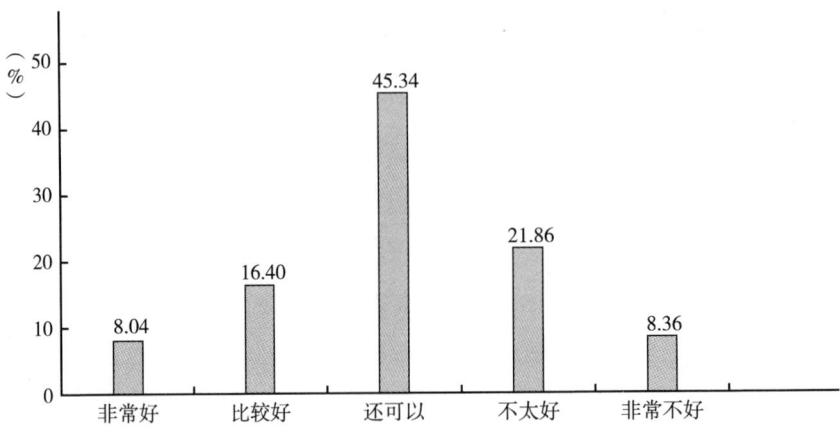

图7 被访者对"双联"行动在强基固本方面的看法

面的成效"非常好",占7.72%;55位被访者认为"比较好",占17.68%;140位被访者认为"还可以",占45.02%;72位被访者认为"不太好",占23.15%;20位被访者认为"非常不好",占6.43%(见图8)。图8表明70.42%的被访者认为"双联"行动在推广典型方面的成效较为明显,对强基固本落实的任务持积极肯定看法。

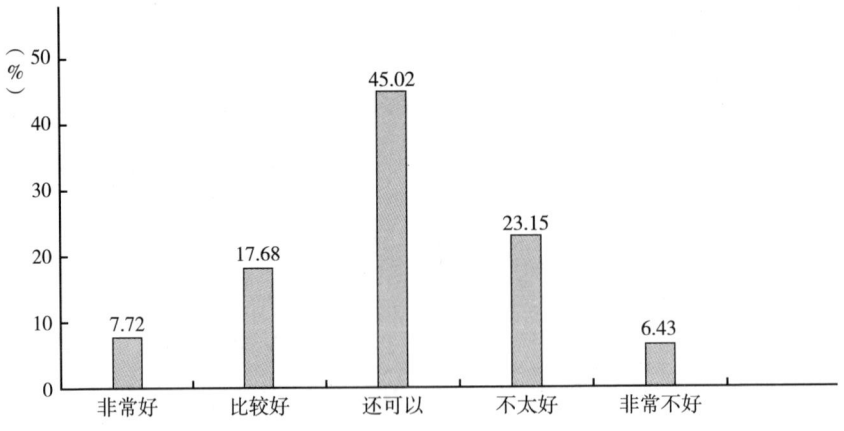

图8 被访者对"双联"行动在推广典型方面的看法

（三）91.64%的被访者认为群众路线教育实践活动对深入开展"双联"行动有所促进，约9成的被访者认为持续深入开展"双联"行动对新一轮扶贫攻坚将发挥积极作用

就"您觉得党的群众路线教育实践活动对深入开展'双联'行动的作用如何"的问卷调查看，30位被访者认为"有很大作用"，占9.65%；62位被访者认为"有较大作用"，占19.94%；92位被访者认为"有一定作用"，占29.58%；101位被访者认为"有点作用"，占32.48%；26位被访者认为"没有作用"，占8.36%（见图9）。图9表明91.64%的被访者认为群众路线教育实践活动对深入开展"双联"行动有不同程度的促进作用。

就"您觉得开展'双联'行动对新一轮扶贫攻坚的作用如何"的问卷数据分析看，27位被访者认为"有很大作用"，占8.68%；62位被访者认为"有较大作用"，占19.94%；97位被访者认为"有一定作用"，占31.19%；92位被访者认为"有点作用"，占29.58%；33位被访者认为"没有作用"，占10.61%（见图10）。图

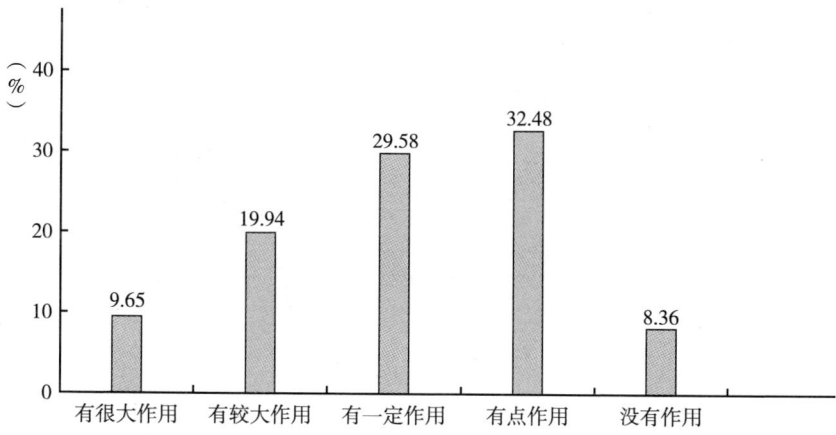

图9　被访者对群众路线教育实践活动促进"双联"行动作用的看法

10表明89.39%的被访者认为持续深入开展"双联"行动对推动新一轮扶贫攻坚有着不同程度的积极作用。

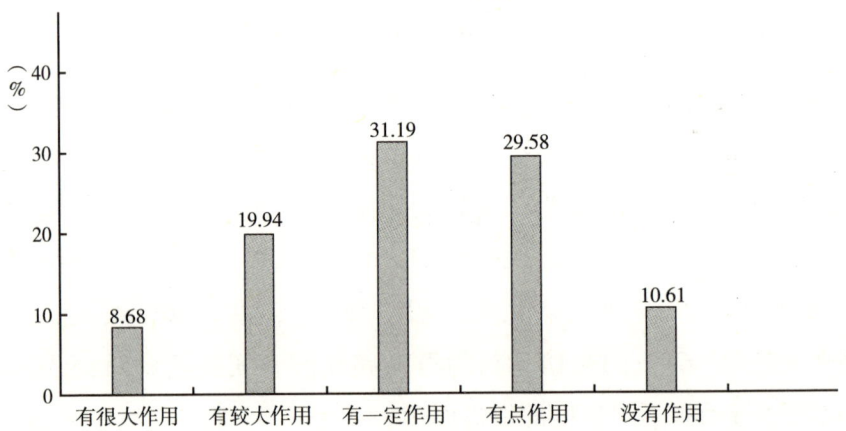

图10 被访者对"双联"行动推动新一轮扶贫攻坚作用的看法

（四）87.78%的被访者认为开展"双联"行动对维护农村稳定和谐有积极作用，88.75%的被访者认为开展"双联"行动有助于加强农村基层组织建设

就"您觉得开展'双联'行动对维护农村稳定和谐的作用如何"的调查数据看，29位被访者认为"有很大作用"，占9.32%；57位被访者认为"有较大作用"，占18.33%；109位被访者认为"有一定作用"，占35.05%；78位被访者认为"有点作用"，占25.08%；38位被访者认为"没有作用"，占12.22%（见图11）。图11表明87.78%的被访者认为开展"双联"行动对维护农村稳定和谐有积极作用，有助于维护农村稳定和谐。

就"您觉得开展'双联'行动对加强农村基层组织建设的作用如何"的问卷调查看，22位被访者认为"有很大作用"，占7.07%；52位被访者认为"有较大作用"，占16.72%；117位被访者认为

"有一定作用",占37.62%;85位被访者认为"有点作用",占27.33%;35位被访者认为"没有作用",占11.25%(见图12)。图12表明88.75%的被访者认为开展"双联"行动有利于加强农村基层组织建设,对"双联"行动强基固本的作用持积极肯定看法。

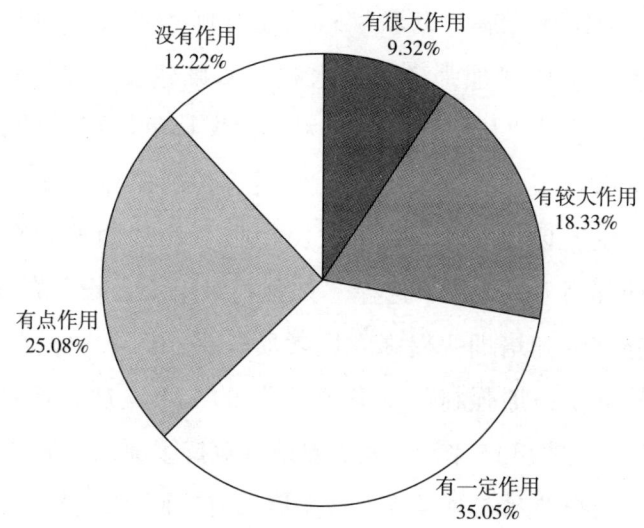

图11 被访者对"双联"行动对维护农村稳定和谐的看法

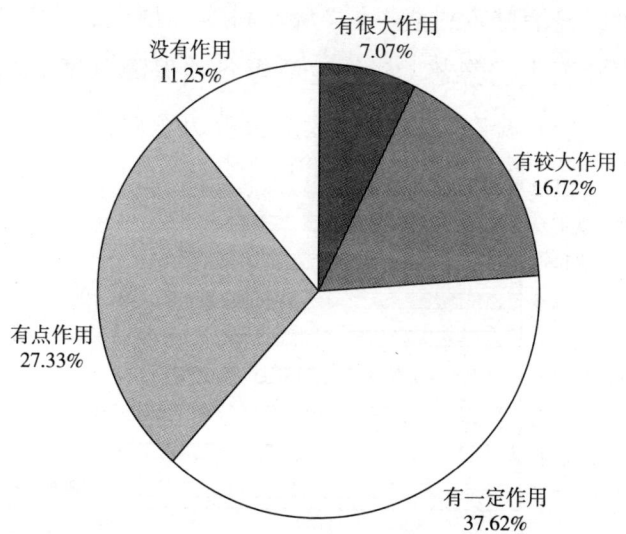

图12 被访者对"双联"行动对加强农村基层组织建设作用的看法

（五）被访者对持续深入开展"双联"行动仍有诸多要求和期盼，集中在农村基础设施建设、农村特色经济发展和健全农村社会保障制度等领域

就"您对深入开展'双联'行动还有哪些要求"的多项选择的问卷调查看，选择"加强道路、水利等基础建设，整治村容村貌"的218人次，选择"从本村实际出发，发展特色经济"的213人次，选择"健全医疗卫生、养老、最低生活等各项保障制度"的205人次，选择"发展现代农业，促进农民增收"和"因地制宜，搞好农村规划"的都为199人次，选择"加强村级组织建设"的172人次，选择"加强宣传和培训，提高农民素质"的163人次，选择"组织文化和科技下乡，加强村级文化建设"的124人次，选择"其他"的13人次（见图13）。图13表明被访者对持续深入开展"双联"行动的诉求和期盼涉及农村经济社会发展的方方面面，被访者对持续深入开展"双联"行动的诉求和期盼较多，但选择"加强道路、水利等基础建设，整治村容村貌"、"从本村实际出发，发展特色经济"和"健全医疗卫生、养老、最低生活等各项保障制度"的项目均超过200人次，分别排在前三位，这说明被访者对持续深入开展"双

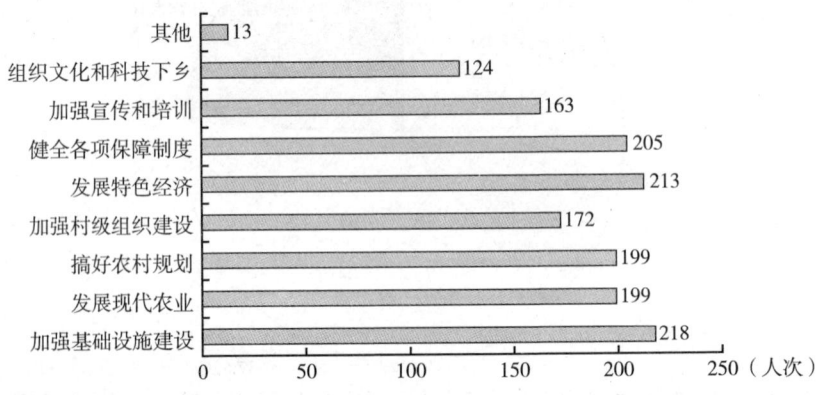

图13　被访者对深入开展"双联"行动的要求（多选）

联"行动的诉求,集中在农村基础设施建设、农村特色经济发展和健全农村社会保障制度等领域。

三 "双联"行动实践中存在的问题与不足

(一)从问卷调查看,被访者认为"双联"行动实践中还存在诸多问题,还有一些难点问题急需破解

虽然大多数被访者对"双联"行动的总体评价较高,认为"双联"行动整体成效较为明显,但是仍有36.66%的被访者对"双联"行动的总体评价不高,表示"不好说"和"不满意",仍有39.87%的被访者认为"双联"行动"没有成效"和"不好说"。虽然大多数被访者认为"双联"行动的六大任务落实较为到位,满意度较高,持肯定看法,但仍有约36%的被访者认为"双联"行动在落实宣传政策方面"没有成效"和"不好说",仍有约42%的被访者认为"双联"行动在反映民意方面"没有成效"和"不好说",仍有32.8%的被访者对"双联"行动开展以来在促进农村发展方面的成效表示"不满意"和"不好评价",仍有34.40%的被访者对"双联"行动在疏导情绪方面的成效表示"不满意"和"不好评价",仍有约30%的被访者认为"双联"行动在强基固本任务落实上"不太好"和"非常不好",仍有29.58%的被访者认为"双联"行动在推广典型方面的成效"不太好"和"非常不好"。虽然90.00%以上的被访者认为党的群众路线教育实践活动对深入开展"双联"行动有促进作用,但32.48%的被访者认为仅仅"有点作用",还有8.36%的被访者认为"没有作用";尽管约9成的被访者认为持续深入开展"双联"行动对新一轮扶贫攻坚将发挥着积极作用,但仍有29.58%的被访者认为仅仅"有点作用",还有10.61%的被访者认为"没有作用"。虽然87.78%的被访者认为开展"双联"行动有利于维护农

村稳定和谐,但仍有25.08%的被访者认为仅仅"有点作用",还有12.22%的被访者认为"没有作用";尽管88.75%的被访者认为开展"双联"行动有助于加强农村基层组织建设,但仍有27.33%的被访者认为仅仅"有点作用",还有11.25%的被访者认为"没有作用"。这些数据表明被访者认为在"双联"行动实践中还存在诸多问题,需要逐步解决。

就"双联"行动实践中"村里开展工作的难点有哪些"的多选项目的问卷调查看,选择"村干部素质能力不够"的183人次,排在第一位;选择"村民参与度不高"的157人次,排在第二位;选择"村集体经济基础薄弱"的150人次,排在第三位;选择"青壮年劳动力太少"的149人次;选择"村干部人心不齐"的达到136人次;选择"乡镇干预太多"的82人次;选择"乡镇派的任务太多"的50人次;选择"家族、宗教势力等影响村里事务"的34人次;选择"其他"的14人次(见图14)。图14表明被访者认为村干部、村民和村里自身经济条件是持续深入开展"双联"行动最主要的难点问题,同时乡镇对村级发展的干预对持续深入开展"双联"行动的影响也不容忽视。

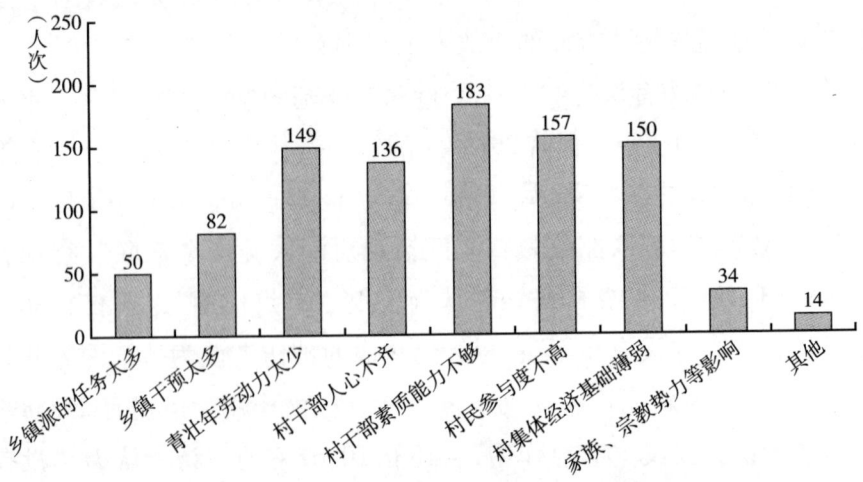

图14 被访者对"双联"行动实践中村里工作难点的看法(多选)

（二）从个别访谈看，被访者认为由于受诸多因素制约，"双联"行动与广大农民群众的期望相比，还存在一定差距，还有诸多不足急需改进

从对村干部和农民的访谈看，访谈者认为"双联"工作在各级党委的正确领导和各"双联"单位精心指导下，整体工作进展良好，有序推进，取得了一定成效。但"双联"行动的成效与广大农民群众的期望相比，仍存在一定的差距。具体说来，主要有如下几个方面：一是甘肃省的"双联"村多为贫困村，大都远离城镇中心，地理位置较为偏僻，接触外界信息较少，大多数农民群众思想观念较为落后，所在村多以种植业为主，产业结构单一；二是村里几乎没有集体经济，发展村级产业的物质基础差，经济底子薄，发展特色农业项目的资金缺口很大，有些地方再加上水资源匮乏，农村基础设施建设非常滞后，致使"双联"行动举步维艰；三是一些村干部和农民认识上存在偏差和误区，村干部自身发展意识不强，农民等靠要观念严重。有的村干部认为联村联户就是为帮联村找项目、办企业、建学校、修道路；有的村民认为"双联"干部就是给自己家建房子、给生活费，解决家里人去医院看病没钱、孩子上学交不起学费、儿子娶不上媳妇等问题，等等。这些问题必须在持续深入开展"双联"行动中逐步得以解决。

从"双联"干部反映的情况看，访谈者在肯定"双联"行动成效的同时，也反映出"双联"行动实践中一些问题，而且较为突出。一是对"双联"行动的内涵理解不深。一些"双联"单位基于自身困难，仅仅把"双联"行动简单地理解成为贫困村找个项目，没有把重点放在整体发展规划和引导村干部的发展能力上；一些"双联"干部把"双联"行动简单地理解为捐点资金，没有把重点放在如何帮助农民出谋划策和提高农民自身改变家庭贫困的办法上。二

是对农村情况不熟悉，思路不清晰。一些"双联"单位和干部不了解农村实际，没有掌握帮扶村村情，所以对如何推进"双联"行动，工作思路不清晰，再加上"双联"单位的工作任务及"双联"干部自身生活、工作和家庭压力，"双联"干部无法对帮扶村如何脱贫予以系统思考，通盘考虑。制定的帮扶计划和规划也不一定符合村里实际，提出的农村具体发展措施不一定适合贫困家庭。三是对农村政策没有吃透。有些"双联"单位和"双联"干部由于工作单位、自身职业和专业局限，没有吃透农村政策，在"双联"行动中，无法用足用活农村政策等等。这些问题需要在今后的"双联"工作中认真加以克服和解决。

四 持续深入开展"双联"行动的对策建议

"双联"行动必须针对难题，直面不足，在坚持省委书记王三运对"双联"行动重要批示的指导下，按照"双联"行动"六个结合"和"四个融入大局"的新要求持续深入推进。

第一，聚焦宣传重点，增强政策意识，提升政策运用水平。全省各"双联"单位、基层干部要聚焦全面深化改革这一宣传重点，既要落实"双联"宣传政策的任务，又要落实宣传全面深化改革的任务，坚持把二者有机结合，教育"双联"干部和引导基层干部坚持学习、研究和用足政策，还要教育引导广大农民群众了解和掌握政策，特别是要熟知各项支农惠农富农强农政策。一要不断拓展宣讲渠道，引导和帮助基层干部和广大农民群众学习了解农村改革政策。二要从群众反映最突出的问题入手，积极宣传发展农业、美化农村、为民富民等政策措施。三要认真回应老百姓的关切，尤其要围绕建立甘肃省新型现代农业生产经营体系、农村土地经营、农村土地产权流转交易重点领域改革措施的宣传教育。只有聚焦宣传重点,才能强化"双联"干部、基层干部和广大农民群众的政策意识,提升政策运用水平。

第二,狠抓作风改进,体现群众意愿,密切党群干群关系。"双联"单位和基层干部要坚持"双联"反映民意任务与党的教育实践活动任务的有机结合,贴紧基层,靠实群众,在党的教育实践活动的实践中,既要把"双联"帮扶对象的意见反映出来,又要"双联"联系点对干部作风改进监督情况反映出来,深入推进"双联"行动。一是要让群众敢说话,把"双联"群众作为征求意见的重点对象,入户走访,听取群众意见。二是要根据群众的意见加强整改,按照群众意愿精心谋划,切实发挥群众的参谋作用。三是要以党的群众路线教育实践活动为载体,牢固树立群众满意标准,发挥好群众评价主体作用,狠抓作风改进,突出群众意愿表达,在持续深入开展"双联"行动的实践中进一步密切党群干群关系。

第三,突出发展主题,注重特色培育,夯实经济发展基础。"双联"单位和基层干部要坚持把"双联"促进发展的任务与加快扶贫攻坚的任务相结合,促进贫困地区发展,增进贫困群众福祉。一是要加快转变群众的致富理念,既要邀请农企业的经营者讲课,又要邀请致富带头人给群众辅导;既要组织群众到农村特色产业示范点现场观摩、"取经",又要特色产业示范点的乡村干部结合本村实际,带动群众树立开放观念、市场观念和发展观念。二是要坚持群众增加收入,坚持农村特色农业产业培育,坚持农村整体发展规划实施,加强与相关企事业组织的长期合作,探索符合本村实际和农民意愿的特色农村产业发展模式。三是要抢抓国家倾斜支持西部地区的重大机遇,尤其是要积极争取国家贫困地区基础设施建设项目的支持,加快通村道路、村内道路硬化,改善人畜安全饮水条件,进一步夯实农村经济发展基础。

第四,营造和谐氛围,疏导群众情绪,促进社会良性治理。"双联"单位和基层干部要坚持把"双联"疏导情绪与加强社会治理的任务有机结合,切实担负起促进社会和谐的责任,不断创造帮扶村组家庭和睦、邻里和气、村社和顺的融洽氛围,进一步巩固农村和谐稳定发展大局。一要深入宣传与农村生产和农民生活息息相关的法律常识和法规知识,在"双联"行动的实践中,逐步提高广大农民群众的法治观念、增强农村干部法律素养、提升农村干部法制化能力和水平。二要及时掌握广大农民群众的期盼和诉求,多了解群众难处,帮助群众调整心态,正确处理家庭关系和社会关系。三要重视群众之间矛盾纠纷的排查调处,把矛盾控制在萌芽,解决在源头,防止矛盾纠纷演变为恶性犯罪事件。

第五,着力强基固本,巩固基层基础,提升服务群众能力。"双联"单位和基层干部既要坚持"双联"强基固本任务的落实,又要坚持在群众路线教育实践活动中不断提升干部能力素质,着力强基固本,强化基层工作,巩固基层基础。一要将"双联"行动的着力点放在指导农村基层组织建设上,既要发挥好农村基层组织战斗堡垒作用,又要发挥好广大农村党员的先锋模范作用。二要指导"双联"村村级班子的合理配置,提升村干部综合能力,重点围绕推动发展,动员班子成员主动掌握惠农政策和产业技能,掌握群众工作方法。三要增强村级组织的活力,在"双联"行动的实践中引导和帮助"双联"村的党支部加强政策理论学习、健全组织生活制度和健全各项法律法规和制度,进一步推进村级阵地建设,切实把帮扶村的党组织打造成坚强有力、充满活力的领导集体。

第六,加大典型推广,总结成功经验,充分发挥示范效应。"双联"单位和基层干部要坚持把"双联"推广典型与凝聚强大力量的任务有机结合,优化干事创业环境。一是要认真做好培养和推广典型的工作,发现和总结机关帮扶、干部帮扶、社会帮扶的先进典型,着力以先进典型引领社会风尚,以显著成效凝聚强大力量。二是要及时总结农村基层深化改革的典型经验、推广尊重群众意愿的脱贫致富模式,确保维护和谐稳定有益探索,特别是要重视总结和推广在富民产业扶持、农村土地流转、农民贷款、农村特色产业经营以及农民创业就业等方面的成功做法。三是要坚持传统媒体和新兴媒体并重,从不同角度出发,采取多种形式宣传农村各个领域的先进典型和成功做法,进一步引导社会各界对农村的广泛关注、支持力度,致力于农村改革发展的各项事业,为农村经济社会和谐稳定形成积极的示范效应。

(课题组成员:王允端)

专题篇

Special Subjects

B.11
甘肃民众关于法治甘肃建设的舆情调查与研究

梁海燕*

摘　要： 强化权力运行制约和监督体系是法治甘肃建设的关键。为了解民众对法治甘肃建设中权力制约与监督的评价看法，调研组在全省范围内进行了问卷调查。调研结果显示，民众对甘肃省权力运行制约与监督的制度建设、制度落实、政务公开以及纪委执纪监督职能的加强满意度较高，也具有较强的反腐参与意愿，并对未来落实党风廉政建设责任制以及推进纪检工作体制创新、强化纪委监督寄予厚望。但是，权力运行过

---

* 梁海燕，法学硕士，甘肃省社会科学院法学所助理研究员，主要研究方向为地方法治。

程不透明、制度建设不健全以及监督合力不够等也是群众认为的甘肃省公权力运行制约与监督中存在的突出问题。结合舆情调研结果，本报告提出了建设法治甘肃、强化权力运行制约和监督体系建设的相关建议。

关键词： 法治甘肃　权力运行　制约　监督

地方法治建设，是法治中国建设的路径依赖，是推进地方经济社会可持续发展的必然选择和重要保障，其中，关键在于厘清权力清单，强化权力运行制约和监督体系。2013 年，党的十八届三中全会强调，要构建决策科学、执行坚决、监督有力的权力运行体系，形成科学有效的权力制约和协调机制，这凸显了依法治国进程中权力制约的重要性，亦就进一步强化对权力运行的制约和监督提出了新的要求。

法治甘肃建设过程中，从推进法治政府建设，到强化惩治与预防腐败体系建设，再到"八项规定"作风建设和群众路线教育活动，对权力的制约和监督从未间断。在全面推进依法治国的背景下，甘肃省对政府公权力的制约和监督状况如何，民众的满意度怎样，还存在哪些问题，都关系着法治甘肃建设的水平。因此，本报告从强化权力运行制约与监督的视角切入，开展民众对于法治甘肃建设的舆情调查与研究，对于增进反腐实效、强化法治甘肃建设具有较强的实践意义。

一　调查对象基本情况

当前的法治甘肃建设中，在制度建设、制度落实和公民法律信仰等方面还存在不少问题,尤其是对权力运行的制约还不够。为了了解法治甘肃建设中民众对政府公权力运行受制约和监督的评价、建议,甘肃省社会科学院组成调研组在全省范围内对十大社会阶层进行了问卷调研,并就一些问题进行了重点访谈。

本次调查共发放问卷670份,收回问卷660份,有效问卷656份,问卷回收率为98.51%,回收有效率为99.39%。调研地点的选取考虑到了全省东、西部地区以及民族地区,具体分布为:兰州市141份,占21.49%;白银市62份,占9.45%;酒泉市69份,占10.52%;武威市91份,占13.87%;定西市81份,占12.35%;天水市99份,占15.09%;甘南藏族自治州61份,占9.30%;临夏回族自治州52份,占7.93%。调研采用社会学统计方法,在国家与社会管理者、经理人员、私营企业主、专业技术人员、办事人员、个体工商户、商业服务业员工、产业工人、农业劳动者、失业人员十个阶层中进行了分层抽样,并兼顾到了性别、民族、党派、年龄层、文化程度等统计学要素。调查对象的基本情况详见表1。

表1 调查对象的基本情况

单位:人,%

项目	分类	人数	百分比
性别	男	379	59.40
	女	259	40.60
民族	汉族	564	89.52
	回族	26	4.13
	藏族	20	3.17
	其他民族	20	3.18
年龄段	18~25岁	61	9.52
	26~35岁	170	26.52
	36~45岁	225	35.10
	46~60岁	174	27.15
	61岁及以上	11	1.72

续表

项目	分类	人数	百分比
文化程度	不识字	8	1.25
	小学	33	5.14
	初中	113	17.60
	高中（职中）	154	23.99
	大专	155	24.14
	大学本科	167	26.01
	研究生及以上	12	1.87
政治面貌	中共党员	268	44.15
	无党派	335	55.19
	民主党派	4	0.66
职业	国家与社会管理者阶层	62	9.51
	经理人员阶层	35	5.37
	私营企业主阶层	34	5.21
	专业技术人员阶层	85	13.04
	办事人员阶层	82	12.58
	个体工商户	63	9.66
	商业服务业员工阶层	43	6.60
	产业工人阶层	78	11.96
	农业劳动者阶层	120	18.40
	失业人员阶层	50	7.67

二 民众对法治甘肃建设的认识与评价

（一）民众认为公权力运行得不到有效的制约和监督是"法治甘肃"建设最大的阻碍

权力制约就是对权力运行过程所进行的协调、监督、控制活动。当公权力运行中出现倾斜、梗阻、滥用等低效和异化现象，制约机制能够迅速做出反应，给予警告或矫正。权力制约是法治建设的基本要求。但实践中，仍不同程度地存在着权力主体的权力和责任相脱节、公共权力难以受到有效制约的情况。调研中，57.94%的调查对象认为"公权力运行得不到有效的制约和监督"是"法治甘肃"建设最大的阻碍。(见图1)同时，"法治甘肃"建设是一项系统工程，需要立法、执法、司法和守法的共同推进，而"群众不相信法律"、"法律制度不健全"和"仍存在党大于法的现象"也成为"法治甘肃"建设的阻碍因素。其中，仅有11.21%的调查对象选择"群众不相信法律"，反映出"法治甘肃"推进过程中，群众法律信仰有了很大提升。

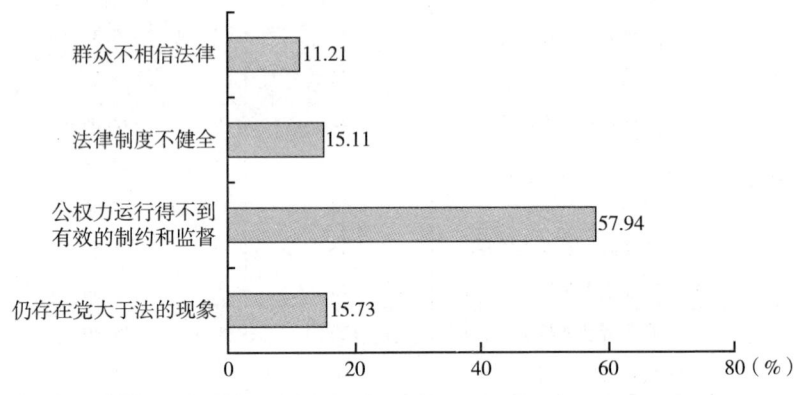

图1　调查对象对"法治甘肃"建设最大阻碍的看法

（二）权力约束制度基本能够落实，具有一定实践效果

围绕惩治和预防腐败体系建设，甘肃省着力加强了权力运行制约的实践探索，在推进法治政府、政务公开的同时，将工程建设、土地出让重点领域和关键环节的权力运行作为加强权力制约监督的重点，推行了县委权力公开透明运行、国有企业权力制约监督、领导机关和领导干部勤廉度评价体系建设、工程量清单招投标、计算机辅助评标

等制度措施，以及廉政风险防控试点探索，并及时跟进出台了《甘肃省党风廉政建设责任制实施办法》《甘肃省〈国有企业领导人员廉洁从业若干规定〉实施办法（试行）》等配套制度。同时，通过开展"效能风暴"、"群众路线教育活动"作风建设，推动了廉政与勤政相结合。群众对这些制度和措施的满意度如何？能否在实践中得到落实并起到制约权力的作用？调研结果显示，对于反腐倡廉制度和措施的落实情况以及对于权力运行制约的实践效果，10.66%的调查对象认为"完全能够落实，实践效果非常好"，46.21%的认为"基本能够落实，实践效果比较好"，二者合计比例达到56.87%。（见图2）仅有9.58%的调查对象认为"根本落实不了，没有任何实践效果"，反映出民众对近年来甘肃省反腐防腐、制约权力的制度落实和实践效果满意度较高。

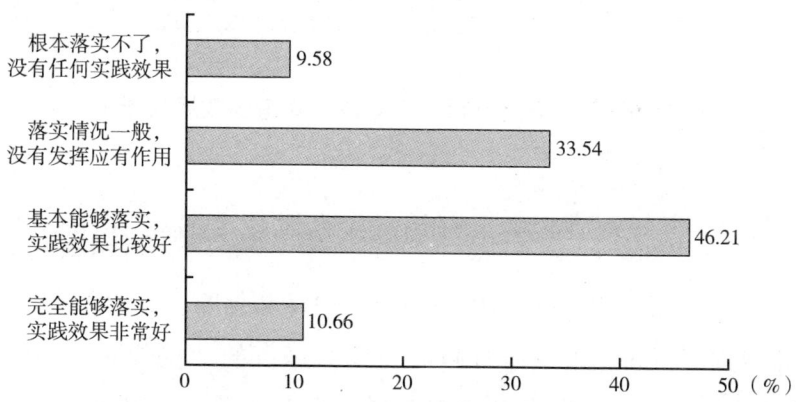

图2 调查对象对反腐倡廉制度措施落实情况和实践效果的评价

一系列反腐防腐以及相关体制改革的稳步推进，体现了甘肃省推进法治政府、服务政府和廉洁政府的坚定意志，也为"法治甘肃"建设树立起了坚强有力的柱石。在甘肃省推行的多项制约和监督权力运行的制度措施中，就"您认为哪些最为有效（多选）"的调研中，653名调查对象作了选择，选择频次居于前三位的分别是"领导干部作风建设和廉洁从政制度"（344）、"党务、政务、事务公开制度"（294）和"电子监察系统建设"（260），所占比例分别为21.41%、18.29%和16.18%，同时，民众对"新闻和网络监督"的认可度也较高，有255名调查对象选择该项，所占比例为15.87%。（见图3）

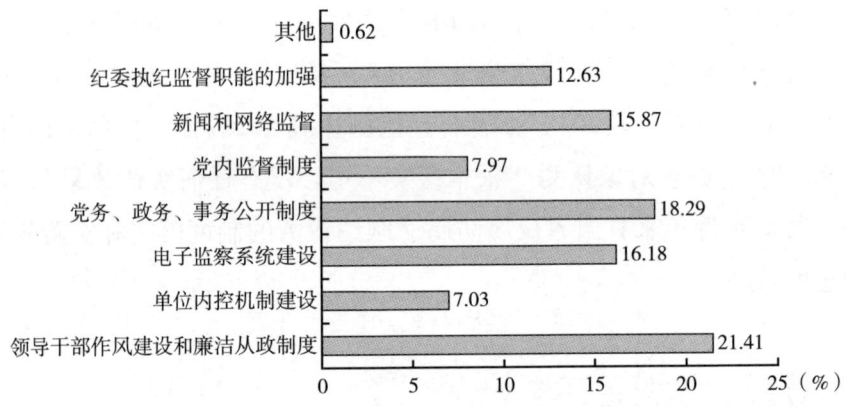

图3　民众对于权力制约和监督制度措施效果的评价

（三）服务领域政务公开情况民众满意度最高

政务公开是以权利制约权力的重要途径和保障，是权力运行最好的"防腐剂"，也是群众监督政府公权力运行的"摄像头"。法治政府推进过程中，甘肃省各级政府政务公开、信息公开程度不断扩大。2013年，甘肃省政府制定实施了《甘肃省政务公开规定》，对政务公开的内容、形式、时间要求等作了规定，更是推动了政务公开的规范化和法治化。实践中，各级政府普遍设立了政务公开栏，并通过政务大厅建设，推动了政府政务公开内容和范围不断扩大。应该肯定，政务公开通过构建外部刚性约束机制，使行政权力的运作受到了比较有效的制约和监督。调研中，有18.29%的调查对象（294人）认为

"党务、政务、事务公开"对于制约和监督权力运行最为有效。并且,民众对服务领域政务公开满意度最高。在"您认为当地政府及其工作部门在政务公开过程中哪个方面做得最好"的调研中,有38.57%的调查对象选择"服务公开",23.95%的调查对象选择"结果公开",19.75%的调查对象选择"决策公开",17.73%的调查对象选择"管理公开"。(见图4)这反映出政府政务公开和服务型政府建设取得了一定的成效,但也凸显政府在决策和管理公开方面工作仍不到位,群众满意度还不高的问题。

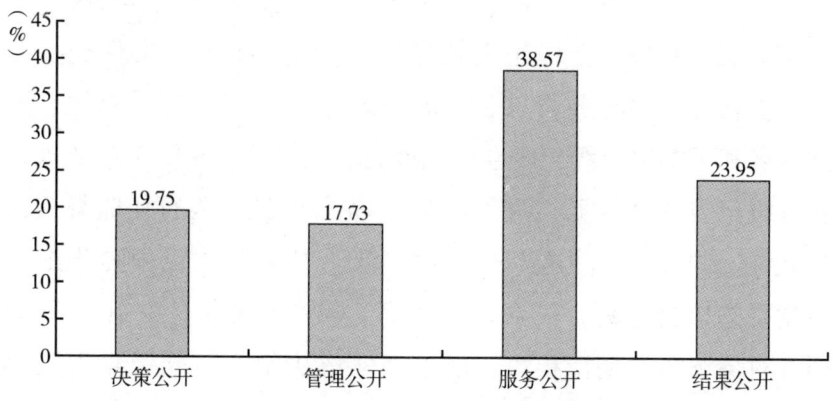

图4 民众对于政务公开的满意度评价

(四)民众认可纪委执纪监督工作,对纪检体制改革寄予厚望

党的各级纪律检查机关是党内监督专门机关,负责党风、党纪的检查和反腐败。在甘肃省党风廉政建设和反腐败工作中,各级纪委聚焦职能重点加大了反腐力度,并加大了查办案件工作力度,强化了对权力运行的监督。2013年以来,查处了酒泉市原政协主席杨林、市建设局原局长史勇等腐败案件,收到良好社会效果。同时,制定出台了党政领导干部问责、领导干部在职和离职后从业限制等制度,推进了干部勤廉度评价体系建设,执纪监督职能不断加强。调研结果显

示，民众比较认可和信任纪委执纪监督工作，满意度较高。在"对于权力滥用或腐败行为，您愿意选择哪种方式进行监督"的调研中，有37.48%的调查对象选择"向纪委反映情况"，居选择位次第一。就"您认为当前甘肃省制约和监督权力运行的制度措施中，哪些最为有效（多选）"的调研，有12.63%的调查对象（203人）认为"纪委执纪监督职能的加强"对于甘肃省制约和监督权力运行最为有效。

同时，为了强化纪委监督，解决同级党委监督不力的问题，2013年，党的十八届三中全会对纪律检查工作体制改革创新提出要求，强调"查办腐败案件以上级纪委领导为主，线索处置和案件查办在向同级党委报告的同时必须向上级纪委报告"、"各级纪委书记、副书记的提名和考察以上级纪委会同组织部门为主"。按照改革要求，甘肃省各级纪委认真落实"两个为主"，充分保证纪委行使监督权的相对独立性。调查中，就这一改革对"法治甘肃"建设中强化纪委对同级党委的监督作用，民众期待较高。649名调查对象中，32.82%的调查对象选择"期待很大，能够切实解决纪委对同级党委监督难的问题"，有43.30%的调查对象选择"期待较大，一定程度上能够提高纪委对同级党委的监督效果"，二者合计比例达到76.12%，有19.88%的调查对象选择"期待一般，变化会有但不会太大"，仅有4.01%的调查对象选择"不抱期待，不会有什么实践效果"。（见图5）就体制改革带来的影响，访谈中有纪委的同志谈到，改革以后一个明显的感觉是党委在干部任用方面会听取、尊重纪委的意见，很多无关紧要的会议纪委可以不参加了，能够腾出精力来抓主业，有利于强化和提升纪委的监督职能。

（五）民众具有较强的监督意愿，网络反腐倾向度高

反腐是当前社会中的一项严肃浩大的工程。对权力运行进行制约

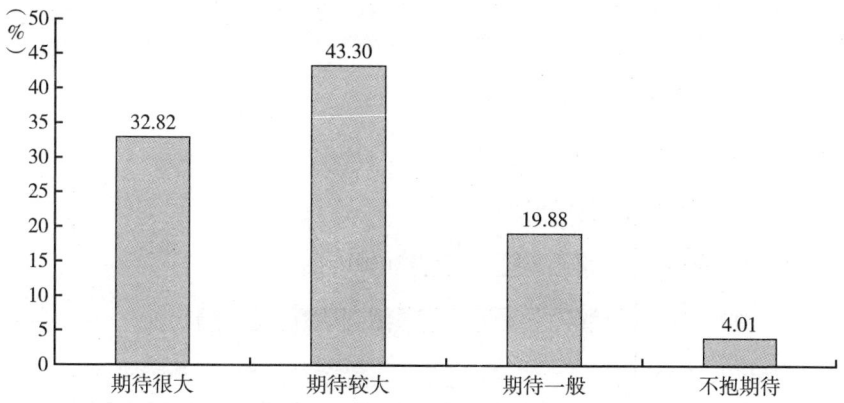

图 5　民众对于纪检工作体制改革的期盼

和监督，是反腐败的核心内容。在反腐斗争中，群众反腐是不容忽视的力量。群众不但能够在反腐范围、反腐成本、反腐效果上取得重大突破，还会促进反腐败工作有效推进，是"加强党内监督与民主监督"、"让人民监督权力"的生动实践。调研结果显示，民众反腐参与意愿强烈，当发现腐败现象时，九成以上调查对象会直接或间接参与反腐。就"对于权力滥用或腐败行为，您愿意选择哪种方式进行监督"的调研，643 名调查对象中，选择"事不关己，不会监督"的仅占 4.98%，选择"向纪委反映情况"、"在网上曝光"、"向新闻媒体揭发"、"向其上级领导检举"、"向腐败本人提出意见"的合计占 95.02%。（见图 6）在各种监督方式中，民众网络监督倾向较高。有 31.10% 的调查对象选择"在网上曝光"，反映网络已成为不容忽视的群众反腐渠道。

调研结果显示，"向纪委反映情况"和"在网上曝光"是各类阶层调查对象选择比例最高的两项，但不同阶层的选择略有差异。国家与社会管理者、经理人员、专业技术人员、办事人员、个体工商户、商业服务业员工、农业劳动者阶层首选"向纪委反映情况"，而私营企业主、产业工人、失业人员阶层首选"在网上曝光"。（见图 7）有

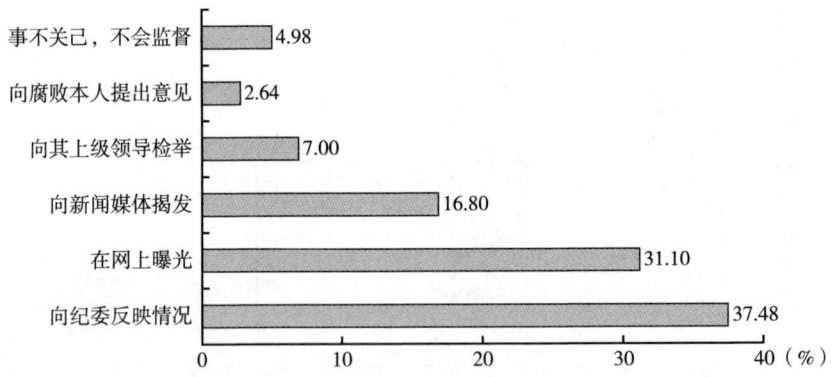

图 6　调查对象对权力滥用或腐败行为监督方式的选择

10.98%的办事人员阶层选择"事不关己，不会监督"，与其他阶层相比选择比例最高。

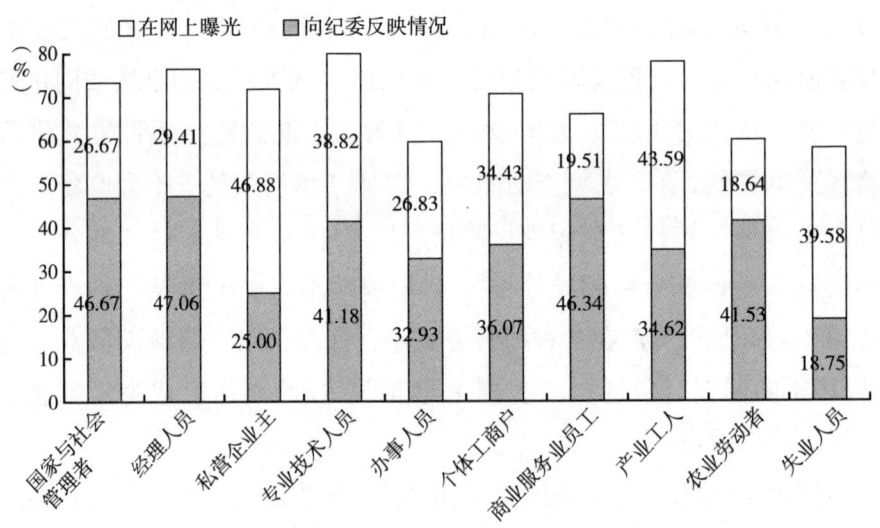

**图 7　不同职业调查对象对"向纪委反映情况"
和"网络曝光"监督方式的选择**

（六）民众支持落实党风廉政建设责任制，期盼较高

党风廉政建设责任制是推进反腐倡廉的重要抓手，是运用制度约束、规范各级党政领导班子和领导干部权力行使的一种有效途径。党的十八届三中全会明确提出，落实党风廉政建设责任制，党委负主体责任，纪委负监督责任。2014年7月24日，甘肃省第十二届委员会第八次会议通过了《中共甘肃省委关于落实党风廉政建设主体责任的意见》，明确和细化了党委（党组）的集体领导责任、主要负责人的第一责任以及纪委的监督责任，将规范权力运行作为党风廉政建设的重点任务，并围绕主体责任的落实，强调要建立健全责任分解、履责报告、联系群众、巡查督查及考核评价机制，并明确了"一案双查"的责任追究制，既追究当事人责任，也倒查相关领导责任。《意见》的出台，对于强化权力运行制约与监督会产生什么样的影响？调研中，就这一问题，652名调查对象作了多项选择回答，选择频次居前三位的是"强化了制度建设，有利于推进'制度防腐'"（406）、"制度和措施规定的多，但具体落实是关键"（383）和"相关单位应结合自身职能制定操作性较强的实施办法，避免'纸上谈兵'"（290），所占比例分别为26.30%、24.87%和18.83%，有18.70%的调查对象（288人）认为"'一案双查'给领导干部戴上了'紧箍咒'，一定程度能约束公权力滥用"。反映出群众比较支持落实党风廉政建设责任制，认为《意见》对于强化权力运行制约和监督正面效应强。同时，有10.78%的调查对象（166人）认为"会加大党政'一把手'的责任，束缚他们办实事谋发展的手脚"。（见图8）访谈中也有领导干部谈到，现在明显感觉向上面要项目难了，很多领导不敢放开手脚干事了。对此，处理好发展和廉政的关系也是落实党风廉政建设主体责任过程中应当注意的。

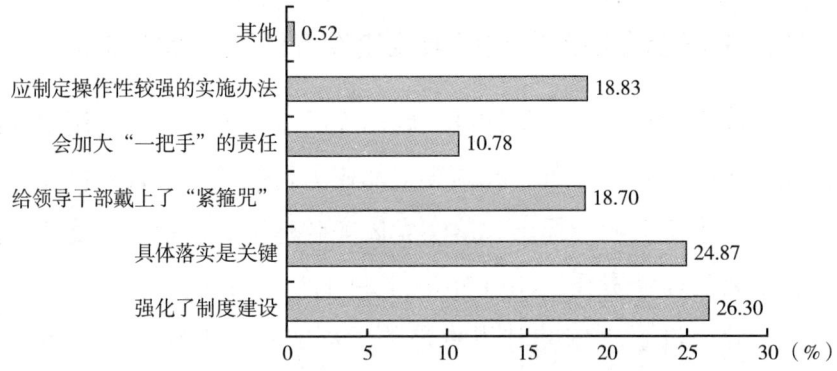

图8 民众对《中共甘肃省委关于落实党风廉政建设主体责任的意见》对于强化权力运行制约与监督影响的看法

（七）民众认为对"一把手"监督主要难在"一把手"地位特殊和权力运行不透明

在长期执政的历史条件下，由于实行自上而下授权的权力制度模式，权力界限模糊，缺乏权力制约和权力监督的意识和做法，"一把手"成为权力之根本。[①] 从反腐实践来看，近年来落马的领导干部也主要是手握实权的"一把手"领导干部。可以说，"一把手"岗位是腐败的重灾区，也是对权力监督的薄弱环节。就"您认为对'一把手'权力行使的监督，主要难在哪些方面（多选）"进行调研，651名调查对象中，按选择频次高低，分别是"'一把手'地位特殊，班子和成员不敢监督"（453）、"权力运行不透明，群众不了解信息无法监督"（365）、"制度防腐仍有漏洞，存在'牛栏关猫'问题"（276）、"同级纪委监督薄弱，监督效果不好"（180）、"反腐倡廉制度得不到有效落实"（147）、'一把手'法制意识淡薄"（127），所占比例分别为 29.04%、23.40%、17.69%、11.54%、9.42%、

---

① 周淑真：《论权力制约与权力监督的内涵与价值》，甘肃廉政网，2014年7月22日。

8.14%。(见图9)结果显示,"一把手"地位特殊和权力运行不透明是民众认为的主要监督难点和障碍。

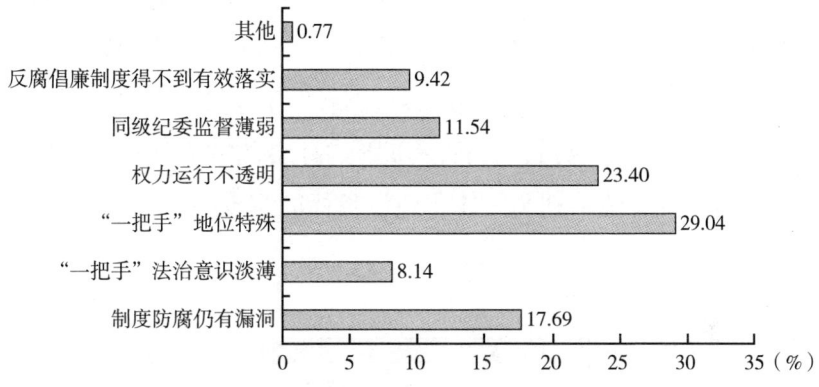

图9 民众对"一把手"监督难点的看法

三 分析与结论

(一)权力运行缺乏制约监督机制,阻碍"法治甘肃"建设

权力制约是法治国家的基本特征,依法治国的关键在于依法治权,规范公权力运行。否则,一旦公共权力偏离法治轨道,就会出现"不作为"、"乱作为"而损害公共利益。对权力运行进行制约和监督,是"法治甘肃"建设的必然要求,亦是反腐倡廉的核心内容。调研中,五成以上调查对象认为"公权力运行得不到有效的制约和监督"是"法治甘肃"最大的障碍,究其原因,是权力运行和监督机制建设中还存在一些突出问题,影响了群众的整体评价。如,就"您认为甘肃省公权力运行制约与监督中存在的主要问题有哪些(多选)"的调研,650名调查对象中,416名选择了"权力运行过程不透明,存在暗箱操作和'潜规则'问题",占25.88%;331名选择了"制度建设不健全,权力

运行缺乏法制约束",占20.55%;298名选择了"监督力度不够,未形成监督合力",占18.50%;289名选择了"权力设计不合理,有的部门和岗位权力过大",占17.94%;269名选择了"制度的执行力不够,落实不到位",占16.70%。(见图10)反映出"法治甘肃"建设中权力运行不透明、制度不完善以及监督不力的问题突出,层层不受制约的权力容易滋生腐败,并进一步影响社会的方方面面,影响法治国家、法治政府、法治社会一体化建设目标的实现。

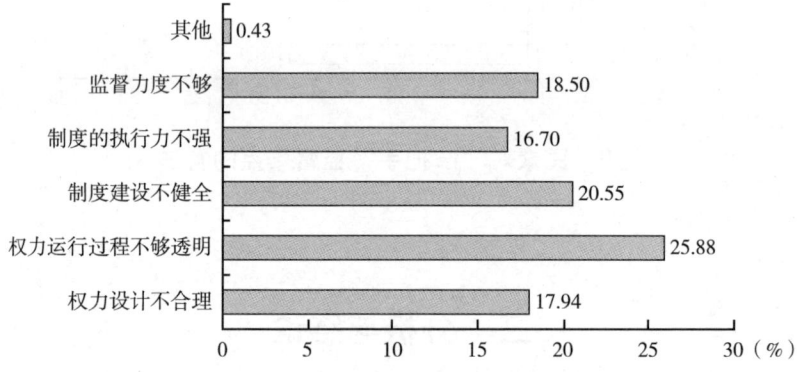

图10 甘肃省公权力运行制约与监督中存在的主要问题

(二)纪委执纪监督职能加强,效果显现,体制改革有待进一步细化

近年来,在全国"老虎"、"苍蝇"一起打的高压反腐态势之下,从中央到地方,各级纪检监察力量得到充实,纪委执纪监督职能不断增强。甘肃省纪委为了更好地履行监督职能,着力优化了机关内设机构,机构设置、人员配置进一步向办案和监督工作倾斜。在职能发挥方面,围绕作风建设,加大了监督检查和通报力度,并聚焦职能加大了反腐力度,查办了一批社会影响力较大的案件,党风廉政建设和反腐败工作取得明显成效。2013年,全省纪检监察机关共接受信访举报14875件次,比上年

增长49.9%。初核违纪线索2422件,同比增长68.9%;立案1460件,同比增长43.6%;结案1445件,同比增长43.8%;给予党纪政纪处分1866人,通过办案挽回直接经济损失1.04亿元。① 在这场"治标到治本"的反腐风暴中,甘肃省各级纪委突出办案主业,赢得了民意认同。调研中,对于权力滥用或腐败行为,有37.48%的调查对象选择"向纪委反映情况",居选择位次第一位,显示出民众信任和支持纪委监督,这也是纪委执纪监督职能增强和公信力提升的表现。

与此同时,民众对于纪检工作体制机制改革期盼较高,有76.12%的调查对象对于强化纪委对同级党委的监督"期待很大"或"期待较大",凸显了社会对纪委的期望。访谈中,有纪委的干部谈到,群众的期望和信任让他们压力倍增。今后,加强纪委执纪监督职能,仍有几个亟须解决的问题,一是纪委工作体制改革创新中,如何突出上级纪委领导,克服同级党委监督不力的弊端;二是对于党风廉政建设责任制,如何细化制度,创新办法,制定操作性较强的实施办法,落实监督责任;三是现有体制下,如何强化对纪委的监督,破解"谁来监督纪委"的社会拷问。

(三)网络监督热情高涨,监督合力有待进一步加强

没有制约监督的权力是危险的,监督是对权力最好的约束。权力制约机制中,内部约束机制效果是有限的。如果缺乏来自社会的监督,反腐败的目标无法实现。通过调研发现,在甘肃省反腐败和权力运行监督体系建设中,尽管民众参与监督意愿较强,但仍存在着监督合力尚未形成的问题。调研中,18.50%的调查对象(298人)认为"监督力度不够,未形成监督合力"是甘肃省公权力运行制约和监督中存在的主要问题之一,居于选择位次第三位。就"您认为哪些制度最

---

① 中国甘肃网:《2013年度党风廉政建设和反腐败工作情况新闻发布会》,www.gscn.com.cn,2014-1-21。

为有效"的调研中,"新闻和网络监督"选中率为15.87%,居于选择位次第四位,"党内监督制度"的选中率仅为7.97%,居于第六位。就"对于权力滥用或腐败行为,您愿意选择哪种方式进行监督"的调研中,选择"在网上曝光"的调查者占31.10%,居于选择位次第二位。反映出伴随网络社会的崛起,民众网络反腐意愿高涨,一定程度上创造了反腐"春天",有利于推进"以权利制约权力"的进展,但是,相应的负面影响也逐渐显现出来。因此,只有在规范网络监督的基础上,加强网络监督与制度监督以及专门机关监督的对接,才能进一步形成监督合力。

(四)制度"笼子"约束权力效应尚未充分显现,有待进一步加强

"把权力关进制度的笼子里"是习总书记于2013年1月22日在十八届中纪委二次全会上提出来的,同时,制度也是反腐治本之策。通过制度建设,建立科学的权力机构以及惩治腐败的制度体系,能够形成不敢腐的惩戒机制、不能腐的防范机制、不易腐的保障机制。近年来,结合惩治和预防腐败体系建设,甘肃省出台了一系列制约和规范权力运行的制度措施,但从调研情况看,制度反腐和约束权力的效应尚未充分显现,群众的认可度仍然不高。在"您认为甘肃省公权力运行制约与监督中存在的主要问题(多选)"的调研中,20.55%的调查对象(331人)认为"制度建设不健全,权力运行缺乏法制约束",17.94%的调查对象(289人)认为"权力设计不合理,有的部门和岗位权力过大"。在对甘肃省制约权力运行的制度措施实践效果的调查中,有43.12%的调查对象(279人)认为"没有发挥任何作用"和"形同虚设,没有任何实践效果"。从实践来看,甘肃省权力制约的制度建设进展较大,但仍然存在一些问题,表现在一是一些领域的制度还存在空白,有的制度缺乏配套细则和规定;二是有的制度比较原则宽泛,缺乏可操作性,难以充分发挥作用;三是制度的落实效果差。调研中,有16.70%的

调查对象（269名）认为"制度的执行力不强，落实不到位"是甘肃省公权力运行制约和监督中存在的主要问题。"天下之事，不难于立法，而难于法之必行"，再好的制度如果得不到落实，其结果比没有制度更糟糕。对法治甘肃建设而言，制度落实与制度建设同等重要。

四 强化权力运行制约和监督体系，建设法治甘肃的几点建议

"对于未来法治甘肃建设，进一步强化对权力运行的制约和监督，您认为应从哪些方面完善"的调查中，649名调查对象作了多项选择，23.06%的调查对象认为要"依法行政和政务公开"，22.41%的调查对象认为要"健全法律制度，将权力关进制度的笼子"，22.24%的调查对象认为要"健全惩治和预防腐败体系"，21.88%的调查对象认为要"整合和发挥各类监督的作用"。（见图11）

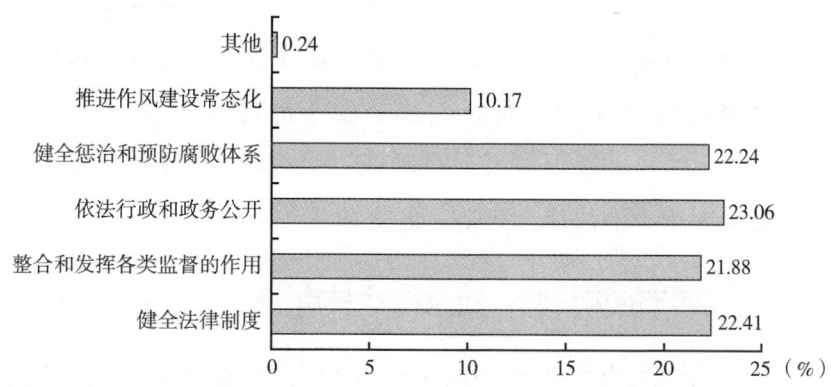

图11　民众对强化甘肃省权力运行制约与监督的建议

结合调查对象的建议，以及甘肃省反腐倡廉、惩治和预防腐败体系建设实践，我们认为建设法治甘肃，构建决策科学、执行坚决、监督有力的权力运行体系，应从如下方面着手。

（一）强化制度建设，推进"制度反腐"

以"制度制约权力"是权力运行制约与监督体系建设的基础，也是反腐败的根本途径。首先，要规范和明确权力清单制度。省级权力部门应根据权力实施主体、依据、权限、程序等，对各级政府上报的行政许可、行政处罚、行政检查等行政权力和服务事项进行审核、清理，并按照制约和协调的原则，进一步规范各级政府及其部门的行政权限，强化单位内控机制建设。其次，结合惩治与预防腐败体系建设，针对国土、水利、招投标、政府采购等容易发生腐败的领域以及领导干部岗位，制定、调整和充实相关方面的规章制度，并以制度建设推动作风建设常态化。针对"一把手"权力过于集中的现状，对"一把手"权力限权、分权是一个很好的思路。如山西出台了《关于党政主要领导不直接分管部分工作的若干规定（试行）》，规定"一把手"不再分管干部人事、财务、工程建设、行政审批、物资采购等工作，有利于强化"一把手"权力制约。最后，健全网络反腐的制度机制。应将网络反腐纳入制度范畴，将网络举报、网络曝光作为反腐败线索的重要来源，建立畅通、健全的投诉渠道，并加强与"人肉搜索"、"网络暴力"、网络谣言、网络侵权、打击报复、举报人权益保障等相关的法律、规范、制度建设。①

（二）推进依法行政，建设法治甘肃

当前，围绕法治甘肃建设中的突出问题，要通过深入推进依法行政，提高政府依法办事和社会治理能力，促进法治国家、法治政府、法治社会一体化建设。其一，要推进法治政府建设。一方面，加大领导干部带头执行制度力度，并强化制度执行监督检查力度，将制度落

---

① 陈潭、刘建义：《从网络反腐走向制度反腐》，《行政管理改革》2014年第8期。

实情况与党风廉政建设责任制考核联系起来,加强经常性检查和暗访,形成有效的制度监督检查机制。另一方面,探索法治政府量化建设。党的十八届三中全会强调"建立科学的法治建设指标体系和考核标准",广东、湖北等地也已试行法治政府建设指标体系。建设法治甘肃,有必要细化法治政府建设的内容、标准和程序,对制度建设、行政决策、行政执法和信息公开、行政监督等方面进行量化,并形成科学的考核体系,倒逼政府工作人员在法律的规范下用权。其二,进一步深化政务公开,推进权力运行公开化、规范化。各级政府应按照中央和省上有关政务、信息公开的规定,围绕政务服务体系建设、政务大厅和电子监察建设,推进权力配置、财政预决算、干部任免、许可、审批、招投标等领域的决策、管理、结果公开,逐步完善政务权力公开透明运行和内部监督制约机制。

(三)创新纪委工作机制,强化纪委内部监督

强化纪委监督效果,除应完善纪检监察派驻制度、巡视制度、诫勉谈话制度、约谈和函询制度等外,还重点要创新纪检工作机制。各级纪委要按照"两个为主"的要求,在查办案件中更加突出上级纪委领导的作用,各级纪委书记、副书记的提名和考察也应以上级纪委会同组织部门为主,克服同级党委监督不力的弊端。要结合甘肃省反腐倡廉和党风廉政建设责任制的要求,制定详细的、操作性强的监督办法。同时,要注意开展对纪委自身监督的理论研究和实践探索。"同体监督"的制度性缺陷是难以对纪委实现科学有效监督的最大难题之一,而来自体系外的监督是缺失的、滞后的、低效的。[①] 中央纪委增设监督室专门负责监督纪检监察干部的做法是破解"灯下黑"

---

① 孙昌銮、邹春霞:《中央纪委如何监管纪委书记?》,《北京青年报》,2014年3月24日,A5版。

的尝试，但是，反腐效果如何尚需在实践中进行检验。建设法治甘肃，应做到有权必有责，用权受监督，对纪委的监督也不例外。除了要在干部选用、配置方面突出素质和能力以及通过考核加强自我监督外，还要通过加强民众监督、媒体监督等体系外监督，探索创新"异体监督"的路径，并建立对纪检监察干部行为进行监管的具体制度。具体由谁监督更为合理、有效，可以在调研论证基础上进行试点。

（四）整合监督资源，发挥监督合力

失去监督的权力必然导致腐败，监督是以权利制约权力的根本途径。推进法治甘肃建设，亟须整合监督资源，发挥各类监督的合力。应强化权力机关和专门机关的监督，建立由人大、政协、纪委等单位组成的反腐倡廉监督联席会议制度，并通过联席会议，构建由纪委、监察、审计、检察等多部门参与的监督信息沟通机制和信息分析研判机制，有效整合监督主体资源，抓好对行风政风、项目审计、案件审理执行以及对主要领导干部的监督检查，发挥监督合力。同时，要重视新闻媒体和群众舆论监督，尤其要重视和规范运用网络监督。一方面要培育民众权利意识和法治意识，引导广大民众依法进行监督，另一方面，政府机关应通过QQ、微博、政务平台问政于民，自觉接受群众监督，纪检监察机关要将网络曝光、网络举报作为查办案件重要线索，并建立保护舆论监督举报人的制度举措，营造良好的舆论监督环境。

B.12 党政干部关于加快甘肃省政府职能转变的舆情分析

胡圣方*

摘　要：	全面分析了党政干部对甘肃市州、乡镇政府转变职能以及对甘肃简政放权和行政审批制度改革的看法、对突出问题的认识和建议。
关键词：	党政干部　政府职能转变　舆情　甘肃

党的十八大报告指出："深化行政审批制度改革,继续简政放权,推动政府职能向创造良好发展环境、提供优质公共服务、维护社会公平正义转变。"甘肃要实现跨越式发展到2020年与全国同步进入小康社会,从省情看需要加快政府职能转变激发市场活力。面对国际经济形势复杂、国内经济下行压力大以及改革步入深水区和攻坚期的特殊时期,转变政府职能关键是下好简政放权的"先手棋"。围绕甘肃市县、乡镇政府转变职能、简政放权和下放行政审批事项等问题,课题组针对甘肃党政干部进行了深入的问卷调查,以期通过他们的看法来诊断甘肃简政放权的问题,并总结出有价值的对策。

---

* 胡圣方,甘肃省社会科学院决策咨询与公共政策研究所助理研究员,研究方向为网络信息组织管理、公共政策管理。

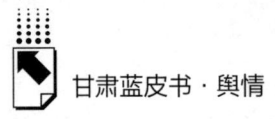

一 基本情况

课题组在甘肃省委党校和甘肃省行政学院共发放调查问卷300份，收回问卷252份。从性别看，男性占86.3%，女性占13.7%；从年龄看，20~30岁占2.9%，31~40岁占24.8%，41~50岁占56.2%，51岁及以上占16.1%；从文化程度看，大专占8.3%，本科占68.0%，硕士占21.6%，博士占2.1%；从职务级别看，科级占40.9%，县处级占40.5%，地厅级占18.6%；从月收入看，1001~2000元占0.4%，2001~3000元占3.7%，3001~4000元占43.4%，4001~5000元占34.8%，5001元及以上占17.6%；从所在市州看，调查者工作所在地包括甘肃14个市州：兰州市（占43.3%）、金昌市（占3.5%）、白银市（占4.5%）、天水市（占4.0%）、嘉峪关市（占1.5%）、武威市（占5.5%）、张掖市（占3.0%）、平凉市（占4.5%）、酒泉市（占7.0%）、庆阳市（占4.5%）、定西市（占5.0%）、陇南市（占3.5%）、临夏回族自治州（占4.5%）、甘南藏族自治州（占6.0%）。从工作部门看，包括省级政府部门、市州政府部门、高等院校、事业单位、省属企业、乡镇政府部门、街道办事处等，按省级部门、市州部门和乡镇部门归类，分别占30.2%、37.5%、32.3%。可以看出，调查对象年龄41岁以上和职务县处级以上占多数，工作所在地区和所涉单位广泛，样本数据具有很大的"含金量"。

二 舆情分析

（一）党政干部对当前市州县政府转变职能的看法

关于党政干部对当前市州县政府转变职能的看法，课题组共设计

党政干部关于加快甘肃省政府职能转变的舆情分析

2个多项选择问题：您认为当前甘肃市州县政府在转变职能方面最重要的工作有哪些？您认为促进当前甘肃市县政府职能转变的关键因素有哪些？

对于"转变职能最重要的工作"问题，从数据样本总体分析上看，排在前5位的是：提供更好的公共服务，完善社会保障体系，深化政府机构改革，发展经济，减少行政审批事项（见图1）。从与职务级别进行交叉分析看，科级、县处级和地厅级党政干部对提供更好公共服务、完善社会保障体系、深化政府机构改革有更多共同看法，但在转变政府职能的其他方面的看法存在些许差异。如地厅级与县处级、科级党政干部相比更强调民主和法治。县处级相较于地厅级、科级党政干部更关注发展经济，减少行政审批事项。科级相较于地厅级、县处级党政干部更期待环境保护上的转变（见表1）。这说明权力大小不同对政府转变职能的重点工作的看法、期待和要求也不同。从与工作所在市州进行交叉分析看，甘肃14个市州的党政干部对转变政府职能的看法具有部分共同点的同时也各有侧重和不同，比如甘南藏族自治州偏重完善社会保障体系、加强社会治安管理维护稳定；

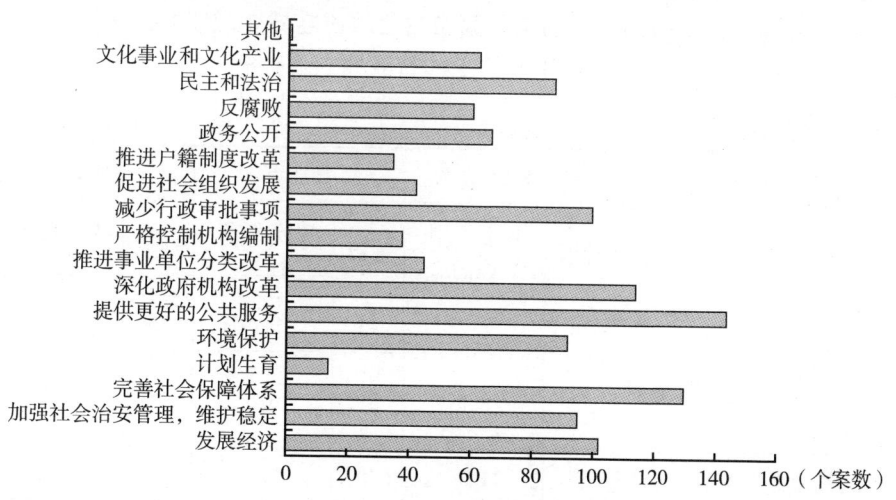

图1 您认为当前甘肃市州县政府在转变职能方面最重要的工作有哪些

定西市侧重发展经济；天水市关注提供更好的公共服务等（见表2）。

对于"转变职能的关键因素"问题，"转变工作重心，更好地提供公共服务发展公共事业"，"严格执行有关减少行政审批事项的规定，激发市场活力"是很多党政干部的共同看法（见表3），除"其他"选项外，"大力培育和发展社会中介组织"（占7.4%）和"进行市县级政府机构大部制改革"（占8.8%）选择比例最低。与职务级别进行交叉分析，除"其他"选项外地厅级党政干部选择比例最少的是"大力培育和发展社会中介组织"（占7.2%）和"放宽市场准入门槛，创新事中事后管理方式"（占7.2%）。而县处级和科级党政干部选择比例最少的是"大力培育和发展社会中介组织"和"进行市县级政府机构大部制改革"。

不同地区不同职务级别的党政干部对转变政府职能的不同看法应该受当地政府发展方式和政治生态的影响，反映出了党政干部对甘肃市州政府转变职能的不同看法、期待和要求。这也说明了转变政府职能并不是简单的命令式的"一贯到底"，应综合考虑"人"和"地"的因素。

表1 职务级别与当前甘肃市州县政府在转变职能方面最重要的工作有哪些交叉数据

单位：%

选项	科级		县处级		地厅级	
	计数	职务级别内的	计数	职务级别内的	计数	职务级别内的
发展经济	38	7.7	45	9.4	15	7.6
加强社会治安管理,维护稳定	42	8.5	31	6.5	18	9.1
完善社会保障体系	55	11.1	46	9.6	24	12.1

续表

选项	科级		县处级		地厅级	
	计数	职务级别内的	计数	职务级别内的	计数	职务级别内的
计划生育	9	1.8	3	0.6	2	1.0
环境保护	40	8.1	32	6.7	14	7.1
提供更好的公共服务	55	11.1	58	12.2	23	11.6
深化政府机构改革	47	9.5	45	9.4	17	8.6
推进事业单位分类改革	21	4.2	13	2.7	8	4.0
严格控制机构编制	10	2.0	18	3.8	9	4.5
减少行政审批事项	39	7.9	41	8.6	15	7.6
促进社会组织发展	23	4.6	13	2.7	5	2.5
推进户籍制度改革	16	3.2	11	2.3	6	3.0
政务公开	24	4.8	31	6.5	8	4.0
反腐败	17	3.4	31	6.5	9	4.5
民主和法治	29	5.9	36	7.5	18	9.1
文化事业和文化产业	30	6.1	22	4.6	7	3.5
其他	0	0.0	1	0.2	0	0.0

说明：本表数据中百分比采用调查对象响应数据，而非个案数据，其他表格多项选择同样。

表2 所在市州与当前甘肃市州县政府在转变职能方面最重要的工作有哪些交叉数据

单位：%

	兰州	金昌	白银	天水	嘉峪关	武威	张掖
发展经济	6.9	14.3	6.6	10.3	11.1	7.0	14.8
加强社会治安管理,维护稳定	6.5	8.6	9.8	10.3	11.1	9.9	11.1
完善社会保障体系	10.9	14.3	8.2	13.8	16.7	8.5	11.1

续表

	兰州	金昌	白银	天水	嘉峪关	武威	张掖
计划生育	0.5	2.9	0.0	0.0	0.0	1.4	3.7
环境保护	7.2	8.6	9.8	10.3	5.6	7.0	7.4
提供更好的公共服务	11.8	14.3	9.8	20.7	11.1	8.5	11.1
深化政府机构改革	9.7	5.7	6.6	10.3	5.6	8.5	3.7
推进事业单位分类改革	3.5	5.7	8.2	0.0	5.6	4.2	0.0
严格控制机构编制	2.8	2.9	3.3	0.0	0.0	2.8	3.7
减少行政审批事项	8.1	8.6	4.9	6.9	11.1	9.9	7.4
促进社会组织发展	3.0	2.9	6.6	0.0	5.6	2.8	3.7
推进户籍制度改革	2.5	0.0	6.6	0.0	0.0	4.2	3.7
政务公开	6.7	2.9	4.9	3.4	5.6	7.0	3.7
反腐败	6.9	2.9	3.3	6.9	0.0	4.2	3.7
民主和法治	8.8	5.7	4.9	3.4	0.0	8.5	3.7
文化事业和文化产业	4.2	0.0	6.6	3.4	11.1	5.6	7.4
其他	0.0	0.0	0.0	0.0	0.0	0.0	0.0
	平凉	酒泉	庆阳	定西	陇南	临夏	甘南
发展经济	6.7	6.0	11.8	16.3	7.1	6.1	6.5
加强社会治安管理，维护稳定	5.0	7.5	7.8	10.2	9.5	3.0	16.1
完善社会保障体系	5.0	10.4	9.8	12.2	7.1	15.2	19.4
计划生育	1.7	0.0	3.9	0.0	4.8	6.1	0.0
环境保护	10.0	7.5	5.9	10.2	4.8	12.1	6.5
提供更好的公共服务	13.3	10.4	9.8	12.2	7.1	15.2	12.9
深化政府机构改革	10.0	13.4	5.9	4.1	11.9	12.1	12.9
推进事业单位分类改革	5.0	4.5	0.0	2.0	0.0	6.1	0.0
严格控制机构编制	5.0	3.0	5.9	0.0	2.4	0.0	0.0
减少行政审批事项	10.0	10.4	7.8	6.1	7.1	6.1	12.9
促进社会组织发展	5.0	3.0	2.0	2.0	7.1	0.0	0.0
推进户籍制度改革	5.0	3.0	0.0	2.0	7.1	3.0	0.0
政务公开	3.3	4.5	5.9	4.1	4.8	3.0	3.2
反腐败	1.7	3.0	5.9	8.2	4.8	0.0	3.2
民主和法治	5.0	10.4	5.9	4.1	7.1	6.1	3.2
文化事业和文化产业	8.3	3.0	9.8	6.1	7.1	6.1	3.2
其他	0.0	0.0	2.0	0.0	0.0	0.0	0.0

表3 您认为促进当前甘肃市县政府职能转变的关键因素有哪些

单位：%

选项	计数	占比
调整和完善市县专项转移支付制度	84	11.5
调整和完善市县政府工作人员考核机制	83	11.4
大力培育和发展社会中介组织	54	7.4
进行市县级政府机构大部制改革	64	8.8
严格执行有关减少行政审批事项的规定，激发市场活力	113	15.5
放宽市场准入门槛，创新事中事后管理方式	75	10.3
转变工作重心，更好地提供公共服务发展公共事业	165	22.6
调整经济发展方式，促进经济持续发展	88	12.0
其他	5	0.7

（二）党政干部对当前乡镇政府转变职能的看法

对当前乡镇政府转变职能的问题，课题组共设计两个问题：您认为当前甘肃乡镇政府转变职能的重点有哪些？您认为当前甘肃乡镇政府职能转变迟缓的原因有哪些？

针对"乡镇政府转变职能的重点"问题，从数据样本的总体看，很多党政干部认为"提供更好的公共服务"、"推进民主政治建设和村民自治"、"农村土地流转"和"保护农民合法权益和经济利益"是重点（见表4）。在与调查对象所在工作市州进行交叉数据分析看，各个市州对"职能转变的重点"看法存在差异。如兰州市的党政干部选择最多的是"农村土地流转"（占11.0%），金昌市的党政干部选择最多的是"保护农民合法权益和经济利益"（占21.4%），嘉峪关市"发展文化、教育、卫生等社会事业"（占21.4%）选择最多，张掖市"发展农业及其他经济"（占13.6%）选择最多，临夏回族自治州"保护环境"（占13.9%）选择最多，等等。而与工作部门进行数据交叉分析，省级、市州、乡镇部门的党政干部选择最多的都是"提供更好的公共服务"（见表5）。

表4　您认为当前甘肃乡镇政府转变职能的重点有哪些

单位：%

选项	计数	占比
户籍制度改革	35	3.4
农村土地流转	99	9.7
维护稳定	65	6.4
进行道路、水利等公共建设	90	8.8
发展农业及其他经济	78	7.6
提供更好的公共服务	125	12.2
发展文化、教育、卫生等社会事业	99	9.7
环境保护	81	7.9
计划生育	18	1.8
征收税费	8	0.8
推动民主政治建设和村民自治	103	10.1
保护农民合法权益和经济利益	97	9.5
乡镇机构改革	56	5.5
政务公开	67	6.6
其他	1	0.1

表5　工作部门与当前甘肃乡镇政府转变职能的重点有哪些交叉数据

单位：%

选项	省级部门		市州部门		乡镇部门	
	计数	工作部门内	计数	工作部门内的	计数	工作部门内的
户籍制度改革	9	3.9	9	3.0	9	3.0
农村土地流转	25	10.8	29	9.8	26	8.8
维护稳定	11	4.7	15	5.1	27	9.1
进行道路、水利等公共建设	20	8.6	27	9.1	30	10.1

续表

选项	省级部门 计数	省级部门 工作部门内	市州部门 计数	市州部门 工作部门内的	乡镇部门 计数	乡镇部门 工作部门内的
发展农业及其他经济	16	6.9	21	7.1	26	8.8
提供更好的公共服务	27	11.6	38	12.8	38	12.8
发展文化、教育、卫生等社会事业	23	9.9	31	10.5	26	8.8
环境保护	19	8.2	26	8.8	20	6.7
计划生育	4	1.7	6	2.0	5	1.7
征收税费	3	1.3	2	0.7	3	1.0
推动民主政治建设和村民自治	20	8.6	29	9.8	32	10.8
保护农民合法权益和经济利益	26	11.2	28	9.5	24	8.1
乡镇机构改革	12	5.2	14	4.7	16	5.4
政务公开	17	7.3	21	7.1	15	5.1
其他						

针对"乡镇政府职能转变迟缓的原因"问题，排在前5位的分别是"公共服务能力差"（占12.1%）、"权小事多"（占11.3%）、"财政困难"（占10.9%），"县乡权责不清"（占10.6%）、"行政命令多"（占9.1%）（见图2）。而与党政干部所在工作部门进行数据交叉分析，乡镇部门党政干部选择最多的是"权小事多"（占15.2%），市州和省级部门党政干部选择最多的是"公共服务能力差"（分别占13.9%、12.4%）。

虽然市情、州情乃至乡情、镇情不同，党政干部的工作部门不同，但党政干部对乡镇政府职能转变认识的重点仍然有很多共同之处。这些共同的看法是甘肃党政干部对甘肃农村、农业、农民问题及"三农"工作的主流和真实表达。综合这些看法从更深层次上说，推

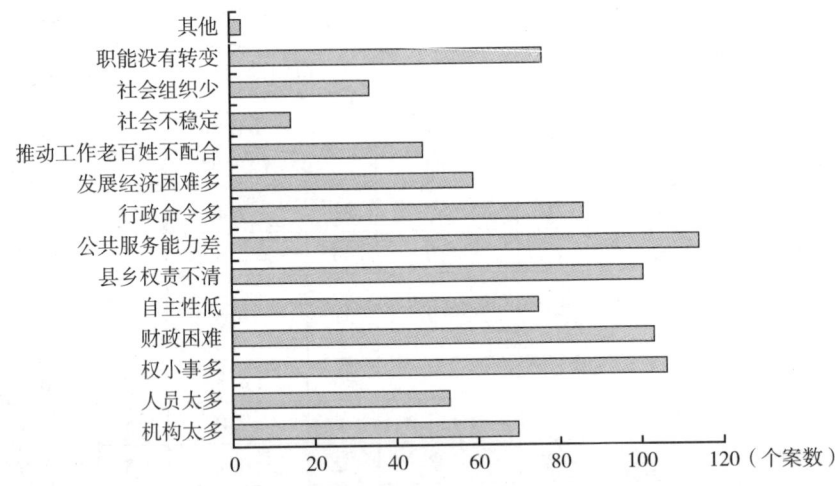

图2 您认为当前甘肃乡镇政府职能转变迟缓的原因有哪些

进以人为本的新型城镇化建设正是宏观政策对这些看法的有力而真切回应。

(三)党政干部对甘肃简政放权和行政审批制度改革的看法

"您对甘肃政府简政放权和下放行政审批事项的满意度如何"调查数据统计结果显示:"非常满意"占3.1%、"比较满意"占30.7%、"一般"占49.3%、"不太满意"占14.2%、"很不满意"占2.7%。"您对甘肃行政审批制度改革的宣传工作的满意度如何"调查显示:"非常满意"占1.8%、"比较满意"占31.8%、"一般"占53.4%、"不太满意"占9.9%、"很不满意"占3.1%。"您认为甘肃省下放的行政审批事项的'含金量'如何"调查显示:"非常高"占1.3%、"比较高"占21.5%、"一般"占57.0%、"比较低"占16.1%、"非常低"占4.0%。甘肃党政干部对甘肃政府简政放权和下放行政审批事项的总体工作、宣传工作、"含金量"评价"一般"占多数,具有模糊性。如果不考虑"一般",可发现"非常满意"和"比较满意"的比重要远大于"不太满意"和"很不满意"的比重,表明甘肃深化行政审批制度改革、推进简政放权工作是有成效的:根据《甘肃日报》2014年7月3日新闻报道,自2001年开展行政审批制度改革工作以来,甘肃省经过十三批的清理,省级政府部门行政审批项目由原来的2315项累计减少了2006项,减幅达86.7%。党的十八大以来,甘肃取消调整和下放行政审批事项410项,中央在甘单位取消、调整和下放行政审批事项100项。但"一般"占多数比重也表明甘肃推进行政审批制度改革和简政放权工作与党政干部的期望和要求还是有差距的。

"您认为甘肃政府简政放权和下放行政审批事项存在哪些问题?"根据问卷调查数据统计结果排在前5位的是:"放责不放权"(占20.7%)、"放小不放大"(占15.0%)、"政府部门之间分权不合理"(占13.9%)、"部门之间放权不同步"(占13.6%)、"放虚不放实"(占12.2%)(见图3)。与职务级别进行数据交叉分析,地厅级、县处级和科级党政干部在"放责不放权"上有共同看法,比重最高(见表6)。与党政干部的工作部门(即省级部门、市州部门和乡镇部门)

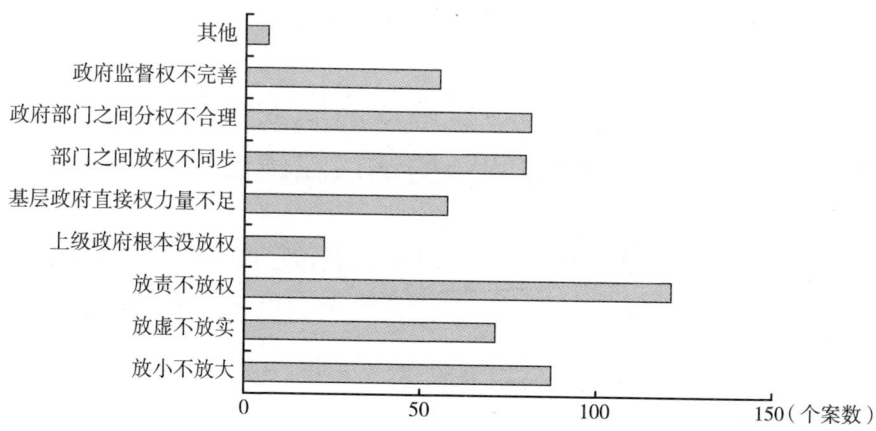

图3 您认为甘肃政府简政放权和下放行政审批事项存在哪些问题

表6　职务级别与"您认为甘肃政府简政放权和下放行政审批事项存在哪些问题"交叉数据

单位：%

选项	科级		县处级		地厅级	
	计数	职务级别内的	计数	职务级别内的	计数	职务级别内的
放小不放大	38	15.3	33	14.4	15	15.5
放虚不放实	25	10.0	35	15.3	10	10.3
放责不放权	49	19.7	44	19.2	26	26.8
上级政府根本没放权	8	3.2	11	4.8	4	4.1
基层政府直接权力量不足	37	14.9	13	5.7	6	6.2
部门之间放权不同步	36	14.5	30	13.1	13	13.4
政府部门之间分权不合理	33	13.3	37	16.2	11	11.3
政府监督权不完善	20	8.0	23	10.0	11	11.3
其他	3	1.2	3	1.3	1	1.0

和所在市州（即甘肃14个市州）进行数据交叉分析得到同样的结果。权、责、事的匹配与和谐是良好政治生态的反映，是激发行政内生动力的重要举措。党政干部关于甘肃政府简政放权工作的看法在一定程度上反映了当前甘肃的现实问题、"现实"与"理想"的差距以及对进一步深化行政审批制度改革的期待。

三　党政干部对甘肃政府职能转变中突出问题的认识和建议

对甘肃政府职能转变中突出问题的认识和建议，课题组共设计两个问题："您认为加快甘肃政府职能转变的突出矛盾和问题是什么？您有什么建议？""您认为甘肃改革行政审批制度，如何实现'宽进严出'，如何加强事中事后监管？"

针对"加快甘肃政府职能转变的突出矛盾和问题"，课题组综合党政干部的看法以求真务实态度总结和提炼了六个方面问题。一是部门职能交叉问题。"各单位权力,业务交叉较多。""部门之间扯皮严重,效率低。""部门职能交叉,大部制改革不到位。建议:有法律界定的应成立部门,无法律依据的应该撤销。""交叉部门多,责任担当少。""机构部门繁多,存在层叠现象。""工作范畴和资源认识不明确。"二是权责事不统一问题。"部门利益与整体利益在权力分配和责任分担上的矛盾,权大责小。""基层权责不清;基层财力困难,项目管理方面对于基层操作难度大。""地方政府财权和事权不匹配,社会管理和服务与群众需求有差距。""部门利益固化。"三是思想作风不转变问题。"官本位思想严重,没有真心为社会服务,为百姓服务,习惯于管、控、卡、收费、审批等管理办法,新办法少,缺位、错位、越位时有发生。""官本位思想;各级工作人员执行力不强,专业素养不够。""政府公务员理念问题。"四是行政效率低问题。"各级政府行政命令太多,考核指标太多;基层矛盾纠纷明显。""不切实际的政治命令比较多。""解决行政效率低;投机应付工作的问题;解决目标太细,考核招商指标的问题;解决部门互相扯皮,不配合的问题。""上级部门检查考核过多过滥。""人浮于事;部门之间推诿扯皮,工作效率低。""随意性大,完成指标,没有评估,不太科学。"五是公共服务能力差的问题。"服务能力差,经济落后。""地方政府思路不清。""加强服务引导,减少行政推动。""社会保障制度建设迟缓。""社会治理作用不能充分发挥。""政务公开不够;决策透明度不高。"六是简政放权不到位问题。"行政审批程序繁杂;上级政府部门权力过于集中。""行政审批权下放不到位。""在项目管理上处理好审批、核准和备案的关系;处理好管理和服务的关系。""政府干预与市场经济的矛盾。""真正基层需要的、能体现效率的、简化程序的权利并没有下放。""市场作用支持不够,政府介入较多,社会中介组织发展不足。""管得过多,过滥,揽权不放。""政社不分。"

"您有什么建议?"课题组综合党政干部的看法提炼了六个方面的

建议。一是建立完善权力清单制度。"按市场经济要求,政府不该管的坚决不管,规范政府管理事项,目录上没有的就不能管。""建立权力清单制度,并经人大、政协监督审查。""减少行政审批事项;依据机关规定下放行政权力。""减少地级权力比重。"二是提高决策科学化民主化水平。"出台政令时应考虑实际情况。""重大决策听取民意。""强化政府对具有公共政策的行政权的审批、监督、落实职能。""加强改革,确保上下一致。"三是深化政府机构改革。"定岗定编定人,以岗定人,以职定岗,减少相互推诿扯皮。""机构需要进一步理顺,减少政府直属部门,加快培育社会中介机构。""进一步加大放权力度,要从基层的角度出发,减少审批环节,在简化审批程序上下功夫。""形成联席会议机制。""加大条块之间的协作配合力度。""加强政府部门之间的分工协作。""强化政府机构改革;坚持精简统一效率原则。"四是转变思想观念。"从政府本位向社会本位转变。""改变形式主义。""做人民公仆,做好公共服务。""选人用人重担当。""选准人,用准人,用好能人和好人。"五是加强学习培训。"加强对各级各类公务人员的相关法律法规业务知识的培训学习,使之相适应。""加强培训;借鉴成功经验。""加大宣传力度。"六是完善考核机制。"考核机制的合理完善。""提高服务意识,建立合理有效的考核机制。""完善干部政绩考核评价体系,合理调整,分流干部。"

"您认为甘肃改革行政审批制度,如何实现'宽进严出',如何加强事中事后监管?"党政干部的看法集中表现为四个方面建议。一是降低准入门槛。"放宽市场准入门槛。""精简审批程序。""科学界定行政审批的标准和范围;简化审批环节和手续;贯彻政务公开原则。""宽进要有门槛,否则给事后监管造成困难。""对多种项目提出准入门槛或标准;在法律法规制定较为严格的制度,对不符合要求的项目做到严格执法,对符合国家标准的进行保护,不符合的坚决取缔。""降低门槛,提高民主参与意识;增强市场活力;加强监督,违法必究；完善社会中介、服务机构和第三方监督。"二是明确审批责任："实行谁审批，谁负责的制度。""加强审批质量；实行审批事项个人负责制。""对审批事项要事后问责。""阳光政务，严格程序化管理。"三是加强过程监督："同步跟进同步落实。""建立健全全过程监督机制。""放权基层；严格监督；跟踪检查。""典型引领，加大监督力度。"四是改进监管机制。"建立包括民族党派、社会团体、科研机构在内的监督机制。""放权于地方；省级成立督查组专攻督查问题。""利用互联网信息技术改进监管机制，严格审批责任，监管部门应该到一线，不要坐在办公室监管。""培训和管理各级监督人员，使其严格要求自己。"

"忠言逆耳利于行。"虽然党政干部的部分看法存在以偏概全的可能，但无疑也揭示了甘肃政府职能转变上存在的普遍问题；虽然党政干部的部分建议有不切实际的可能，但无疑他们对甘肃发展的期望和要求的感情是真切的。这也说明加快甘肃政府职能转变既是广大党员干部的要求，也是人民群众的期盼。

四 结语

"逆水行舟，不进则退。"改革的大潮已经涌起，破浪急行，需要甘肃广大党员干部和人民群众团结一致，紧紧围绕省委省政府的决策部署，坚持稳中求进，改革创新，积极投身于跨越发展进程中去。"实干兴邦，空谈误国。"甘肃加快转变政府职能必须要以更大的政治勇气，破除利益藩篱，理清权责关系，大胆简政放权，稳中求进真抓实干。我们坚信纵然困难重重，只要坚定理想信念、恭身践行，甘肃一定能够如期进入小康社会！

（课题组成员：胡圣方、魏学宏；执笔：胡圣方）

B.13
当前甘肃社会矛盾与多元化纠纷解决机制建设的舆情研究

王 瑾*

摘　要： 随着我国经济社会的快速发展和社会分化的加剧，各类社会纠纷矛盾日益凸显。甘肃作为西部欠发达省份，矛盾纠纷难度、对抗程度、复杂程度日益增加。本文通过问卷调查和访谈，详细了解和分析了甘肃民众对甘肃社会矛盾与多元化纠纷解决机制建设的看法，并提出了相应的对策建议。

关键词： 甘肃　社会矛盾　纠纷解决机制

当前随着我国经济社会的快速发展和社会分化的加剧，各类社会纠纷矛盾日益凸显。甘肃存在着与全国的差距拉大，可持续发展能力不强、城乡居民收入低、贫困人口多、公共服务和社会保障水平不高的问题，区域发展不协调、城乡发展不平衡、发展环境不够优、基础设施滞后、生态环境脆弱的问题，思想不够解放、不正之风和腐败现象时有发生的问题等，人民内部各种具体矛盾难以避免地会大量表现出来。纠纷难度、对抗程度、复杂程度日益增加。

2014年8月，甘肃省社会科学院舆情课题组对甘肃社会矛盾与

---

* 王瑾，甘肃省社会科学院法学研究所副研究员，研究方向为宪法与行政法学、民商法学。

多元化纠纷解决机制建设进行了专题调研，了解甘肃社会各阶层对甘肃社会矛盾与多元化纠纷解决机制建设的评价，发现问题并提出对策建议。

一 调查的基本情况

本次调查以问卷调查为主，兼之访谈和座谈。调查地选择了地处甘肃东部的定西、天水；西部的武威、酒泉；中部的白银以及甘南、临夏两个民族自治州和省会兰州。共发放问卷670份，回收问卷660份，有效问卷656份。调查对象涵盖了居住在城区、城郊、县城、乡镇和农村的国家与社会管理者、经理人员、私营企业主、专业技术人员、办事人员、个体工商户、商业服务业人员、产业工人、农民劳动者和无业失业人员等十大社会阶层人员。

二 问卷统计分析与结论

（一）六成民众认为容易产生社会矛盾的问题是收入差距过大，而群众权益受损是产生社会矛盾的主要原因

在10个民众认为容易产生社会矛盾的问题中，在656位被访者中选择"收入差距"的是410人次，占比最高，有326人次选择"腐败"，有294人次选择"就业"，选择"分配不公"、"与民生有关的方面"易引发社会矛盾的分别为243和233人次，选择因"社会诚信"、"公职人员的工作作风和工作方法"引发社会矛盾的分别有209和186人次，选择"地区差别"的只有88人。

被访者回答产生社会矛盾的原因时，数据显示在10个选项中，有374人次认为引起社会矛盾的主要原因是"群众权益受损，维护申诉无门"；有301人次选择"官商勾结，与民争利"；289人次选

择"官员腐败";207人次选择"社会不公,民众发泄不满";有238人次选择"政府不作为或者乱作为";选择"政府工作人员的工作作风和方式"、"司法腐败及不公"和"富人为富不仁"的分别为202、182和147人次,选择"邪教、暴力恐怖散播"的有138人次。

被访者对是否依法解决社会矛盾和纠纷的态度高度一致。在643份有效回答中,有97.36%的人认为当出现社会矛盾时,应当按照法律规定依法解决,只有17位被访者认为可以不管法律规定,按照自己的想法怎样有利怎样解决。从选择后项被访者的年龄看,36~45岁年龄段的人数占一半,从文化程度看,有8人是大学文化程度、4人是高中文化程度、初中、大专各2人,研究生1人。

(二)民众对纠纷解决方式的选择趋于多样化

在当前我国四种主要的纠纷解决方式中,民众对调解的了解居于首位,645位被访者中表示了解的人达90.85%;其次为诉讼,为68.68%,信访和仲裁分别为55.88%和54.11%;其他方法为3.10%。

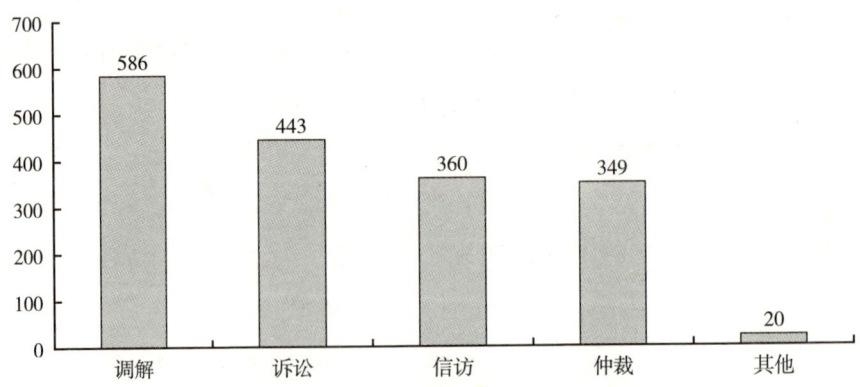

图1 民众对纠纷解决机制的了解

民众对各种纠纷解决方式的选择比较均衡。在656份有效问卷中，选择打官司和找当地调解机构进行调解的人数稍多，分别为225人和222人，选择找当地有威望的人进行调解、申请仲裁、找当地村委会或者社区领导解决、找当地政府机关解决的人数比例基本都占被访者的32%左右，有15.85%的人选择按照当地习惯解决。5年前进行的调查显示：选中率最高的是"找人民调解委员会调解"，其他依次是"找相关仲裁机构申请仲裁"，"找有威望的人调和解决"，"打官司"，"找自己所在的村委会或社区领导"，"找当地政府（乡镇或街道机构）"，"其他"。本次调查显示，打官司替代找人民调解委员会调解成为第一选择。可以看到，民众对纠纷解决方式的选择越来越趋于多样化，与过去相比人民调解委员会调解和民间调解仍然是大家选择解决纠纷的主要方式，但诉讼也成为人们当然的选择。

（三）民众选择纠纷解决方式时考虑的主要因素是公正

在581个有效回答中，选择"公正"项的占76.08%，其他依次为方便（13.94%）、省钱（6.37%）、有效果（2.75%）、有权威（0.86%）。在各个年龄段中，认为公正是首要因素的均占到每个年龄段的60%以上，在18~25岁这一年龄段中，选择更高达85.45%，远高于其他年龄段。在选择"省钱"的年龄段中，26~35岁的人较之于其他年龄较多，60岁以上年龄段考虑纠纷解决方式时关注的方便程度比其他年龄段的比例高，占该年龄段的33.33%。

从文化程度看，选择公正的442人中，除小学程度的占这一程度的5成外，其他各个程度的被访者均占各自所在程度的7成以上，不识字的被访者的选择达到100%。

从职业分布看，毫无疑问选择"公正"的人数在各个职业被访者中是最高的，均达到7成左右，其中商业服务人员阶层和事业人员阶层达到8成以上。在其他各个选项中，私营企业主选择"省钱"

的人数比其他阶层要高一些,国家与社会管理者阶层和个体工商户选择"方便"的人数较其他职业的多10%左右。

(四)民众认为最有利于纠纷和矛盾解决的方式是调解

在592个有效回答中,选择在遇到纠纷或者矛盾时首先选择调解的人数比例为54.05%;其次是打官司,占19.59%;认为找报纸网络电视曝光比较有利的占12.16%;认为通过上访(信访)有利于解决的占6.42%,认为找领导有利的占2.87%,罢工、示威、静坐的占0.84%,找工会解决仅占0.17%,选择其他方式的占1.86%。在选择调解的被访者中,18~25岁年龄段中有45.45%选择调解,40%选择打官司;在26~35岁年龄段中,这一选择顺序没有变,但选择调解的人数上升至50.68%,选择打官司的只占该年龄段的22.30%;36~45岁年龄段选择调解的达到该年龄段总人数的53.59%;60岁以上年龄段选择调解的更达到80%。选择找报纸、电视、网络曝光的各年龄段中,36~45岁年龄段的居首位,占人数的14.35%;26~35岁年龄段的占13.51%,46~60岁年龄段的占11.61%,其他各年龄段比例极小。

从文化程度看,选择调解的人在各个文化程度中都占有较高比例,最低的占该文化程度的43.76%(大专),其他均各占该文化程度的50%以上,最高达到80%(不识字)。与此形成鲜明对比的是,各个文化程度中选择找工会的人数微乎其微,甚至可以忽略不计。在选择打官司的人中,拥有小学程度的人选择的最少,仅占3.33%,其他各种文化程度中选择该项的比例比较均衡,在16%~25%之间。选择找报纸、电视、网络曝光的人中,除不识字的被访者没有选择该项外,其余各文化程度的被访者中选择该项的占所在文化程度的比例在9%~14%之间。一个有意思的现象是,选择找领导解决纠纷这个选项中,小学文化程度和研究生文化程度中选择的人占所在文化程度的比例较其他程度的人要高,分别为6.67%和11.11%。

（五）民众对纠纷解决方式的满意度仍然需要提高

597人对诉讼、人民调解、仲裁和信访这4种纠纷解决方式进行了满意度评价。如果概括地将满意度分为满意、一般和不满意，对诉讼感到满意的达到被访者的42.88%，对人民调解感到满意的达到47.65%，对仲裁感到满意的达到37.78%，对信访感到满意的达到25.38%。对这四种纠纷解决方式感到一般的占被访者的46.31%～56.68%。从表1和图2可见民众对四种纠纷解决机制详细的满意度评价。

表1 民众对纠纷解决方式的满意度

单位：%

类型	非常满意	满意	一般	不满意	很不满意	合计
诉讼	6.70	36.18	48.58	6.03	2.51	100
人民调解	8.05	39.60	46.31	4.36	1.68	100
仲裁	3.93	33.85	54.53	5.30	2.39	100
信访	4.23	21.15	56.68	13.20	4.74	100

注：本文图表数据均来自本专题调查统计。

从年龄段看，对诉讼感到满意和非常满意的人数均占各个年龄段的4成左右，对诉讼方式感到一般的占各个年龄段的近5成，对诉讼感到不满意和很不满意的年龄段中，18～25岁和60岁以上两个年龄段中各有10%，比其他各年龄段中的选择人数要高。从人民调解的满意度看，各个年龄段选择"一般"的人数较多，达到各年龄段的4到5成。

从文化程度看，对诉讼的满意度最高的是不识字人群，达到71.43%，其次是大专文化程度的被访者，占本文化程度被访者总人数的50%，感到不满意和很不满意的被访者中，小学程度被访者的比例较其他各文化程度的高,占这一程度人数的比例为17.24%。文化程度为不识字的被访者对调解感到满意的比例最高,达到57.15%,大专文化的被访者中对调解表示满意的占51.83%,研究生以上文化程度的被访者对调解的不满意率最高,达到其人数的27.27%,其次是小学文化程度,与诉讼情况相同,小学程度的被访者中对调解不满意、很不满意的比例是17.24%。大专程度被访者对仲裁表示满意的比例较高,是其总人数的45.18%,研究生以上文化程度的被访者对仲裁的不满意率较其他程度的比例要高,占其总人数的18.18%。高中文化程度的被访者对信访的满意率较其他文化程度的高,占其总人数的29.32%,其次是不识字的被访者,占28.57%;对信访感到不满意的被访者中,大专文化程度人数比其他各文化程度的比例高,占其总人数的21.90%。其次是高中文化,占19.55%。

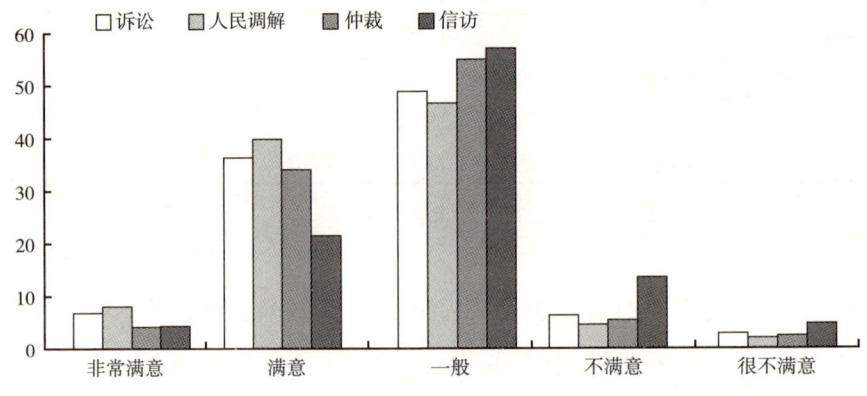

图2 民众对四种主要纠纷解决方式的满意度评价

(六)民众对地方政府解决社会矛盾和纠纷的能力评价不高

在604个有效回答中,有52.32%的人认为地方政府解决社会矛盾和纠纷的能力一般,27.81%的人表示满意,3.81%的人表示非常满意,11.42%的人表示不满意,4.64%的人表示很不满意。

从年龄看，36~45岁被访者中对政府解决矛盾纠纷的能力表示满意的比例为该年龄段人数的33.99%，46~60岁年龄段比例为33.55%，18~25岁年龄段的占31.67%。60岁以上年龄段中有70%的被访者认为地方政府解决矛盾纠纷的能力一般，36~45岁年龄段中表示对政府处理能力不满意的比例较其他年龄段稍高，占其总人数的17.24%，26~35岁年龄段和46~60岁年龄段的比例基本持平，分别为16.77%和16.78%。

从文化程度看，高中文化的被访者对地方政府解决矛盾纠纷的能力感到满意的比例比其他程度的要高，占该文化程度总人数的41.30%。71.43%的不识字被访者认为地方政府能力一般。27.27%的研究生以上文化程度的被访者对地方政府的解决能力表示不满意，居其他各文化程度之首，其中18.18%的人表示很不满意。

从职业看，农业劳动者对地方政府解决矛盾纠纷的能力表示满意的人数占其职业总人数的比例最高，达到47.70%，其次为失业人员，比例为42.89%，国家与社会管理者阶层的满意率占其人数的32.14%，居第三。对地方政府解决矛盾纠纷能力表示不满意的各个职业被访者中，私营企业主占其总人数的比例较高，为29.03%，居第二位的是经理人员阶层，占其总人数的28.13%，产业工人阶层居第三位，比例为27.53%。

（七）民众认为减少社会矛盾的根本是要切实保护公民的合法权益，同时发挥多种解决机制的作用

问卷列举了7种人们较为常见的纠纷解决机制，根据对被访者选择人次进行统计的数据看，有375人次认为更需要发挥调解的作用，有308人次认为需要发挥诉讼的作用，有266人次选择了协商，有233人次选择了行政裁决，有191人次选择了仲裁，有120人次选择了信访，有28人次选择其他方式。可以看到，被访者认为这些矛盾

纠纷解决机制中,首先更需要发挥调解的作用,其次认为需要发挥诉讼的作用,而选择进一步发挥信访作用的被访者较选择调解和诉讼的人数要少很多。表2反映了被访者选择要解决社会矛盾更需要发挥哪些解决机制的人次以及在总选中次数中的比例。

表2　民众对解决社会矛盾应发挥机制的选择

单位:人次,%

类型	人次	比例
诉讼	308	20.25
协商	266	17.49
调解	375	24.65
仲裁	191	12.56
行政裁决	233	15.32
信访	120	7.89
其他	28	1.84
总计	1521	100.00

注:本文图表数据均来自本专题调查统计。

652位被访者在可多选的10个答案中进行了选择,被访者认为减少社会矛盾的办法是首先要切实保护公民合法权益,选择该项的人数占总人数的76.07%,有386人次选择了解决民生问题,有367人次选择了"实现司法公正、廉洁、廉价",有331人次选择了"依法行政",有316人次选择了"缩小贫富差距",有307人次选择"消除腐败现象",有211人次选择"转变公职人员的工作作风和工作方法",164人次选择"建立多种纠纷解决机制",159人次选择"消除城乡差距","畅通利益表达渠道"列最后一位,仅有155人次选择了此项。表4反映了被访者选择减少社会矛盾办法的人次以及在总人次中的比例。图3反映了被访者选择减少10种社会矛盾办法的人数占总人数的比例以及排序。

表3 民众对减少社会矛盾办法的选择

单位：人次，%

序号	减少社会矛盾的办法	人次	百分比
1	切实保护公民合法权益	496	17.15
2	解决民生问题	386	13.35
3	实现司法公正、廉洁、廉价	367	12.69
4	依法行政	331	11.45
5	缩小贫富差距	316	10.93
6	消除腐败现象	307	10.62
7	转变公职人员工作作风和工作方法	211	7.30
8	建立多种纠纷解决机制	164	5.67
9	消除城乡差距	159	5.50
10	畅通利益表达渠道	155	5.34
总计		2892	100.00

注：本文图表数据均来自本专题调查统计。

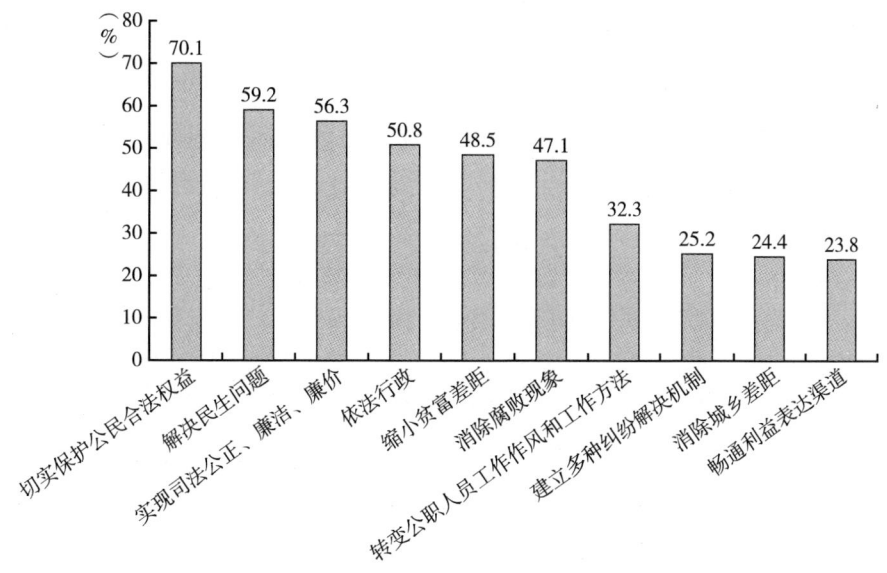

图3 民众选择减少社会矛盾办法的比例

三 思考与建议

当前我国既处于发展的重要战略机遇期,又处于社会矛盾凸显期。由于经济体制深刻变革、社会结构深刻变动、利益格局深刻调整、思想观念深刻变化,发展中不平衡、不协调、不可持续的问题短期内难以根本解决,人民内部各种具体利益矛盾难以避免地会经常大量地表现出来。从甘肃的发展情况看,甘肃省与全国的差距拉大,存在可持续发展能力不强、经济结构不合理的问题,城乡居民收入低、贫困人口多、公共服务和社会保障水平不高的问题,区域发展不协调、城乡发展不平衡、发展环境不够优、基础设施滞后、生态环境脆弱的问题,思想不够解放、不正之风和腐败现象时有发生的问题等等。近几年,重大突发事件频发,如2008年的"陇南冲击市委事件"、2009年的"会宁警民冲突事件",2012年发生的"东乡县警民冲突事件"、"兰州出租车罢运事件"等重大群体性事件。甘肃逐渐进入社会矛盾和群体性事件高发期,是近期有关政府和学界对甘肃社会稳定未来趋势的基本判断。① 基于此,厘清甘肃社会矛盾产生的主要原因,完善社会矛盾纠纷解决机制,从根本上寻找减少和解决社会矛盾和纠纷的办法已成为当务之急。

(一)切实维护好民众的合法权益

与全国一样,甘肃省面临着收入差距、就业、社会治安、腐败、分配不公、社会保障、社会诚信等普遍存在的问题,同时由于属于西部欠发达省份,这些问题在社会发展的各个领域表现得更突出、问题更多、困难更大。社会矛盾的产生是社会长期运行、发展

---

① 陈光仪:《甘肃群体性事件之研究》,《法制与社会》2010年第1期。

的结果，要减少社会矛盾不是一朝一夕指日可待的事，因此要深入分析找准矛盾产生的原因，构建防范、解决社会矛盾和纠纷的长效机制。

社会矛盾的表现是多样的。从甘肃省社会矛盾产生的主要领域和原因不难看出，产生社会矛盾的原因具有复杂性，既有历史原因，又有政策原因；既有少数国家公职人员管理方式落后、工作作风简单粗暴的一面，也有少数群众要求过高、不顾大局的一面；还有计划经济时代形成的思维定势与市场经济、民主政治不适应的一面。但民众普遍认为产生社会矛盾的主要原因是合法权益受损，这一现象反映的本质问题其实是长期以来社会主义法治建设中的突出问题，也是引发社会矛盾的重要根源，即有法不依、执法不严、违法不究的问题。要切实维护好群众的合法权益，就要从根本上解决这些问题。

党的十八届四中全会将"依法治国"定为主题，是我国法治建设的重大转机，会在各个层面有效地推动依法治国的进程，会改写三十多年来，民主法制和法治国家建设远远滞后于经济社会发展变化的历史。依法治国必然要求政府及其工作人员依法行政，要求领导干部提高运用法治思维和法治方式深化改革、推动发展、化解矛盾、维护稳定的能力。也必然要求各级政府和公职人员运用法治思维和法治方式开展群众工作。有法必依、执法必严使群众合法权益得到保护，更是实现社会公平正义的主要途径。

（二）发挥人民调解的已有优势，进一步完善和加强人民调解制度

在我国，调解制度有着悠久的历史和文化传统，源于中国古代民间"排难解纷"、"止讼息争"的传统。因契合了中华民族"以和为贵"的道德理念，调解成为民间乃至官府解决矛盾纠纷的一项重要制度，20世纪70年代开始，我国的人民调解制度受到世界范围内的

广泛关注，这种非诉讼程序被公认为是现代 ADR① 中最具代表性的一种方式，充分体现了其有别于其他纠纷解决方式的独特价值和优势。但是随着整个社会经济文化的发展，人民调解制度也显现出其存在的问题。以甘肃为例，一是人民调解员队伍存在人员不稳定、知识层次不高、专业知识缺乏的突出问题，严重制约了人民调解的专业化、社会化发展；二是人民调解协议的效力与法院判决的巨大差距影响了调解的效果；三是社会转型期原有的社会结构逐步分化，在一些地方社会道德失范，调解所依赖的地方习惯、风俗、乡规民约的约束力越来越弱。

人们普遍认为调解是解决纠纷的有效手段，对人民调解的期望和需求较高，但又对目前的人民调解制度评价一般，说明人民调解制度有更多提升的空间，数据也说明了这个情况：根据2010年的一项统计，全国各级法院一审民商事案件调解撤诉率达65.29%，同比上升3.31个百分点；甘肃省各级法院一审当年共调撤民商事案件58351件，调撤率68.86%。可以说，作为"东方一枝花"的人民调解，在化解社会矛盾中的基础性地位并没有因此而改变，人民调解必须在不断适应这种形势变化中完善和发展自己。一是要创新方式方法，探索人民调解专业化、社会化发展之路。专业化要求人民调解员应有一定的法律或社会工作背景，受过专业培训，具有丰富经验；社会化要求要充分调动社会力量参与矛盾纠纷的化解。二是要加强人民调解工作的规范化建设，提高人民调解工作科学化发展水平。积极建立和完善乡镇人民调解委员会。针对一些地方成立的乡镇司法调解中心（矛盾纠纷调处中心）在性质、构成、工作范围和运行机

---

① 指替代性纠纷解决机制，又称非诉讼纠纷解决机制，英文名称为 ADR，即 "Alternative Dispute Resolution" 的缩写。是20世纪60年代以来欧美法院逐步发展起来的各种诉讼外纠纷解决方式的总称。ADR 在消除诉讼迟延，提高诉讼效率，降低当事人的诉讼成本，节约国家有限的司法资源等方面发挥着重要的作用。

制上的行政化问题，应正确处理好乡镇党委、政府和群众自治性组织之间的关系，防止以行政调解代替人民调解的现象出现。三是要完善调解协议效力确认和执行的相关制度。由甘肃省定西法院首创的人民调解协议司法确认机制，有利于人民调解等非诉调解与司法活动的衔接，有利于减少当事人的诉累，节约诉讼资源，无论对司法制度还是对人民调解制度都是一个改革，但在实施中需要进一步完善相关制度，使其更具有可操作性，从而提高人民调解的实际效果。

（三）重视和充分发挥各级工会的作用

《中华人民共和国工会法》规定，"中华全国总工会及其各级工会代表职工的利益，依法维护职工的合法权益"，"维护职工合法权益是工会的基本职责。工会在维护全国人民总体利益的同时，代表和维护职工的合法权益"。应当说各级工会是党和政府联系职工群众的桥梁和纽带，对建立稳定和谐的劳动关系、稳定大局，具有十分重要的意义。但是现实情况是，工会在我国的企业事业单位，尤其是许多新建立、转制的企业，被认为是可有可无的组织，许多民众和工会会员没有将工会视为自己的组织，并没有将工会当做自己利益的维护者。公会的地位和作用弱化，没有起到应有的作用。

维护职工合法权益是工会的基本职责，各级政府和各类组织应当充分认识工会在构建和谐单位、和谐社区、和谐社会中的重要地位，充分认识工会在减少劳资矛盾、预防和化解社会矛盾中的重要作用，探索在不断变化的社会环境下开展和加强工会工作的方式方法。一是健全完善工会领导组织体系，应当按照《工会法》的规定，在符合条件的车间、站、队建立基层工会；二是重视工会工作人才的培养和激励，培养和选拔富有开拓创新精神的专业人才承担工会工作，改变工会以及工会工作人员边缘化现象；三是企业工会要找准工作的切入点。有为才能有位，在劳动关系矛盾尖锐的形势下，企业工会要通过协调劳动关系为企业发展营造和谐环境，也要通过维护职工合法权益实现工会的基本职责，这是企业工会工作的第一要务，也是服务企业发展的切入点。

（四）不断加强地方政府解决社会矛盾的能力

地方政府处在化解社会矛盾的前沿，基层官员又是直接影响官民矛盾的一方，其解决社会矛盾的能力和作用直接影响地方社会稳定和发展，影响党的执政能力。地方政府解决社会矛盾的能力建设不仅是提高地方政府行政能力的重要路径之一，也是维护社会稳定的需要。

地方政府及其官员一是要清醒地认识到民众权利意识逐步增强，这是长期以来进行法治化建设的宝贵成果，要适应并保护公民的权利意识，摒弃陈旧的依靠威权进行社会管理的方式，树立在法治框架内民权至上的理念；二是要充分认知到公民依法维权背后是公民对现有政权和制度合法性的认可，是公民对现有政权和制度能够有效保障民权的信任，这不仅不会危及基层社会稳定与秩序，还会使基层社会保持长久稳定，还会促进基层社会良性构建[①]。三是要牢固树立社会主义的法治观念，从走群众路线、尊重和保障人权的要求出发，认真落实和维护公民的合法权利，进一步转变工作作风，规范自己的行为，提高依法行政和依法执法效率，妥善处理好涉及人民群众的实际利益的各类纠纷。四是从传统的静态稳定观向动态稳定观转变，可以说，提高地方政府有效保障公民权利的能力、实现基层政府与公民之间的动态均衡是解决社会矛盾的根本出路。

---

① 陈发桂：《民权保障应当成为和谐社会构建的逻辑起点———以基层维稳机制有序运行为视角》，《理论与改革》2012年第5期。

B.14 关于甘肃省民族地区"四个认同"的舆情研究

王 荟*

摘 要： "四个认同"由胡锦涛总书记提出，是对"共有精神家园"理论的进一步丰富和发展。在当前民族大团结、民族大发展的时代背景下，各民族认同祖国、认同中华民族、认同中华文化、认同中国特色社会主义道路，反对民族分裂，抵制恐怖主义更凸显其必要性与时代性。甘肃作为多民族聚居地区，调研甘肃民族地区民众对"四个认同"的舆情动态，可以梳理民族情绪，掌握民族舆情，为如何理顺各民族关系、如何凝聚各民族力量、实现共同发展提供一定的客观依据。

关键词： 甘肃 民族地区 四个认同 舆情

党的十七大报告在阐述我国文化建设工作中明确提出"弘扬中华文化，建设中华民族共有精神家园"，这对边疆民族地区构建和谐社会、维护祖国统一、增强中华民族凝聚力和提升国家软实力都具有

---

* 王荟，甘肃省社会科学院决策咨询与公共政策研究所助理研究员，主要研究方向为信息经济与区域经济发展。

极其重要的意义。其后，胡锦涛总书记提出的"四个认同"则是对"共有精神家园"理论的进一步丰富和发展。

"四个认同"倡导：各民族对祖国的认同——我们伟大的祖国自古以来就是一个统一的多民族国家，各民族共同缔造了伟大的祖国，共同捍卫了祖国的统一，维护祖国统一是各族人民的根本利益所在。对中华民族的认同——每一个民族都是中华民族的组成部分，都是中华民族大家庭的一员，都和这个大家庭血肉相连，休戚与共。对中华文化的认同——我们伟大的祖国是世界上历史悠久的文明古国，在历史发展的长河中，智慧、勤劳、勇敢的中华民族创造了千古流芳的中华文化，各民族都为创造和发展中华文化做出了贡献。对中国特色社会主义道路的认同——坚持社会主义道路，是中国共产党人的坚定信念，是中国历史发展的必然趋势，也是中国各族人民的必然选择。"四个认同"是国家软实力的表征，是各民族人民共有精神家园的核心内容，是国家凝聚力的重要构成，是综合国力的体现，是边疆各民族的迫切需要。

一 调研目的、方法和样本概况

（一）调研目的

在当前民族团结、民族繁荣的大背景之下，甘肃省作为多民族地区，需要进一步理顺民族关系。了解各民族（尤其是少数民族）对"四个认同"的舆情态势，把握真实民意，对政府科学有序地开展民族工作、分析宏观思想动态和制定全省的民族政策颇有助益。

（二）调研方法

调研主要采用社会学随机抽取样本的方法，开展问卷调查，辅以个别访谈与座谈会等形式。问卷设置有主观题与客观题两部分，对问卷采集到的信息使用 EXCEL 数据表进行分析，对于访谈信息则通过梳理加以概括。

（三）样本概况

课题组专设了对甘肃省民族地区"四个认同"的舆情研究，调研组一行多人于 2014 年 8~9 月间，开展了实地问卷调研、个别访谈与集体座谈，调研区域主要包括：兰州市（城关区、七里河区、安宁区）、白银市（白银区）、临夏回族自治州（临夏市）、甘南藏族自治州（合作市）、武威市（凉州区），酒泉市（肃州区、黄泥堡子裕固族乡），共发放问卷 306 份，收回有效问卷 282 份，问卷回收有效率为 92.16%；包括藏族、回族、东乡族、裕固族、汉族等多个民族，少数民族共计 231 人，占总人数的 81.91%；其中包括回族 103 人，占 36.52%，藏族 88 人，占 31.21%，东乡族 22 人，占 7.80%，裕固族 18 人，占 6.38%；男性比例为 64.54%，女性比例为 35.46%；18~30 岁的占 14.18%，31~45 岁的占 48.58%，46~60 岁的占 29.08%，60 岁以上的占 8.16%；被调查者的文化程度为初中及以下的占 35.11%，高中的占 18.79%，大专及本科的占 43.97%，硕士及以上的占 2.13%；被调查者所在阶层涉及国家与社会管理者、经理人员阶层、私营企业主、专业技术人员、办事人员、个体工商户、产业工人、商业服务业员工、农业劳动者、城乡无业失业半失业者等十大社会阶层。

二 调研信息综述与分析

（一）"四个认同"相关内容的基层普及程度相对较低

这部分调查旨在了解政府就"四个认同"面向基层的政策、文件宣传覆盖情况以及民众了解相关内容的渠道。

1. 在问及"您对中央提出的'四个认同'的了解程度"时，有10.28%的被调查者选择"熟悉理论内涵"；有46.81%的选择"知道相关内容"；有18.09%的选择"一般了解"；有22.70%的"选择不太熟悉"；有2.13%的选择"没有了解"。整体看来，被调查者对"四个认同"相关内容的熟悉程度有限，文化程度较高、在城市工作的大众相对能较多地接触或了解到相关内容，但大多数人仅知道这一说法，而对内容知之不详，个别被调查者甚至是头一次听到这样的说法。这一情况与课题组此前的预估比较吻合，就此情况，我们在设计调查问卷时对所涉及的问题进行了通俗化、分解化，如此一来，即使被调查者对于高度概括化、理论化的提法比较陌生，也能通过问卷来做进一步了解，我们也可以了解到大众的主观看法。

2. 在问及"您是通过何种途径知道或学习到'四个认同'相关理论"时，有49.29%的被调查者选择"电视、广播"；有16.00%的选择"报纸、杂志"；有12.41%的选择"单位学习"；有11.70%的选择"网络、手机信息"；有5.32%的选择"社区宣传"；还有的选择"其他途径"。对于在此前未选择"没有了解"选项的被调查者，我们设置了该问题。大多数被调查者是通过传统的传媒方式获得信息的，有合计65.29%的被调查者通过电视、广播或报纸、杂志得知相关信息；而通过单位或者社区宣传渠道获知的则合计不到20%。可见在民族地区，民众了解相关信息的渠道是比较有限的，原本应该由政府、社区组织了解、熟悉政策的这一功能没有很好实现。

（二）被调查者对"祖国"认同积极

1. 在问及"关于对'祖国的认同'，请问您认同以下哪几点"时，有89.72%的被调查者选择"民族与国家的命运息息相关"；有56.03%的选择"个人与祖国之间的密不可分"；有73.40%的选择"对我们的祖国和民族要有自信心、自尊心和荣誉感"；有44.00%的选择"要大力推广中华民族爱国主义优良传统";有44.68%的选择"各民族共同缔造了伟大的祖国";有47.16%的选择"维护祖国统一是国家最高利益之所在";有55.32%的选择"要同民族分裂势力、宗教极端势力、暴力恐怖势力作坚决的斗争"。在这道多项选择题中,七道选项的选择率都是较高的,其中有四条选项的选择比例高于50%,最低的选项选择比例也为44.00%,可见被调查者对祖国认同的具体内容是普遍接受并支持的。(见图1)

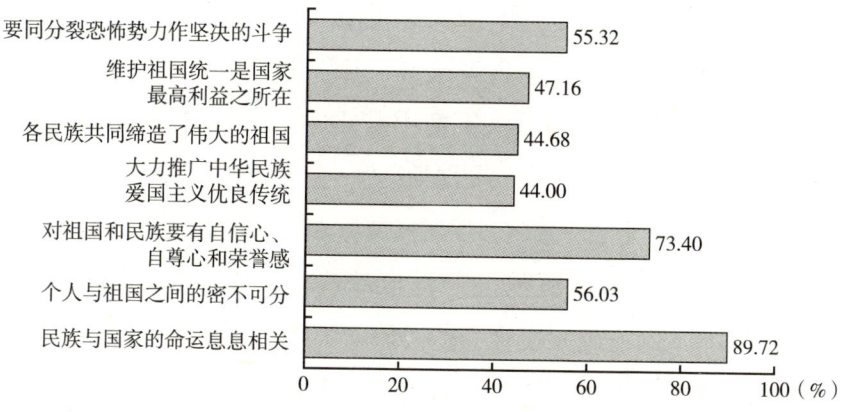

图1 被调查者对"祖国"认同程度比例

2. 在问及"对于民族分裂势力、宗教极端势力、暴力恐怖势力所制造的多起恐怖分裂事件,您的看法"时,有79.43%的被调查者选择"强烈愤慨、谴责,坚决反对";有15.60%的选择"十分反对";有3.91%的选择"比较反对";有0%的选择"一般反对";有0.35%的选择"不反对"。在问及"如果您周围出现鼓吹民族分裂,诋毁中国政府,制造恐怖事件的言论或个人时,您会怎么做"时,有43.26%的被调查者选择"坚决反对、与之斗争";有40.78%的选择"不赞同、积极举报";有8.87%的选择"提醒他人,做好防护";有6.74%的选择"暗中防范,保护自己";有0.35%的选择"认为和自己无关"。

上述两题是借由被调查者对恐怖分裂言行的态度来看其对于祖国认同度的，从选择情况看来，有八成至九成以上的被调查者是积极主动表明反对立场的。被调查者对恐怖分裂势力的反对程度颇高，对于恐怖活动也持有坚决抵制的态度，这从另外一个侧面反映出被调查者不论是哪个民族，都对祖国持有强烈的认同感。

（三）被调查者对"中华民族"的认同程度较高

1. 在问及"关于对'中华民族的认同'请问您认同以下哪几点"时，有99.29%的被调查者选择"中华民族是一个多民族的大家庭，56个民族都是中华民族大家庭中重要的一员"；有38.65%的选择"新疆自古以来就是一个多民族聚居地区"；有80.50%的选择"中国各族人民的根本利益是完全一致的，反对民族分裂是各民族的共同愿望"；有39.01%的选择"各族人民的根本利益高于各个民族的特殊利益"；有51.42%的选择"具有强大凝聚力的民族，必须反对民族分裂主义"；有65.60%的选择"坚决打击暴力恐怖主义破坏活动"。在这道多项选择题中，六道选项的选择率都是很高的，尤其是对多民族组成中华民族的认同、反分裂、打击暴力恐怖事件方面的认同度较高。（见图2）

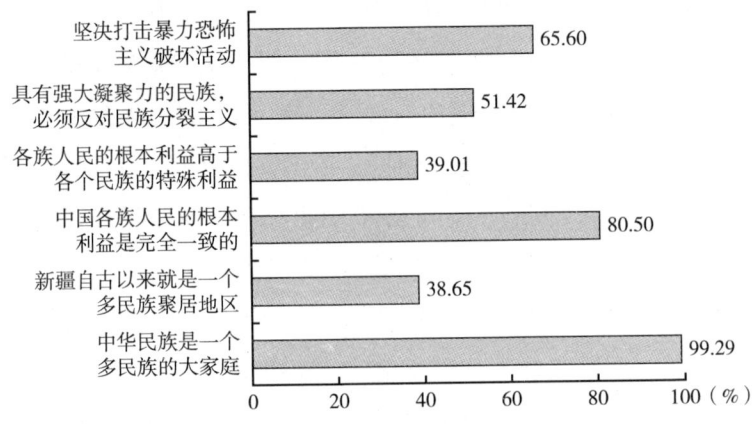

图2　被调查者对"中华民族"的认同程度

2. 在问及"请问您是否认同'汉族离不开少数民族，少数民族也离不开汉族，各少数民族之间互相离不开'这一说法"时，有46.10%的被调查者选择"很认同"；有34.40%的选择"较认同"；有13.48%的选择"一般认同"；有4.26%的选择"不太认同"；有1.77%的选择"不认同"。这个调查问题从另外一个侧面来考察被调查者对中华民族的认同程度，从调查数据看，合计有80.50%的是比较或者非常认同各民族之间血浓于水的历史感情的，认为中华民族是由多个民族共同构建而成的。

（四）被调查者对"中华文化"的认同程度呈现两极分化

1. 在问及"关于对'中华文化的认同'请问您认同以下哪几点"时，有97.87%的被调查者选择"中华文化具有多元一体特征"；有99.29%的选择"中华文化是中国各民族共同创造的"；有48.58%的选择"中华文化从来就是各民族相互联系的文化"；有31.21%的选择"少数民族文化吸纳了汉族文化"；有32.62%的选择"汉族文化吸纳了少数民族文化"；有56.38%的选择了"各少数民族文化也是相互吸纳的"；有29.43%的选择了"坚持中华文化的与时俱进"；有62.06%的选择了"建设中国特色社会主义文化"。从该道多项选择题的选择结果看来，公众对于中华文化的认同度是比较高的，但是选择比例呈两极分化态势，有两道选项比例高达97%以上（中华文化具有多元一体特征，中华文化是中国各民族共同创造的），另有两道选项的选择比例则相对不高（少数民族文化吸纳了汉族文化，汉族文化吸纳了少数民族文化），为三成左右。从中可以看出，被访民众对于中华文化的认同主要归集于各民族文化对中华文化的贡献，但是对于各民族之间的文化交流与融合的认同则有所保留，应该进一步加强各民族互通文化、了解各民族习俗。（见图3）

2. 在问及"如果您是少数民族，会否一起欢度中国的传统节日，

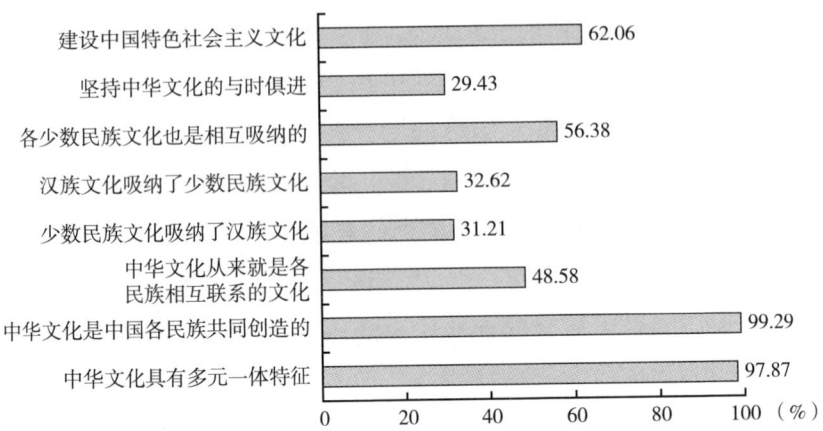

图3 被调查者对"中华文化"的认同程度

比如清明、端午、中秋、重阳、春节等节日"时,有26.72%的被调查者选择"全部都过";有13.94%的选择"参加较多节庆";有12.21%的选择"参加个别节日";有9.58%的选择"知道过节但不积极参加";有19.46%的选择"从不参加"。①

3. 在问及"如果您是少数民族,在欢度自己节日的时候,会否有其他民族的同事或者朋友来表示祝贺或共度"时,有29.34%的被调查者选择"有很多";有14.53%的选择"有较多";有22.94%的选择"有一些";有10.17%的选择"有个别";有4.93%的选择"没有"。②

4. 在问及"请问您是否认同要'尊重各民族的宗教信仰、尊重各民族的风俗习惯、尊重各民族的语言文字'"时,有58.16%的被调查者选择"很认同";有24.11%的选择"较认同";有11.70%的选择"一般认同";有5.32%的选择"不太认同";有0.71%的选择

---

① 该调查对象为少数民族群众,少数民族共计231人,占总人数的81.91%,故此处的比例合计为81.91%。
② 该调查对象为少数民族群众,少数民族共计231人,占总人数的81.91%,故此处的比例合计为81.91%。

"不认同"。

以上的三题是借由被调查者对其他民族节日的态度看其对于中华文化的认同度。从调查结果看，少数民族与其他民族之间的节日共度程度是比较高的，总体有六成以上的少数民族会和其他民族共度节日。最后一题中的选择结果也显示，有超过八成的被调查者是比较认同其他民族的宗教、风俗与语言的，这都说明了被调查者对中华文化的认同度较高。

此外，有19.46%的被调查者选择"从不参加"中国的传统节日，通过进一步分析数据来源，发现选择"从不参加"的大多是文化程度较低、收入水平较低或者年龄偏大的被调查者。在提倡要尊重各民族的节日习俗的同时，共度节日是加深民族融合、促进民族和谐的一个很好途径，应从多处着手促进各民族欢庆传统节日，民族之间共度各自特有节日。

（五）被调查者对"社会主义道路"的认同程度良好

1. 在问及"关于对'社会主义道路的认同'请问您认同以下哪几点"时，有81.21%的被调查者选择"社会主义是一种先进的社会制度，走社会主义道路是中国历史发展的必然趋势"；有34.75%的选择"不断坚定社会主义信念"；有40.78%的选择"只有社会主义才能救中国"；有29.79%的选择"只有社会主义才能发展中国"；有48.23%的选择"中国特色社会主义道路是各民族共同繁荣的必由之路"；有80.85%的选择"建设中国特色社会主义的基本任务是实现各民族共同繁荣"；有29.43%的选择"新疆在建设中国特色社会主义道路上取得巨大成就"。关于对"社会主义道路的认同"，被调查者的选择比例也较高，但是有个别选项的选择比例相对不高，比如"只有社会主义才能发展中国"只有29.79%的选择率，也凸显了个别人对于社会主义道路发展中国的不够坚定。（见图4）

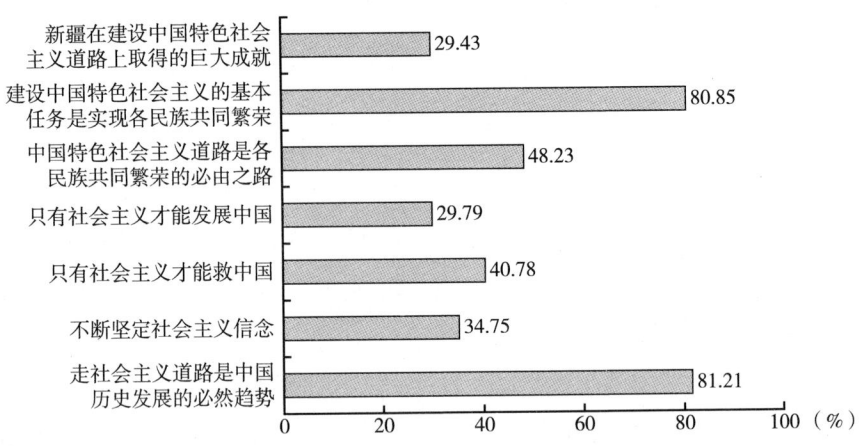

图 4　被调查者对"社会主义道路"的认同程度

2. 在问及"您如何看待我国实行的'一国两制、改革开放、民族自治、和平发展'等政策方针"时，有 54.61% 的被调查者选择"坚决拥护"；有 36.17% 的选择"较拥护"；有 8.16% 的选择"一般拥护"；有 0.71% 的选择"不太拥护"；有 0.35% 的选择"不拥护"。该选题是借由被调查者对国家主要政策的态度看其对于社会主义道路的认同度，结合上一题，可以看出，当被调查者对社会主义道路的认同率具体到政策方针时，选择比例则很高，较拥护及坚决拥护的达到了九成以上。

（六）八成以上的被调查者对"四个认同"的整体认可度较高

在问及"您对'四个认同'的整体认可度"时，有 53.9% 的被调查者选择"很认同"；有 31.91% 的选择"较认同"；有 10.64% 的选择"一般认同"；有 2.48% 的"不太认同"；有 1.06% 的选择"不认同"。这一题是对被调查者就"四个认同"的整体认可情况调查，整体看来，比例是较高的，合计有 85.51% 的被调查者选择很认同或较认同。

（七）被调查者对政府作为充满信心，对未来期望较高

1. 在问及"在防范和打击民族分裂势力、宗教极端势力、暴力恐怖势力方面，您对政府作为是否有信心"时，有43.97%的被调查者选择"很有信心"；有39.36%的选择"较有信心"；有13.12%的选择"有一定信心"；有2.13%的选择"不太有信心"；有1.42%的选择"没有信心"。

2. 在问及"甘肃各族人民将在民族团结、稳定发展的道路上不断前进并取得成绩，对此您的看法"时，有39.36%的被调查者选择"坚信一定能实现"；有39.72%的选择"相信可以实现目标"；有10.28%的选择"通过努力可以实现"；有6.38%的选择"能实现，但难度不小"；有4.26%的选择"实现前景不容乐观"。从上两题的选择比例看，被调查者对未来的期望较高，预期也比较乐观。整体的正面选择率（选择前两个选项）合计接近80%。

三 个别访谈与座谈会议情况汇总与分析

问卷中除了通过选择题来进行舆情调研外，我们还考虑设计一些开放性问题，以了解被调查者具有个性的一些看法。请被调查者就如何进一步提高各族人民对"四个认同"的了解程度和认同程度谈一谈自己的看法。对这一主观问题，有相当多的被调查者发出了自己的声音，主要方面通过汇总可见表1。

被调查者针对民族问题主要的诉求还是集中在教育、经济、打击恐怖分裂势力、促进民族平等、尊重民族习俗等方面，进一步解决这些问题，可以为促进"四个认同"奠定更好的群众基础。同时，做好宣传学习工作，让"四个认同"深入群众，让民众认识到我们的祖国、文化、社会建设和共产党领导的方方面面与自身民族发展密不

可分，可以进一步促进民族团结、民族繁荣，进而形成全社会的良好发展氛围，这两个方面是相辅相成的。

表1 对"四个认同"及民族团结发展的看法汇总表

主要内容	人数(人)	比例(占填写意见的总人数%)
支持祖国统一,坚决打击分裂势力	8	7.62
努力发展地方经济,带动民族繁荣	12	11.43
加大"四个认同"宣传学习力度,让政策深入人心	7	6.67
争取从个人做起,共创安宁繁荣的家园	2	1.90
加大民族地区教育力度	22	20.95
重视少数民族文化传承	5	4.76
坚决打击民族分裂、恐怖势力	30	28.57
促进民族平等,尽量减少特殊化	3	2.86
尊重各民族风俗习惯、宗教信仰	16	15.24
合计	105	100

四 调研结果分析与舆情预测

综合调查数据，可以看出，被调查者对于"四个认同"虽然熟悉程度有限，但是将"四个认同"的主要内容进行分解、具体化以后，被调查者对其内容的认同情况则一目了然。对于祖国、中华民族、中华文化、社会主义道路，绝大多数被调查者是积极认同的，认同比例均在90%以上（包括"非常认同、较认同、一般认同"）。同时，民众反对分裂、反对暴力恐怖势力的比例、对政府打击恐怖分裂势力的信心、对甘肃省民族团结稳定发展等方面的选择比例也是较高的，都在80%以上。甘肃作为民族地区，各民族团结一致，积极要求繁荣发展的基础良好。总体预测，甘肃民众对"四个认同"接受度较高，对发展充满信心，虽然有一些问题亟待解决，但未来的民族团结发展形势良好。

五 思考与建议

（一）疏通政府宣传渠道，提高政策基层普及率

民族地区尤其是在城市边缘与农村地区，经济不发达，信息相对闭塞，国家发布的方针政策信息常常不能有效地到达基层。仅以本课题的"四个认同"相关内容为例，很多基层民众仅通过电视、报纸被动地接收到信息，所以大多对官方的、正式的提法及主要内容知之不详，这对开展进一步的思想普及与奠定群众思想基础造成了一定的障碍。鉴于此，要做好民族工作，必先做好宣传工作，要疏通政府宣传渠道，充分利用基层政府、社区服务站、企事业单位的宣传窗口，进行政策宣传，让群众熟悉、学习相关内容，开发基层思想，做好动员工作。

（二）进一步实现"四个认同"，民族教育要先行

"四个认同"是从群众路线着手，在奠定坚实的群众思想基础上，最终实现民族大团结、民族大繁荣。要振兴民族地区经济，教育要先行，这一诉求也反映在课题组的问卷调查结果中，有相当一部分被调查者提出要抓好民族群众的教育问题，以教育促发展，以教育谋经济。在我们调研的民族地区，有相当数量的少数民族青少年，本该是在校读书的年纪却外出打工或辍学在家，"读书无用"的消极思想依然有土壤。应大力杜绝消极的读书无用论，从娃娃开始抓教育，改善民族地区的学风，培养良好的学习竞争氛围，加大师资投入，培养高素质的民族人才，让他们为家乡的建设出力。

（三）大局处把握，细微处着手，共建各民族共有精神家园

"从时间的纵向和空间的横向看，多民族的主权国家大多会通过政策制定及其实施不断增强国内各民族的价值观念，也大多认同价值观念的一体化或同质化进程是中华民族文化发展的大趋势。"① "四个认同"要为甘肃民族地区人民群众所认同，就必须融入当地人民群众的生产生活和精神思想文化领域，就必须与当地人民群众的日常生产生活有机地结合起来，形成具有普遍性、共同性的心理认同感。不仅要从大局处制定民族政策，积极倡导民族平等，也要从细微处体现人文关怀。不搞特殊化，不带有色眼镜，不搞隐形歧视，以平常心对待各族同胞，共建共有精神家园。在进行座谈调查时，我们通过访问民族地区的一些少数民族干部，就了解到一个现实情况：少数民族群众外出时，在车站、机场安检处，常常要求配合检查。正当常规的检查群众都是积极配合的，但是在实际操作中，常有安检人员带有轻微刻意甚至歧视、敌视的态度，这样有伤民族群众的民族自尊心，不利于民族团结。对于民族平等、民族团结，我们的工作更要从细微处着手，照顾民族情绪，实现真正的民族平等。

（四）反恐维稳求发展，民族群众是基石

在民族团结的大背景下，甘肃作为民族大省之一，也要积极预防民族分裂恐怖势力的渗透，做好反恐维稳工作。抓好群众这个坚实的基础，通过加大法制宣传、政策推广，让各族人民认识到维护祖国统一、维护民族安定团结就是在保护我们每一个小家庭，一定要发掘群众的潜能，动员群众的力量，让恐怖分裂分子无机可乘。

---

① 于铭松：《文化认同与增强中华民族凝聚力》，《广西社会主义学院学报》2010年第1期。

要"正视各个民族认同与中华民族认同的双重性,坚持民族心理认同合理性与合理引导民族意识的相互统一,坚决依靠各民族人民群众抵御境内外敌对势力的渗透分裂破坏活动,牢牢掌握反渗透、反分裂、反颠覆斗争的主动权。"[1] 对分裂和恐怖破坏活动给予坚决打击。

---

[1] 张运德:《强化"四个认同"教育,增强中华民族凝聚力》,《实事求是》2006年第2期。

B.15 关于深化教育领域综合改革（分类考试）的舆情研究

刘安诚*

摘　要：	分类考试是我国教育改革的又一项重大举措。这项举措并不是要减轻高考压力，而是在更符合考生个人素质的同时，对考生提出了更综合、更高的要求。这也不是中等职业学校独享的机会，而是敦促职业教育向规范化、特色化方向快速发展。
关键词：	分类考试　普通教育　职业教育

一　调研背景

"分类考试"对于大多数人而言是个新名词，其实这种升学方式自20世纪80年代起一直存在，如职工大学招考、成人高考、自学考试以及"专升本"等等，都是非全国统一高考升学的学生获取高等教育文凭的途径。虽然这些方式使一大批人获得了高等教育机会，但因其定位不清、特色不明，一直被视为"末流升学"。随着我国社会经济的快速发展，职业技术教育的必要性显得越来越迫切。国家为此出台了一系列职业教育改革措施，几乎与义务教育免

---

* 刘安诚，甘肃省社科院哲学所助理研究员，主要研究方向为哲学教育学。

费同时实施中等职业教育免费和补贴；动员、扶持社会办学力量优先进入职业教育。尽管如此，中等职业教育与高等教育衔接不畅的问题一直困扰着职业教育的发展。本世纪以来，波及全国的"技工荒"终于呼唤出职业技术教育与高等教育的"立交桥"——普通高等教育学校对口招收"三校生"，分类考试正规化、规范化应运而生。

近10年来，《中国教育报》、《中国人大》和《海南日报》等都曾对搭建职业教育立交桥进行过探讨，全国各地对职业教育升学招生考试改革的探索实践也很多。如2000年后，重庆市开展初中后5年一贯制、"3+2（3）"、"212"等模式的职业教育；北京市采用推荐不超过本校本专业高等职业教育应届毕业生15%的学生参加"专接本"考试，录取人数控制在参加考试学生的2/3以内；辽宁省从2004年起，把升学考试课程分数调整为文化基础课满分为360分，专业综合和技能考核共400分，倾向于考察学生的实践操作技能；上海市推荐"三校"优秀应届毕业生接受高等院校选拔工作，实施六年贯通试点工作和插班生制度；2008年，教育部在2007年8所高职院校单独招生试点的基础上，扩大在江苏、浙江、湖南等8省区20所国家示范性高职院校开展单独招生试点。教育部《关于2010年部分高等职业院校开展单独招生改革试点工作的通知》（教学司〔2010〕6号），要求全国共有73所国家示范性高职院校获得2010年单独招生改革试点资格，进一步推动高职招生考试的改革，尽量提供一个适合职业教育选拔优秀人才的升学途径。

2011年3月，甘肃省教育厅下发《关于甘肃省普通高等教育对口招收中等职业学校学生招生考试制度改革的通知》，就中等职业学校学生（普通中专、职业中专、职业高中、成人中专、技工学校）对口升入普通高等院校招生考试制度改革有关事宜作出规定：考试科目为"文化综合素质测试（250分）+专业基础知识测试（250分）+专业技能水平测评（300分）"，学生考试成绩为三项考试成绩总和，满分为750分。"文化综合素质测试+专业基础知识测试"属于全省统考。"专业技能水平测试"由应届学生所就读学校或往届生所毕业学校测评及根据各级技能大赛成绩确定。考试不采用全国统一的高考试卷，由甘肃省单独命题划线，单独招生，于5月20日进行。2012年4月11日，甘肃省职业教育与成人教育工作会在兰州召开。在省教育厅协调下，增加"三校生"本科招录院校，全省8所高校计划本科招生400人，并争取外省高职高专在甘肃投放招录"三校生"计划。

经过几年的试点，到2013年，教育部在《关于积极推进高等职业教育考试招生制度改革的指导意见》里，明确了职业教育升学的六种途径。

第一种是传统高考，不过通过这种方式录取的数量会逐步减少。

第二种是单独招生，高职院校可以根据学校自身特点、本地区经济社会发展特点，选择自己认为合适的方式来进行考试。

第三种是综合评价考试招生，即把高中学业水平考试和职业倾向测试同时作为高职院校录取的依据。

第四种是专门面向中职学校毕业生的对口招生，考试内容主要是技能加文化素质考核。

第五种是面向中职学生的技能拔尖人才招生，已参加工作的人在岗位上取得很好成绩，比如拿到高级工证书、技师证书，或者摘取全国、省级比赛奖项等可向高职院校提出申请，经过相应的面试，免试录取。

第六种是对某些专业，比如护理、幼儿师范等实行面向初中毕业生的长学制培养。

2014年3月，教育部副部长鲁昕在介绍全国职业教育工作会议和《国务院关于加快发展现代职业教育的决定》的有关情况时表示：教育部将做2000年以来新设的600多所地方本科高校向应用技术、职业教育类型转变的工作。这些院校今后将重点培养为一线服务的高层次技术技能人才。这就意味着这些学校要淡化学科、强化专业，按照企业的需要和岗位来对接。鲁昕透露已有150多所地方院校报名参加教育部的转型改革。

9月4日，国务院正式颁布《关于深化考试招生制度改革的实施意见》，提出加快推进高职院校分类考试：即高职院校考试招生与普通高校相对分开，实行"文化素质+职业技能"评价方式。中职学校毕业生报考高职院校，参加文化基础与职业技能相结合的测试。普通高中毕业生报考高职院校，参加职业适应性测试，文化素质成绩使用高中学业水平考试成绩，参考综合素质评价。学生也可参加统一高考进入高职院校。2015年通过分类考试录取的学生占高职院校招生总数的一半左右，2017年成为主渠道。

此"意见"一出，职业教育界一片欢腾。大有职业教育大发展迎来春天之感。那么，果真如此吗？

二 问卷及访谈说明

分类考试无疑是近年来最有力度的教育体制综合改革。就职业教育角度而言，这次改革主要涉及2000年后升为二本的大专院校、职业中学、中专、技校、初中的教师、学生和家长，为此本课题组对甘肃省2000年后升为二本的3所院校、4所独立高中、5所职中（指中等职业教育学校，下同）、5所初中学校的部分师生、家长进行了问卷调研。问卷发放情况见表1。共计发放问卷1180份，回收1150份，有效回收率为97.46%。另访谈教师51人、学生75人、家长41人，其中高中部分都是2014年的新高一。受访谈分布情况见表2。

表1　问卷发放回收情况

项目	学校	教师	学生	家长	小计
发放(份)	大学	40			40
	职中	60	300		360
	高中	60	300		360
	初中	60	300	60	420
	合计	220	900	60	1180
回收(份)	大学	33			33
	职中	57	295		352
	高中	60	300		360
	初中	60	300	45	405
	小计	210	895	45	1150
回收率(%)					97.46

表2　受访谈人员分布表

人员	大学	高中	职中	初中	总计
教职员(人)	7	8	16	20	51
学生(人)		10	40	35	75
家长(人)		10	6	35	41
其他人员(人)					36
合　计	7	28	62	90	203

三　舆情分析

（一）职中响应积极，高中反应冷淡

为此我们针对高中、职中的教师、学生分别进行了问卷调研（见表3）。

表3 高中、职中师生对分类高考的态度

单位：%

人员	问题	选项	选择率 高中	选择率 职中
教师	您会鼓励您的学生通过分类考试升入对口应用型高校吗？	A 会全力鼓励		85.96
		B 不一定，依学生的情况而定	63.33	10.53
		C 不会，先考虑就业，再考虑升学		3.51
		D 不鼓励	36.67	0
		合计	100	100
学生	您愿意通过分类考试升入对口应用型高校吗？	A 愿意，这是一个非常不错的深造途径，可以有更好的就业出路	15.33	67.12
		B 尽量考，考不上就找工作		32.88
		C 不愿意。我想尽快工作		0
		D 看情况而定	84.67	0
		合计	100	100

从表3中可以看到，职中教师中对问题"您会鼓励您的学生通过分类考试升入对口应用型高校吗？"85.96%选择"会全力鼓励"，而高中教师无一人；有63.33%的高中教师表示会"依学生的情况而定"，而职中教师仅有10.53%；有36.67%的高中教师明确表明"不鼓励"的态度，职中教师则无一人选这一项。在学生中，职中学生100%选择"愿意"或"尽量"考入对口应用型高校，而这一比例在高中生中的比例仅为15.33%。可见，职中的师生对分类高考的态度是很积极的，而高中的师生表现得比较冷淡。在访谈中，高中师生表示对于此次高考改革，他们更关心非职业教育的内容。就目前而言通过高考也可以进入应用型院校；而2015年起实行分类考试，普通高中学生甚至可以用"高中学业考试成绩+职业适应性测试"，就可以上应用型高校，而对于大多数普通高中学生而言，这是最后不得已的选择。

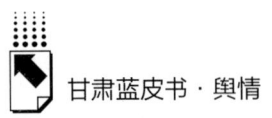

（二）相关高校表现得比较茫然

与本次分类考试改革相配套的，是高校改革。主要是针对2000年后升格为本科的院校。甘肃省目前有此类院校14所。为此本课题组对省内此类高校的教职员进行了问卷调研（见表4）。设计了三个问题：第一题："您是否认为分类考试是贵校转型为应用型大学的大好

表4　受访高校对分类考试的态度

单位：%

问题	选项	选择率
1. 您是否认为分类考试是贵校转型为应用型大学的大好机遇	A 是	39.39
	B 不是	9.09
	C 不好说	51.52
	合计	100
2. 您是否希望贵校转型为应用型大学？	A 希望。这样做学校更有前途	18.18
	B 希望，但有顾虑	36.36
	C 不希望。学校现状挺好的	21.21
	D 说不清	24.25
	合计	100
3. 在实行分类高考的情况下，您希望贵校的生源更多来自	A 普通高中学生	66.67
	B 职业高中学生	12.12
	C 各占一半最好	18.18
	D 说不清	3.03
	合计	100
4. 您认为贵校转型的难点是：（可多选）	A 目前政策不具体，且等等再说	90.91
	B 我校专业缺乏特色，不具备转型条件	33.33
	C 双师型教师太少，技术教学力量薄弱	84.85
	D 非特定专业技术教师过剩，难以安置	63.64
	E 其他（请注明）	0

机遇"？有51.52%的教职员选择"不好说"；39.39%选择"是"。但对第二题"您是否希望贵校转型为应用型大学"，选择"有顾虑"、"说不清"合计为60.6%，21.21%则希望维持现状；仅有18.18%的教职员持肯定态度。在第四题"您认为贵校转型的难点是什么"中，近91%的教职员选择了"目前政策不具体，且等等再说"，在访谈中，教职员也表示，主要对于学校的转型方向、实施方式和国家的具体政策莫衷一是。关于第三题"在实行分类高考的情况下，你希望贵校的生源更多来自"问题中，选择普通高中达66.67%，高出职中生54.55个百分点。这从另一个角度反映出，分类考试对普通高中升学并不构成威胁。据教职员反应，大学授课多采用综合大学本科教材，理论性强实用性弱，来自普通高中的生源对此类知识的接受掌握能力强于职中生源。

  从国家设计层面上看，各省应用型院校是分类考试招生的主力。因此其办学水平和对生源的吸引力，直接关系分类考试改革的成败。而这类院校建校时，都比照当时国家综合大学的学科建制设立本校专业。但就其学科研究实力而言，远逊于综合大学，基本上不具备学科研究特色。使得这些院校的毕业生，即缺乏学科研究能力，又缺乏社会所需要的实际工作技能，就业率一直不如职中和高职，造成社会、国家教育资源极大的浪费。就这些高校本身来讲，虽然有一些比较有特色的专业，这些专业在转型中无疑是可以得到保留的，但大量的其他专业，又该怎么办，在实施细则没有出台的情况下，许多教职员产生了不稳定情绪，直接影响当前的学校日常工作。因此如何将这些院校转型为能够大批打造工程师、高级技工、技师等高技术人才的合格院校，如果没有有效的、持续的、系统的方案，是不可能完成的。或许这才是导致广大教职员感到迷惘的主要原因。但既然是改革，肯定存在风险，一味地等政策求稳，也不能不说是缺乏进取心。毕竟在全国报名参加教育部转型改革的150多所地方院校中，没有一所是甘肃省的。

（三）分类考试模式的具体实施细则不明朗，职中师生既盼望又疑惑

尽管 2011 年甘肃省就启动了分类考试实验，但无论是普通高中，还是职中对这种升学方式都缺乏研究。特别是职中师生，对这种方式既盼望又担忧。为此，课题组对职中的师生分别设置了问题（见表5）。教师组中，我们设置了两个问题，第一问"您是否担心分类高考会给职业中学学校带来升学压力"？82%以上的教师表示"担心"。

表5 职中师生对分类考试、对口招生的担忧

单位：%

人员	问题	选项	选择率
教师	1.您是否担心分类考试会给职业中学学校带来升学压力？	A 担心。职业中学的教学目标是培养学生的职业素质,高考分类很容易把学校的教学目标引向应试教育	71.11
		B 担心。上职业中学的学生本来就不喜欢读书、考试,让他们愿意升学应试很难	82.22
		C 我校生源比较好,不担心升学率	4.44
		D 无所谓	2.22
	2.您认为,分类高考存在的重要问题是(可多选):	A 能对口的应用型院校太少	93.33
		B 应用型院校档次低,不吸引学生和家长	73.33
		C 由于允许普通高中学生报考应用型院校,与他们相比职业中学学生缺乏应试优势	95.56
		D 其他原因(请注明)	17.78

续表

人员	问题	选项	选择率
学生	您认为升入应用型院校的难点是（可多选）	A 省内的应用型院校对口专业少，质量也不高	22.71
		B 应用型院校考试会与考大专冲突	71.53
		C 院校可能更愿意招普通高中学生，拼应试我们不是普通高中学生的对手	41.69
		D 其他（请注明）	29.83

到目前为止，主管部门对职中的考核从未将升学率作为指标。职中因此也从未承受过应试、升学的压力。

此番教育体制改革顶层设计者的意图，是用高考指挥棒的正面引导作用，让基础教育和高中教育回归：让学生德智体美劳全面发展，成为有觉悟、有能力、有技能的劳动者。按分类考试设计：普通高中毕业生报考应用型院校，要参加职业适应性测试，文化素质成绩使用高中学业水平考试成绩，参考综合素质评价。但众所周知，从初中后分流开始，升入高中学生的文化课素养和成绩普遍高于升入职中的学生；加之职中的文化素质课的授课和考核标准都低于普通高中，按职中学生自己的说法：拼文化课和应试，我们不是普通高中学生的对手。如果职业适应性测试仅仅供普通高中学生选择专业，那么职中学生在分类考试升学竞争中，无任何优势可言。因为，看似中等职业教育升学的"立交桥"，对于初中后就接受职业教育的学生，存在着一道难以攀上的阶梯。问题在于，普通教育和职业教育是我国教育体系的两翼，中国教育的发展有赖于两翼齐振。但如果中等职业教育总是处于各种升学竞争的弱势状态，必使一翼折损，又何谈教育发展呢？

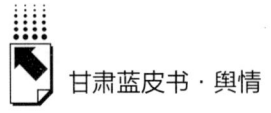

四 预测与建议

（一）预测

就目前而言，分类考试的社会影响力尚未成迅速扩散之势，但未来走向不可小视。

为此，课题组选择了初中做问卷调研。理由是，按我国初中后教育的要求，职（中等职业教育）普（普通高中教育）比要达到50%：50%。也就是说，四年后他们就要面临分类考试，他们对职业教育的态度，或可从社会层面看到未来三年中等职业教育的发展轨迹和对分类考试的接受方式。为此，我们对300名初中生、45名初中学生家长（其中30名是初三学生家长）、60名初中教师（其中25名做过班主任）进行了问卷调研。

1. 在表6中，关于第一题"您希望你的学生升入高中还是职中"，93%以上的教师选择了高中；第二题："如果您的学生今年没能考上理想的普通高中，您会怎样建议他们"，有60%以上的选择了A和D，建议学生上高中；只有10%选择推荐学生上职中。在表7中，对第一题"您最希望您的孩子考上优质高中、一般高中还是职中"，86%以上的家长选择了高中；第二题："您是否能接受孩子上职业中学"，68%的家长选择了不能接受。能接受的家长不到32%。教师和家长们的态度如此，有73%以上的初中学生选择"不愿意"上职中（见表8）就不足为奇了。

在表6的第三问："您在日常教学中，会向您的学生介绍职业中学吗？"在学校，任课教师从不给学生介绍中等职业学校，这部分占55%；能够向学生介绍的基本上都是班主任，占30%。据班主任们说：这是上级教育行政管理部门下达的任务，必须保证每年初中毕业生报职校的指标，是硬性的。但就他们本心而言，还是希望自己的学生上高中。他们更多的工作是"把没有考取高中希望的、学习比较差的学生动员去上中等职业学校"。用教师们的话说："也算给这些学生指个出路吧。"能够根据学生情况"着重推荐上职业中学"的7位教师（仅占11.67%），是因为他们亲友的孩子通过高校与中等职业学校对口招生上了大学。在表7中，14位接受孩子上中等职业学校的，都是初三学生的家长，78%以上选择了"万不得已"；有6位家长同时选择了"供不起，职业中学可以免费学一技之长"和"职业中学能上专业对口的大学，有更好的发展"；在表8中，接受中等职业教育的学生也有37.41%的学生选择了"职业中学免费，可以

表6　初中教师对学生接受中等职业教育的态度

单位：%

问题	选项	选择率
1. 您希望你的学生升入	A 普通高中	93.33
	B 职业中学	6.7
	合计	100
2. 如果您的学生今年没能考上理想的普通高中,您会建议他们	A 只要有希望就复读,尽量考一所理想普通高中	35
	B 不复读,上一所有自己喜欢专业的职业中学	10
	C 看家长和学生的意愿,不干涉	28.33
	D 上一般的普通高中也比上职业中学强	26.67
	合计	100
3. 您在日常教学中,会向您的学生介绍职业中学吗?	A 不会	55
	B 有时会	3.33
	C 只在学生准备中考时,作为一个升学途径大致讲一下	30
	D 会着重推荐职业中学	11.67
	合计	100

减轻家庭负担"。有78%以上的学生却是出于学业成绩不佳而不得不选择中等职业学校。

表7 初中学生家长孩子接受中等职业教育的态度

单位：%

问题	选项		选择率
1.您最希望您的孩子考上	A 优质普通高中	27	60
	B 一般普通高中也行	12	26.67
	C 职业中学	6	13.33
	合计		100
2.您是否能接受孩子上职业中学	A 能	8	17.78
	B 不能	31	68.89
	C 无所谓,有学上就行	6	13.33
	合计		100
如果您选择A和B,是因为(可多选):	A 万不得已。孩子学习不怎么样,上职业中学也是条出路	11	78.57
	B 孩子自己愿意,老师也推荐了	8	57.14
	C 供不起,职业中学可以免费学一技之长	6	42.86
	D 职业中学能上专业对口的大学,有更好的发展	6	42.86
如果您选择②,是因为(可多选)	A 孩子的学习成绩好,可以通过上优质高中考上大学	16	80.65
	B 职业中学学风不好,怕孩子学坏	29	93.54
	C 上了职业中学就把孩子的发展空间限死了	5	51.61
	D 其他原因(请列举)	25	16.13

可见,接受上中等职业学校的师生和家长都显得很无奈。在感情和理性上,教师选择了后者,通过他们理性的工作,部分学生和家长

在期望与现实面前,还是务实的。另外,中等职业教育的优惠待遇和独特的升学途径,对部分家庭条件较差的家长和学生,还是有吸引力的。但中等职业教育长期延揽"差生"的现状,短期内无法改变。

表8 初中学生对接受中等职业教育的态度

单位:%

问题	选项		选择率
您愿意上职业中学吗?	A 愿意	55	18.33
	B 不愿意,但不得不考虑上职业中学	92	30.67
	C 不愿意,绝不上职业中学	129	43
	D 无所谓,听家长的	24	8
	合计		100
如果您选择 A 和 B,请问您的原因是(可多选)	A 我的成绩只能上职业中学	116	78.91
	B 职业中学免费,可以减轻家庭负担	55	37.41
	C 上职业中学没有升学压力	102	69.38
	D 能学习技术,可以早些工作	89	60.54
如果您选择 C 和 D 请问您的原因是(可多选)	A 我学习成绩比较好,将来可以考取二本以上的大学	104	67.97
	B 不了解职业中学,听说过职业中学很多负面的信息	117	76.47
	C 家长不会同意	75	49.02
	D 那不是好学生应该考虑去的地方	109	71.24

2. 在表7、表8中,不接受中等职业教育人中,80%以上的家长和近68%的学生认为学习成绩好,不选择职中;但选择率占第一位的原因是,93%的家长认为"职业中学学风不好,怕孩子学坏",71%以上的学生认为"那不是好学生应该考虑去的地方","听说过职业中学很多负面的信息"。导致这一现象的原因是多方面的。

第一,世纪之交,职业教育滑坡严重。20 世纪 90 年代,国家产业调整，甘肃省许多曾经举办过技工学校的大企业衰落，其所办的技工学校许多也随之无疾而终，致使当时在校生文凭的含金量大打折扣；加之大学持续扩招，使普通高中的规模迅速扩张。同一时期的企业转制改革中，要求剥离学校资源，使大部分原企业的技工学校因资金缺乏，教师队伍老化，而难以维持最基本的日常教学秩序。教学水平差，管理混乱，部分学生形象不佳、行为不检点等状况，给职业教育的信誉以重创。这一阶段的乱象，至今在社会上都留存着挥之不去的阴影。

第二，政策对职业教育的定位偏差。职业教育历来被认为是"二流教育"、"补充教育"，因此，不论职业教育是否担任着重要的教育功能，都被认为是不入流的。在这样的观念作用下，我国高等院校招生录取规则便理所当然地把高等职业教育院校放在第四批次或者第五批次，似乎高等职业教育只能收"一本"、"二本"、"三本"筛选下来的学生；而中等职业教育能招到中考成绩在300多分（中考满分为650分）的学生，学校的教职员工都会感到欣慰。

近几年，为了改变甘肃省中学阶段的职普比，各级教育主管部门层层下达招生指标，并与学校的收入挂钩。于是，各中等职业学校都使尽浑身的解数争夺生源。如有的学校承诺包找工作，却在新生入学不到两个月，就打着"校企联合办学"的幌子，以"顶岗实习"的名义将学生送去南方的工厂。经过短暂的岗前培训，就如普通工人一样在生产线上顶岗上班，从事大量重复性简单劳动，甚至加班，而技术含量很低。学生每月工资至少一半以上交给学校，拿到的工资不过几百元钱。这类所谓的"学校"一边拿着政府支持中等职业教育的扶持资金，另一边赚着学生的血汗钱，两头通吃，有家长称"其恶行比黑中介有过之而无不及"。在社会上造成了极其恶劣的影响。而甘肃省内的教育管理部门碍于管辖区域、权限和取证的难度等，对此却显得无能为力。但是，陷入这类所谓"学校"的学生，参与分类考试的可能性几乎为"0"。

第三,事实上,目前我国尽管高等教育毛入学率达到了34.5%,但实行分类考试并不意味着中等学校升学压力的减轻,只是招生的方式有所改变和增加。"分类考试"依然是淘汰制考试。由于不少低分学生把上实用性院校作为不得已选择,使得教学双方都意愿不高,严重制约着实用性院校教学质量的提高。这样反过来又加剧了社会对职业教育的偏见,形成恶性循环。目前,社会上出现了一种奇特的现象,有人称之为"教育与就业悖论":高校、普高招生异常火爆,学生学习刻苦认真,竞争激烈,而高校毕业生就业十分困难;高校生到高职,特别是东部一带高职的"回炉",学习一技之长的现象有所增加。高职和中职毕业生就业形势非常看好而招生却十分困难,学生保有率低,且学生学习意愿不高,升入高校更无可能。如此下去,分类考试有可能提前至初中毕业的"分级考试"。

(二)建议

1. 从上述分析来看,甘肃省的中等职业教育无论是生源质量、教学水平,还是社会口碑,都无法与普通高中相提并论,在分类考试竞争中基本处于下风。所以,需要进行长期的、可持续的大力扶持。为此,课题组建议实行初中后教育券制度的同时,建立严格规范的中等职业学校教学成果的考核制度。目的是,让中等职业学校必须保证学生学会一技之长。

所谓初中后教育券制度,是指由教育行政管理部门用学生的"人头费"为未升入普通高中的每一位初中毕业生设立教育券专户,待该生获取规定的技术等级和职业资格证书后,才允许支付给相对应的职业学校(学生的生活补贴应除外)。

对于中等职业学校则应制定学生职业资格证书和技术等级统一的通过率指标层级。各中等职业学校在申报该校开办的专业时,必须承诺学生获得职业资格证书和技术等级通过率的最低指标。超过有奖，不足则罚，直至吊销办学资格。同时，加强文化素质课教学水平，与普通高中实行同等高中学业水平考试，扎实提高中等职业学校学生的文化素养，从而提升中等职业学校学生的竞争力。因为，在淘汰制考试中，只有成为有力的竞争者，才会成为受益者。

2. 加快推进高等职业院校的分类考试是这次深化教育体制改革的一个重大举措。职业教育是面向人人、面向社会的教育，担负着培养多样化的人才、传承技术技能、促进就业创业的职责。由此，课题组建议甘肃省教育行政管理部门应尽快聘请、组织专家学者对甘肃省地方院校转型实用型高校的可行性进行研究，选出1~2所学校参与到全国的实验联盟里去。

3. 从理论上讲，普通教育和职业教育是我国教育体系腾飞的两翼，不可有所偏废。但由于上述各种原因，职业教育的"二流教育"形象在社会上根深蒂固，甚至教育工作者自己都对职业教育有很深的偏见。为此，课题组建议：对从事基础教育的广大教职员工进行职业教育知识培训，端正对职业教育的认识，使其在日常教学中能够把正确的职业教育观传授给学生，以期改变学生在未来接受职业教育和选择职业时的盲从状态。

社会科学文献出版社　　　　　　　　　　　　　　　皮书系列

❖ 皮书起源 ❖

"皮书"起源于十七、十八世纪的英国，主要指官方或社会组织正式发表的重要文件或报告，多以"白皮书"命名。在中国，"皮书"这一概念被社会广泛接受，并被成功运作、发展成为一种全新的出版型态，则源于中国社会科学院社会科学文献出版社。

❖ 皮书定义 ❖

皮书是对中国与世界发展状况和热点问题进行年度监测，以专业的角度、专家的视野和实证研究方法，针对某一领域或区域现状与发展态势展开分析和预测，具备权威性、前沿性、原创性、实证性、时效性等特点的连续性公开出版物，由一系列权威研究报告组成。皮书系列是社会科学文献出版社编辑出版的蓝皮书、绿皮书、黄皮书等的统称。

❖ 皮书作者 ❖

皮书系列的作者以中国社会科学院、著名高校、地方社会科学院的研究人员为主，多为国内一流研究机构的权威专家学者，他们的看法和观点代表了学界对中国与世界的现实和未来最高水平的解读与分析。

❖ 皮书荣誉 ❖

皮书系列已成为社会科学文献出版社的著名图书品牌和中国社会科学院的知名学术品牌。2011年，皮书系列正式列入"十二五"国家重点图书出版规划项目；2012~2014年，重点皮书列入中国社会科学院承担的国家哲学社会科学创新工程项目；2015年，41种院外皮书使用"中国社会科学院创新工程学术出版项目"标识。

中国皮书网
www.pishu.cn

发布皮书研创资讯，传播皮书精彩内容
引领皮书出版潮流，打造皮书服务平台

栏目设置：

- 资讯：皮书动态、皮书观点、皮书数据、
  皮书报道、皮书发布、电子期刊
- 标准：皮书评价、皮书研究、皮书规范
- 服务：最新皮书、皮书书目、重点推荐、在线购书
- 链接：皮书数据库、皮书博客、皮书微博、在线书城
- 搜索：资讯、图书、研究动态、皮书专家、研创团队

中国皮书网依托皮书系列"权威、前沿、原创"的优质内容资源，通过文字、图片、音频、视频等多种元素，在皮书研创者、使用者之间搭建了一个成果展示、资源共享的互动平台。

自2005年12月正式上线以来，中国皮书网的IP访问量、PV浏览量与日俱增，受到海内外研究者、公务人员、商务人士以及专业读者的广泛关注。

2008年、2011年中国皮书网均在全国新闻出版业网站荣誉评选中获得"最具商业价值网站"称号；2012年，获得"出版业网站百强"称号。

2014年，中国皮书网与皮书数据库实现资源共享，端口合一，将提供更丰富的内容，更全面的服务。

法律声明

"皮书系列"(含蓝皮书、绿皮书、黄皮书)之品牌由社会科学文献出版社最早使用并持续至今,现已被中国图书市场所熟知。"皮书系列"的LOGO( )与"经济蓝皮书""社会蓝皮书"均已在中华人民共和国国家工商行政管理总局商标局登记注册。"皮书系列"图书的注册商标专用权及封面设计、版式设计的著作权均为社会科学文献出版社所有。未经社会科学文献出版社书面授权许可,任何使用与"皮书系列"图书注册商标、封面设计、版式设计相同或者近似的文字、图形或其组合的行为均系侵权行为。

经作者授权,本书的专有出版权及信息网络传播权为社会科学文献出版社享有。未经社会科学文献出版社书面授权许可,任何就本书内容的复制、发行或以数字形式进行网络传播的行为均系侵权行为。

社会科学文献出版社将通过法律途径追究上述侵权行为的法律责任,维护自身合法权益。

欢迎社会各界人士对侵犯社会科学文献出版社上述权利的侵权行为进行举报。电话:010-59367121,电子邮箱:fawubu@ssap.cn。

社会科学文献出版社

权威报告·热点资讯·特色资源

皮书数据库
ANNUAL REPORT(YEARBOOK) DATABASE

当代中国与世界发展高端智库平台

www.pishu.com.cn

皮书俱乐部会员服务指南

1. 谁能成为皮书俱乐部成员？
- 皮书作者自动成为俱乐部会员
- 购买了皮书产品（纸质书/电子书）的个人用户

2. 会员可以享受的增值服务
- 免费获赠皮书数据库100元充值卡
- 加入皮书俱乐部，免费获赠该纸质图书的电子书
- 免费定期获赠皮书电子期刊
- 优先参与各类皮书学术活动
- 优先享受皮书产品的最新优惠

3. 如何享受增值服务？

（1）免费获赠100元皮书数据库体验卡

第1步 刮开附赠充值的涂层（右下）；
第2步 登录皮书数据库网站（www.pishu.com.cn），注册账号；
第3步 登录并进入"会员中心"—"在线充值"—"充值卡充值"，充值成功后即可使用。

（2）加入皮书俱乐部，凭数据库体验卡获赠该书的电子书

第1步 登录社会科学文献出版社官网（www.ssap.com.cn），注册账号；
第2步 登录并进入"会员中心"—"皮书俱乐部"，提交加入皮书俱乐部申请；
第3步 审核通过后，再次进入皮书俱乐部，填写页面所需图书、体验卡信息即可自动兑换相应电子书。

4. 声明

解释权归社会科学文献出版社所有

皮书俱乐部会员可享受社会科学文献出版社其他相关免费增值服务，有任何疑问，均可与我们联系。

图书销售热线：010-59367070/7028
图书服务QQ：800045692
图书服务邮箱：duzhe@ssap.cn

数据库服务热线：400-008-6695
数据库服务QQ：2475522410
数据库服务邮箱：database@ssap.cn

欢迎登录社会科学文献出版社官网
（www.ssap.com.cn）
和中国皮书网（www.pishu.cn）
了解更多信息

社会科学文献出版社 皮书系列

卡号：480893571695
密码：

子库介绍
Sub-Database Introduction

中国经济发展数据库

涵盖宏观经济、农业经济、工业经济、产业经济、财政金融、交通旅游、商业贸易、劳动经济、企业经济、房地产经济、城市经济、区域经济等领域，为用户实时了解经济运行态势、把握经济发展规律、洞察经济形势、做出经济决策提供参考和依据。

中国社会发展数据库

全面整合国内外有关中国社会发展的统计数据、深度分析报告、专家解读和热点资讯构建而成的专业学术数据库。涉及宗教、社会、人口、政治、外交、法律、文化、教育、体育、文学艺术、医药卫生、资源环境等多个领域。

中国行业发展数据库

以中国国民经济行业分类为依据，跟踪分析国民经济各行业市场运行状况和政策导向，提供行业发展最前沿的资讯，为用户投资、从业及各种经济决策提供理论基础和实践指导。内容涵盖农业，能源与矿产业，交通运输业，制造业，金融业，房地产业，租赁和商务服务业，科学研究环境和公共设施管理，居民服务业，教育，卫生和社会保障，文化、体育和娱乐业等100余个行业。

中国区域发展数据库

以特定区域内的经济、社会、文化、法治、资源环境等领域的现状与发展情况进行分析和预测。涵盖中部、西部、东北、西北等地区，长三角、珠三角、黄三角、京津冀、环渤海、合肥经济圈、长株潭城市群、关中—天水经济区、海峡经济区等区域经济体和城市圈，北京、上海、浙江、河南、陕西等34个省份及中国台湾地区。

中国文化传媒数据库

包括文化事业、文化产业、宗教、群众文化、图书馆事业、博物馆事业、档案事业、语言文字、文学、历史地理、新闻传播、广播电视、出版事业、艺术、电影、娱乐等多个子库。

世界经济与国际政治数据库

以皮书系列中涉及世界经济与国际政治的研究成果为基础，全面整合国内外有关世界经济与国际政治的统计数据、深度分析报告、专家解读和热点资讯构建而成的专业学术数据库。包括世界经济、世界政治、世界文化、国际社会、国际关系、国际组织、区域发展、国别发展等多个子库。

权威·前沿·原创

社会科学文献出版社
皮书系列
2015年

盘点年度资讯 预测时代前程

社会科学文献出版社 学术传播中心 编制

社会科学文献出版社
SOCIAL SCIENCES ACADEMIC PRESS (CHINA)

社会科学文献出版社成立于1985年，是直属于中国社会科学院的人文社会科学专业学术出版机构。

成立以来，特别是1998年实施第二次创业以来，依托于中国社会科学院丰厚的学术出版和专家学者两大资源，坚持"创社科经典，出传世文献"的出版理念和"权威、前沿、原创"的产品定位，社科文献立足内涵式发展道路，从战略层面推动学术出版的五大能力建设，逐步走上了学术产品的系列化、规模化、数字化、国际化、市场化经营道路。

先后策划出版了著名的图书品牌和学术品牌"皮书"系列、"列国志"、"社科文献精品译库"、"全球化译丛"、"气候变化与人类发展译丛"、"近世中国"等一大批既有学术影响又有市场价值的系列图书。形成了较强的学术出版能力和资源整合能力，年发稿5亿字，年出版图书1400余种，承印发行中国社科院院属期刊70余种。

依托于雄厚的出版资源整合能力，社会科学文献出版社长期以来一直致力于从内容资源和数字平台两个方面实现传统出版的再造，并先后推出了皮书数据库、列国志数据库、中国田野调查数据库等一系列数字产品。

在国内原创著作、国外名家经典著作大量出版，数字出版突飞猛进的同时，社会科学文献出版社在学术出版国际化方面也取得了不俗的成绩。先后与荷兰博睿等十余家国际出版机构合作面向海外推出了《经济蓝皮书》《社会蓝皮书》等十余种皮书的英文版、俄文版、日文版等。截至目前，社会科学文献出版社共推出各类学术著作的英文版、日文版、俄文版、韩文版、阿拉伯文版等共百余种。

此外，社会科学文献出版社积极与中央和地方各类媒体合作，联合大型书店、学术书店、机场书店、网络书店、图书馆，逐步构建起了强大的学术图书的内容传播力和社会影响力，学术图书的媒体曝光率居全国之首，图书馆藏率居于全国出版机构前十位。

上述诸多成绩的取得，有赖于一支以年轻的博士、硕士为主体，一批从中国社科院刚退出科研一线的各学科专家为支撑的300多位高素质的编辑、出版和营销队伍，为我们实现学术立社，以学术的品位、学术价值来实现经济效益和社会效益这样一个目标的共同努力。

作为已经开启第三次创业梦想的人文社会科学学术出版机构，社会科学文献出版社结合社会需求、自身的条件以及行业发展，提出了新的创业目标：精心打造人文社会科学成果推广平台，发展成为一家集图书、期刊、声像电子和数字出版物为一体、面向海内外高端读者和客户，具备独特竞争力的人文社会科学内容资源供应商和海内外知名的专业学术出版机构。

社长致辞

我们是图书出版者，更是人文社会科学内容资源供应商；

我们背靠中国社会科学院，面向中国与世界人文社会科学界，坚持为人文社会科学的繁荣与发展服务；

我们精心打造权威信息资源整合平台，坚持为中国经济与社会的繁荣与发展提供决策咨询服务；

我们以读者定位自身，立志让爱书人读到好书，让求知者获得知识；

我们精心编辑、设计每一本好书以形成品牌张力，以优秀的品牌形象服务读者，开拓市场；

我们始终坚持"创社科经典，出传世文献"的经营理念，坚持"权威、前沿、原创"的产品特色；

我们"以人为本"，提倡阳光下创业，员工与企业共享发展之成果；

我们立足于现实，认真对待我们的优势、劣势，我们更着眼于未来，以不断的学习与创新适应不断变化的世界，以不断的努力提升自己的实力；

我们愿与社会各界友好合作，共享人文社会科学发展之成果，共同推动中国学术出版乃至内容产业的繁荣与发展。

社会科学文献出版社社长
中国社会学会秘书长

2015 年 1 月

社会科学文献出版社　皮书系列

❖ 皮书起源 ❖

"皮书"起源于十七、十八世纪的英国，主要指官方或社会组织正式发表的重要文件或报告，多以"白皮书"命名。在中国，"皮书"这一概念被社会广泛接受，并被成功运作、发展成为一种全新的出版形态，则源于中国社会科学院社会科学文献出版社。

❖ 皮书定义 ❖

皮书是对中国与世界发展状况和热点问题进行年度监测，以专业的角度、专家的视野和实证研究方法，针对某一领域或区域现状与发展态势展开分析和预测，具备权威性、前沿性、原创性、实证性、时效性等特点的连续性公开出版物，由一系列权威研究报告组成。皮书系列是社会科学文献出版社编辑出版的蓝皮书、绿皮书、黄皮书等的统称。

❖ 皮书作者 ❖

皮书系列的作者以中国社会科学院、著名高校、地方社会科学院的研究人员为主，多为国内一流研究机构的权威专家学者，他们的看法和观点代表了学界对中国与世界的现实和未来最高水平的解读与分析。

❖ 皮书荣誉 ❖

皮书系列已成为社会科学文献出版社的著名图书品牌和中国社会科学院的知名学术品牌。2011年，皮书系列正式列入"十二五"国家重点出版规划项目；2012~2014年，重点皮书列入中国社会科学院承担的国家哲学社会科学创新工程项目；2015年，41种院外皮书使用"中国社会科学院创新工程学术出版项目"标识。

经济类

经 济 类

经济类皮书涵盖宏观经济、城市经济、大区域经济，
提供权威、前沿的分析与预测

经济蓝皮书
2015年中国经济形势分析与预测

李 扬 / 主编　　2014年12月出版　　定价:69.00元

◆ 本书课题为"总理基金项目"，由著名经济学家李扬领衔，联合数十家科研机构、国家部委和高等院校的专家共同撰写，对2014年中国宏观及微观经济形势，特别是全球金融危机及其对中国经济的影响进行了深入分析，并且提出了2015年经济走势的预测。

城市竞争力蓝皮书
中国城市竞争力报告 No.13

倪鹏飞 / 主编　　2015年5月出版　　估价:89.00元

◆ 本书由中国社会科学院城市与竞争力研究中心主任倪鹏飞主持编写，汇集了众多研究城市经济问题的专家学者关于城市竞争力研究的最新成果。本报告构建了一套科学的城市竞争力评价指标体系，采用第一手数据材料，对国内重点城市年度竞争力格局变化进行客观分析和综合比较、排名，对研究城市经济及城市竞争力极具参考价值。

西部蓝皮书
中国西部发展报告（2015）

姚慧琴　徐璋勇 / 主编　　2015年7月出版　　估价:89.00元

◆ 本书由西北大学中国西部经济发展研究中心主编，汇集了源自西部本土以及国内研究西部问题的权威专家的第一手资料，对国家实施西部大开发战略进行年度动态跟踪，并对2015年西部经济、社会发展态势进行预测和展望。

皮书系列
重点推荐

经济类

中部蓝皮书
中国中部地区发展报告（2015）

喻新安 / 主编　　2015 年 5 月出版　　估价 :69.00 元

◆　本书敏锐地抓住当前中部地区经济发展中的热点、难点问题，紧密地结合国家和中部经济社会发展的重大战略转变，对中部地区经济发展的各个领域进行了深入、全面的分析研究，并提出了具有理论研究价值和可操作性强的政策建议。

世界经济黄皮书
2015 年世界经济形势分析与预测

王洛林　张宇燕 / 主编　　2014 年 12 月出版　　估价 :69.00 元

◆　本书为"十二五"国家重点图书出版规划项目，中国社会科学院创新工程学术出版资助项目，作者来自中国社会科学院世界经济与政治研究所。该书总结了 2014 年世界经济发展的热点问题，对 2015 年世界经济形势进行了分析与预测。

中国省域竞争力蓝皮书
中国省域经济综合竞争力发展报告（2015）

李建平　李闽榕　高燕京 / 主编　　2015 年 3 月出版　　估价 :198.00 元

◆　本书充分运用数理分析、空间分析、规范分析与实证分析相结合、定性分析与定量分析相结合的方法，建立起比较科学完善、符合中国国情的省域经济综合竞争力指标评价体系及数学模型，对 2013~2014 年中国内地 31 个省、市、区的经济综合竞争力进行全面、深入、科学的总体评价与比较分析。

城市蓝皮书
中国城市发展报告 No.8

潘家华　魏后凯 / 主编　　2015 年 9 月出版　　估价 :69.00 元

◆　本书由中国社会科学院城市发展与环境研究中心编著，从中国城市的科学发展、城市环境可持续发展、城市经济集约发展、城市社会协调发展、城市基础设施与用地管理、城市管理体制改革以及中国城市科学发展实践等多角度、全方位地立体展示了中国城市的发展状况，并对中国城市的未来发展提出了建议。

经济类　皮书系列 重点推荐

金融蓝皮书
中国金融发展报告（2015）

李　扬　王国刚/主编　2014年12月出版　估价:69.00元

◆ 由中国社会科学院金融研究所组织编写的《中国金融发展报告（2015）》，概括和分析了2014年中国金融发展和运行中的各方面情况，研讨和评论了2014年发生的主要金融事件。本书由业内专家和青年精英联合编著，有利于读者了解掌握2014年中国的金融状况，把握2015年中国金融的走势。

低碳发展蓝皮书
中国低碳发展报告（2015）

齐　晔/主编　2015年3月出版　估价:89.00元

◆ 本书对中国低碳发展的政策、行动和绩效进行科学、系统、全面的分析。重点是通过归纳中国低碳发展的绩效，评估与低碳发展相关的政策和措施，分析政策效应的制度背景和作用机制，为进一步的政策制定、优化和实施提供支持。

经济信息绿皮书
中国与世界经济发展报告（2015）

杜　平/主编　2014年12月出版　估价:79.00元

◆ 本书由国家信息中心继续组织有关专家编撰。由国家信息中心组织专家队伍编撰，对2014年国内外经济发展环境、宏观经济发展趋势、经济运行中的主要矛盾、产业经济和区域经济热点、宏观调控政策的取向进行了系统的分析预测。

低碳经济蓝皮书
中国低碳经济发展报告（2015）

薛进军　赵忠秀/主编　2015年5月出版　估价:69.00元

◆ 本书是以低碳经济为主题的系列研究报告，汇集了一批罗马俱乐部核心成员、IPCC工作组成员、碳排放理论的先驱者、政府气候变化问题顾问、低碳社会和低碳城市计划设计人等世界顶尖学者、对气候变化政策制定、特别是中国的低碳经济经济发展有特别参考意义。

皮书系列重点推荐　社会政法类

社会政法类

社会政法类皮书聚焦社会发展领域的热点、难点问题，提供权威、原创的资讯与视点

社会蓝皮书
2015年中国社会形势分析与预测

李培林　陈光金　张　翼／主编　　2014年12月出版　　定价：69.00元

◆ 本报告是中国社会科学院"社会形势分析与预测"课题组2014年度分析报告，由中国社会科学院社会学研究所组织研究机构专家、高校学者和政府研究人员撰写。对2014年中国社会发展的各个方面内容进行了权威解读，同时对2015年社会形势发展趋势进行了预测。

法治蓝皮书
中国法治发展报告 No.13（2015）

李　林　田　禾／主编　　2015年2月出版　　估价：98.00元

◆ 本年度法治蓝皮书一如既往秉承关注中国法治发展进程中的焦点问题的特点，回顾总结了2014年度中国法治发展取得的成就和存在的不足，并对2015年中国法治发展形势进行了预测和展望。

环境绿皮书
中国环境发展报告（2015）

刘鉴强／主编　　2015年5月出版　　估价：79.00元

◆ 本书由民间环保组织"自然之友"组织编写，由特别关注、生态保护、宜居城市、可持续消费以及政策与治理等版块构成，以公共利益的视角记录、审视和思考中国环境状况，呈现2014年中国环境与可持续发展领域的全局态势，用深刻的思考、科学的数据分析2014年的环境热点事件。

社会政法类　　皮书系列 重点推荐

反腐倡廉蓝皮书
中国反腐倡廉建设报告 No.4
李秋芳　张英伟 / 主编　　2014 年 12 月出版　　定价：79.00 元

◆ 本书抓住了若干社会热点和焦点问题，全面反映了新时期新阶段中国反腐倡廉面对的严峻局面，以及中国共产党反腐倡廉建设的新实践新成果。根据实地调研、问卷调查和舆情分析，梳理了当下社会普遍关注的与反腐败密切相关的热点问题。

女性生活蓝皮书
中国女性生活状况报告 No.9（2015）
韩湘景 / 主编　　2015 年 4 月出版　　估价：79.00 元

◆ 本书由中国妇女杂志社、华坤女性生活调查中心和华坤女性消费指导中心组织编写，通过调查获得的大量调查数据，真实展现当年中国城市女性的生活状况、消费状况及对今后的预期。

华侨华人蓝皮书
华侨华人研究报告 (2015)
贾益民 / 主编　　2015 年 12 月出版　　估价：118.00 元

◆ 本书为中国社会科学院创新工程学术出版资助项目，是华侨大学向世界提供最新涉侨动态、理论研究和政策建议的平台。主要介绍了相关国家华侨华人的规模、分布、结构、发展趋势，以及全球涉侨生存安全环境和华文教育情况等。

政治参与蓝皮书
中国政治参与报告（2015）
房　宁 / 主编　　2015 年 7 月出版　　估价：105.00 元

◆ 本书作者均来自中国社会科学院政治学研究所，聚焦中国基层群众自治的参与情况介绍了城镇居民的社区建设与居民自治参与和农村居民的村民自治与农村社区建设参与情况。其优势是其指标评估体系的建构和问卷调查的设计专业，数据量丰富，统计结论科学严谨。

行业报告类

行业报告类皮书立足重点行业、新兴行业领域，提供及时、前瞻的数据与信息

房地产蓝皮书
中国房地产发展报告 No.12（2015）
魏后凯　李景国/主编　2015年5月出版　估价:79.00元

◆ 本书汇集了众多研究城市房地产经济问题的专家、学者关于城市房地产方面的最新研究成果。对2014年我国房地产经济发展状况进行了回顾，并做出了分析，全面翔实而又客观公正,同时，也对未来我国房地产业的发展形势做出了科学的预测。

保险蓝皮书
中国保险业竞争力报告（2015）
姚庆海　王力/主编　2015年12出版　估价:98.00元

◆ 本皮书主要为监管机构、保险行业和保险学界提供保险市场一年来发展的总体评价，外在因素对保险业竞争力发展的影响研究；国家监管政策、市场主体经营创新及职能发挥、理论界最新研究成果等综述和评论。

企业社会责任蓝皮书
中国企业社会责任研究报告（2015）
黄群慧　彭华岗　钟宏武　张蒽/编著
2015年11月出版　估价:69.00元

◆ 本书系中国社会科学院经济学部企业社会责任研究中心组织编写的《企业社会责任蓝皮书》2015年分册。该书在对企业社会责任进行宏观总体研究的基础上，根据2014年企业社会责任及相关背景进行了创新研究，在全国企业中观层面对企业健全社会责任管理体系提供了弥足珍贵的丰富信息。

行业报告类 | 皮书系列 重点推荐

投资蓝皮书
中国投资发展报告（2015）

杨庆蔚 / 主编　　2015 年 4 月出版　　估价 : 128.00 元

◆ 本书是中国建银投资有限责任公司在投资实践中对中国投资发展的各方面问题进行深入研究和思考后的成果。投资包括固定资产投资、实业投资、金融产品投资、房地产投资等诸多领域，尝试将投资作为一个整体进行研究，能够较为清晰地展现社会资金流动的特点，为投资者、研究者、甚至政策制定者提供参考。

住房绿皮书
中国住房发展报告（2014~2015）

倪鹏飞 / 主编　　2014 年 12 月出版　　估价 : 79.00 元

◆ 本报告从宏观背景、市场主体、市场体系、公共政策和年度主题五个方面，对中国住宅市场体系做了全面系统的分析、预测与评价，并给出了相关政策建议，并在评述 2013~2014 年住房及相关市场走势的基础上，预测了 2014~2015 年住房及相关市场的发展变化。

人力资源蓝皮书
中国人力资源发展报告（2015）

余兴安 / 主编　　2015 年 9 月出版　　估价 : 79.00 元

◆ 本书是在人力资源和社会保障部部领导的支持下，由中国人事科学研究院汇集我国人力资源开发权威研究机构的诸多专家学者的研究成果编写而成。作为关于人力资源的蓝皮书，本书通过充分利用有关研究成果，更广泛、更深入地展示近年来我国人力资源开发重点领域的研究成果。

汽车蓝皮书
中国汽车产业发展报告（2015）

国务院发展研究中心产业经济研究部 中国汽车工程学会
大众汽车集团（中国） / 主编　　2015 年 7 月出版　　估价 : 128.00 元

◆ 本书由国务院发展研究中心产业经济研究部、中国汽车工程学会、大众汽车集团（中国）联合主编，是关于中国汽车产业发展的研究性年度报告，介绍并分析了本年度中国汽车产业发展的形势。

皮书系列重点推荐　　国别与地区类

国别与地区类

国别与地区类皮书关注全球重点国家与地区，
提供全面、独特的解读与研究

亚太蓝皮书

亚太地区发展报告（2015）

李向阳 / 主编　　2015年1月出版　　估价：59.00元

◆ 本书是由中国社会科学院亚太与全球战略研究院精心打造的品牌皮书，关注时下亚太地区局势发展动向里隐藏的中长趋势，剖析亚太地区政治与安全格局下的区域形势最新动向以及地区关系发展的热点问题，并对2015年亚太地区重大动态做出前瞻性的分析与预测。

日本蓝皮书

日本研究报告（2015）

李　薇 / 主编　　2015年3月出版　　估价：69.00元

◆ 本书由中华日本学会、中国社会科学院日本研究所合作推出，是以中国社会科学院日本研究所的研究人员为主完成的研究成果。对2014年日本的政治、外交、经济、社会文化作了回顾、分析与展望，并收录了该年度日本大事记。

德国蓝皮书

德国发展报告（2015）

郑春荣　伍慧萍 / 主编　　2015年6月出版　　估价：69.00元

◆ 本报告由同济大学德国研究所组织编撰，由该领域的专家学者对德国的政治、经济、社会文化、外交等方面的形势发展情况，进行全面的阐述与分析。德国作为欧洲大陆第一强国，与中国各方面日渐紧密的合作关系，值得国内各界深切关注。

皮书系列 重点推荐 — 国别与地区类

国际形势黄皮书
全球政治与安全报告（2015）
李慎明 张宇燕/主编　2014年12月出版　估价:69.00元

◆ 本书为"十二五"国家重点图书出版规划项目、中国社会科学院创新工程学术出版资助项目，为"国际形势黄皮书"系列年度报告之一。报告旨在对本年度国际政治及安全形势的总体情况和变化进行回顾与分析，并提出一定的预测。

拉美黄皮书
拉丁美洲和加勒比发展报告（2014~2015）
吴白乙/主编　2015年4月出版　估价:89.00元

◆ 本书是中国社会科学院拉丁美洲研究所的第14份关于拉丁美洲和加勒比地区发展形势状况的年度报告。本书对2014年拉丁美洲和加勒比地区诸国的政治、经济、社会、外交等方面的发展情况做了系统介绍，对该地区相关国家的热点及焦点问题进行了总结和分析，并在此基础上对该地区各国2015年的发展前景做出预测。

美国蓝皮书
美国研究报告（2015）
黄平　郑秉文/主编　2015年7月出版　估价:89.00元

◆ 本书是由中国社会科学院美国所主持完成的研究成果，它回顾了美国2014年的经济、政治形势与外交战略，对2014年以来美国内政外交发生的重大事件以及重要政策进行了较为全面的回顾和梳理。

大湄公河次区域蓝皮书
大湄公河次区域合作发展报告（2015）
刘　稚/主编　2015年9月出版　估价:79.00元

◆ 云南大学大湄公河次区域研究中心深入追踪分析该区域发展动向，以把握全面，突出重点为宗旨，系统介绍和研究大湄公河次区域合作的年度热点和重点问题，展望次区域合作的发展趋势，并对新形势下我国推进次区域合作深入发展提出相关对策建议。

地方发展类

地方发展类皮书关注大陆各省份、经济区域，提供科学、多元的预判与咨政信息

北京蓝皮书
北京公共服务发展报告（2014~2015）

施昌奎 / 著　　2015年2月出版　估价：69.00元

◆ 本书是由北京市政府职能部门的领导、首都著名高校的教授、知名研究机构的专家共同完成的关于北京市公共服务发展与创新的研究成果。内容涉及了北京市公共服务发展的方方面面，既有综述性的总报告，也有细分的情况介绍，既有对北京各个城区的综合性描述，也有对局部、细部、具体问题的分析，对年度热点问题也都有涉及。

上海蓝皮书
上海经济发展报告（2015）

沈开艳 / 主编　　2015年1月出版　估价：69.00元

◆ 本书系上海社会科学院系列之一，报告对2015年上海经济增长与发展趋势的进行了预测，把握了上海经济发展的脉搏和学术研究的前沿。

广州蓝皮书
广州经济发展报告（2015）

李江涛　朱名宏 / 主编　　2015年5月出版　估价：69.00元

◆ 本书是由广州市社会科学院主持编写的"广州蓝皮书"系列之一，本报告对广州2014年宏观经济运行情况作了深入分析，对2015年宏观经济走势进行了合理预测，并在此基础上提出了相应的政策建议。

 文化传媒类 皮书系列 重点推荐

文化传媒类

文化传媒类皮书透视文化领域、文化产业，探索文化大繁荣、大发展的路径

新媒体蓝皮书
中国新媒体发展报告 No.5（2015）

唐绪军 / 主编　　2015年6月出版　　估价：79.00元

◆ 本书由中国社会科学院新闻与传播研究所和上海大学合作编写，在构建新媒体发展研究基本框架的基础上，全面梳理2014年中国新媒体发展现状，发表最前沿的网络媒体深度调查数据和研究成果，并对新媒体发展的未来趋势做出预测。

舆情蓝皮书
中国社会舆情与危机管理报告（2015）

谢耘耕 / 主编　　2015年8月出版　　估价：98.00元

◆ 本书由上海交通大学舆情研究实验室和危机管理研究中心主编，已被列入教育部人文社会科学研究报告培育项目。本书以新媒体环境下的中国社会为立足点，对2014年中国社会舆情、分类舆情等进行了深入系统的研究，并预测了2015年社会舆情走势。

文化蓝皮书
中国文化产业发展报告（2015）

张晓明　王家新　章建刚 / 主编　　2015年4月出版　　估价：79.00元

◆ 本书由中国社会科学院文化研究中心编写。从2012年开始，中国社会科学院文化研究中心设立了国内首个文化产业的研究类专项资金——"文化产业重大课题研究计划"，开始在全国范围内组织多学科专家学者对我国文化产业发展重大战略问题进行联合攻关研究。本书集中反映了该计划的研究成果。

经济类

G20国家创新竞争力黄皮书
二十国集团（G20）国家创新竞争力发展报告（2015）
著(编)者：黄茂兴 李闽榕 李建平 赵新力
2015年9月出版　估价：128.00元

产业蓝皮书
中国产业竞争力报告（2015）
著(编)者：张其仔　2015年5月出版　估价：79.00元

长三角蓝皮书
2015年全面深化改革中的长三角
著(编)者：张伟斌　2015年1月出版　估价：69.00元

城乡一体化蓝皮书
中国城乡一体化发展报告（2015）
著(编)者：付崇兰 汝信　2015年12月出版　估价：79.00元

城市创新蓝皮书
中国城市创新报告（2015）
著(编)者：周天勇 旷建伟　2015年8月出版　估价：69.00元

城市竞争力蓝皮书
中国城市竞争力报告（2015）
著(编)者：倪鹏飞　2015年5月出版　估价：89.00元

城市蓝皮书
中国城市发展报告NO.8
著(编)者：潘家华 魏后凯　2015年9月出版　估价：69.00元

城市群蓝皮书
中国城市群发展指数报告（2015）
著(编)者：刘新静 刘士林　2015年1月出版　估价：59.00元

城乡统筹蓝皮书
中国城乡统筹发展报告（2015）
著(编)者：潘晨光 程志强　2015年3月出版　估价：59.00元

城镇化蓝皮书
中国新型城镇化健康发展报告（2015）
著(编)者：张占斌　2015年5月出版　估价：79.00元

低碳发展蓝皮书
中国低碳发展报告（2015）
著(编)者：齐晔　2015年3月出版　估价：89.00元

低碳经济蓝皮书
中国低碳经济发展报告（2015）
著(编)者：薛进军 赵忠秀　2015年5月出版　估价：69.00元

东北蓝皮书
中国东北地区发展报告（2015）
著(编)者：马克 黄文艺　2015年8月出版　估价：79.00元

发展和改革蓝皮书
中国经济发展和体制改革报告（2015）
著(编)者：邹东涛　2015年11月出版　估价：98.00元

工业化蓝皮书
中国工业化进程报告（2015）
著(编)者：黄群慧 吕铁 李晓华　2015年11月出版　估价：89.00元

国际城市蓝皮书
国际城市发展报告（2015）
著(编)者：屠启宇　2015年1月出版　估价：69.00元

国家创新蓝皮书
中国创新发展报告（2015）
著(编)者：陈劲　2015年6月出版　估价：59.00元

环境竞争力绿皮书
中国省域环境竞争力发展报告（2015）
著(编)者：李闽榕 李建平 王金南
2015年12月出版　估价：148.00元

金融蓝皮书
中国金融发展报告（2015）
著(编)者：李扬 王国刚　2014年12月出版　估价：69.00元

金融信息服务蓝皮书
金融信息服务发展报告（2015）
著(编)者：鲁广锦 殷剑峰 林义相　2015年6月出版　估价：89.00元

经济蓝皮书
2015年中国经济形势分析与预测
著(编)者：李扬　2014年12月出版　定价：69.00元

经济蓝皮书·春季号
2015年中国经济前景分析
著(编)者：李扬　2015年5月出版　估价：79.00元

经济蓝皮书·夏季号
中国经济增长报告（2015）
著(编)者：李扬　2015年7月出版　估价：69.00元

经济信息绿皮书
中国与世界经济发展报告（2015）
著(编)者：杜平　2014年12月出版　估价：79.00元

就业蓝皮书
2015年中国大学生就业报告
著(编)者：麦可思研究院　2015年6月出版　估价：98.00元

临空经济蓝皮书
中国临空经济发展报告（2015）
著(编)者：连玉明　2015年9月出版　估价：79.00元

民营经济蓝皮书
中国民营经济发展报告（2015）
著(编)者：王钦敏　2015年12月出版　估价：79.00元

农村绿皮书
中国农村经济形势分析与预测（2014~2015）
著(编)者：中国社会科学院农村发展研究所
　　　　　国家统计局农村社会经济调查司
2015年4月出版　估价：69.00元

农业应对气候变化蓝皮书
气候变化对中国农业影响评估报告（2015）
著(编)者：矫梅燕　2015年8月出版　估价：98.00元

经济类·社会政法类 | **皮书系列 2014全品种**

企业公民蓝皮书
中国企业公民报告（2015）
著(编)者：邹东涛　2015年12月出版 / 估价：79.00元

气候变化绿皮书
应对气候变化报告（2015）
著(编)者：王伟光　郑国光　2015年10月出版 / 估价：79.00元

区域蓝皮书
中国区域经济发展报告（2015）
著(编)者：梁昊光　2015年4月出版 / 估价：79.00元

全球环境竞争力绿皮书
全球环境竞争力报告（2015）
著(编)者：李建建　李闽榕　李建平　王金南
2015年12月出版 / 估价：198.00元

人口与劳动绿皮书
中国人口与劳动问题报告（2015）
著(编)者：蔡昉　2015年11月出版 / 估价：59.00元

世界经济黄皮书
2015年世界经济形势分析与预测
著(编)者：王洛林　张宇燕　2014年12月出版 / 估价：69.00元

世界旅游城市绿皮书
世界旅游城市发展报告（2015）
著(编)者：鲁勇　周正宇　宋宇　2015年6月出版 / 估价：88.00元

西北蓝皮书
中国西北发展报告（2015）
著(编)者：张进海　陈冬红　段庆林　2014年12月出版 / 估价：69.00元

西部蓝皮书
中国西部发展报告（2015）
著(编)者：姚慧琴　徐璋勇　2015年7月出版 / 估价：89.00元

新型城镇化蓝皮书
新型城镇化发展报告（2015）
著(编)者：李伟　2015年10月出版 / 估价：89.00元

新兴经济体蓝皮书
金砖国家发展报告（2015）
著(编)者：林跃勤　周文　2015年7月出版 / 估价：79.00元

中部竞争力蓝皮书
中国中部经济社会竞争力报告（2015）
著(编)者：教育部人文社会科学重点研究基地
　　　　南昌大学中国中部经济社会发展研究中心
2015年9月出版 / 估价：79.00元

中部蓝皮书
中国中部地区发展报告（2015）
著(编)者：喻新安　2015年5月出版 / 估价：69.00元

中国省域竞争力蓝皮书
中国省域经济综合竞争力发展报告（2015）
著(编)者：李建平　李闽榕　高燕京
2015年3月出版 / 估价：198.00元

中三角蓝皮书
长江中游城市群发展报告（2015）
著(编)者：秦尊文　2015年1月出版 / 估价：69.00元

中小城市绿皮书
中国中小城市发展报告（2015）
著(编)者：中国城市经济学会中小城市经济发展委员会
　　　　《中国中小城市发展报告》编纂委员会
　　　　中小城市发展战略研究院
2015年1月出版 / 估价：98.00元

中央商务区蓝皮书
中国中央商务区发展报告（2015）
著(编)者：中国商务区联盟
　　　　中国社会科学院城市发展与环境研究所
2015年10月出版 / 估价：69.00元

中原蓝皮书
中原经济区发展报告（2015）
著(编)者：李英杰　2015年6月出版 / 估价：88.00元

社会政法类

北京蓝皮书
中国社区发展报告（2015）
著(编)者：于燕燕　2015年6月出版 / 估价：69.00元

殡葬绿皮书
中国殡葬事业发展报告（2015）
著(编)者：李伯森　2015年3月出版 / 估价：59.00元

城市管理蓝皮书
中国城市管理报告（2015）
著(编)者：谭维克　刘林　2015年10月出版 / 估价：158.00元

城市生活质量蓝皮书
中国城市生活质量报告（2015）
著(编)者：中国经济实验研究院　2015年6月出版 / 估价：59.00元

城市政府能力蓝皮书
中国城市政府公共服务能力评估报告（2015）
著(编)者：何艳玲　2015年7月出版 / 估价：59.00元

创新蓝皮书
创新型国家建设报告（2015）
著(编)者：詹正茂　2015年3月出版 / 估价：69.00元

皮书系列 2014全品种

社会政法类

慈善蓝皮书
中国慈善发展报告（2015）
著(编)者：杨团　2015年5月出版 / 估价:79.00元

大学生蓝皮书
中国大学生生活形态研究报告（2015）
著(编)者：张新洲　2015年12月出版 / 估价:69.00元

法治蓝皮书
中国法治发展报告No.13（2015）
著(编)者：李林　田禾　2015年2月出版 / 估价:98.00元

反腐倡廉蓝皮书
中国反腐倡廉建设报告No.4
著(编)者：李秋芳　张英伟　2014年12月出版 / 定价:79.00元

非传统安全蓝皮书
中国非传统安全研究报告（2015）
著(编)者：余潇枫　魏志江　2015年6月出版 / 估价:79.00元

妇女发展蓝皮书
中国妇女发展报告（2015）
著(编)者：王金玲　2015年9月出版 / 估价:148.00元

妇女教育蓝皮书
中国妇女教育发展报告（2015）
著(编)者：张李玺　2015年1月出版 / 估价:78.00元

妇女绿皮书
中国性别平等与妇女发展报告（2015）
著(编)者：谭琳　2015年12月出版 / 估价:99.00元

公共服务蓝皮书
中国城市基本公共服务力评价（2015）
著(编)者：钟君　吴正杲　2015年12月出版 / 估价:79.00元

公共服务满意度蓝皮书
中国城市公共服务评价报告（2015）
著(编)者：胡伟　2015年12月出版 / 估价:69.00元

公民科学素质蓝皮书
中国公民科学素质报告（2015）
著(编)者：李群　许佳军　2015年6月出版 / 估价:79.00元

公益蓝皮书
中国公益发展报告（2015）
著(编)者：朱健刚　2015年5月出版 / 估价:78.00元

管理蓝皮书
中国管理发展报告（2015）
著(编)者：张晓东　2015年9月出版 / 估价:98.00元

国际人才蓝皮书
中国国际移民报告（2015）
著(编)者：王辉耀　2015年1月出版 / 估价:79.00元

国际人才蓝皮书
中国海归发展报告（2015）
著(编)者：王辉耀　苗绿　2015年1月出版 / 估价:69.00元

国际人才蓝皮书
中国留学发展报告（2015）
著(编)者：王辉耀　苗绿　2015年9月出版 / 估价:69.00元

国家安全蓝皮书
中国国家安全研究报告（2015）
著(编)者：刘慧　2015年5月出版 / 估价:98.00元

行政改革蓝皮书
中国行政体制改革报告（2014~2015）
著(编)者：魏礼群　2015年3月出版 / 估价:89.00元

华侨华人蓝皮书
华侨华人研究报告（2015）
著(编)者：贾益民　2015年12月出版 / 估价:118.00元

环境绿皮书
中国环境发展报告（2015）
著(编)者：刘鉴强　2015年5月出版 / 估价:79.00元

基金会蓝皮书
中国基金会发展报告（2015）
著(编)者：刘忠祥　2015年6月出版 / 估价:69.00元

基金会绿皮书
中国基金会发展独立研究报告（2015）
著(编)者：基金会中心网　2015年8月出版 / 估价:88.00元

基金会透明度蓝皮书
中国基金会透明度发展研究报告（2015）
著(编)者：基金会中心网　清华大学廉政与治理研究中心　2015年9月出版 / 估价:78.00元

教师蓝皮书
中国中小学教师发展报告（2015）
著(编)者：曾晓东　2015年7月出版 / 估价:59.00元

教育蓝皮书
中国教育发展报告（2015）
著(编)者：杨东平　2015年5月出版 / 估价:79.00元

科普蓝皮书
中国科普基础设施发展报告（2015）
著(编)者：任福君　2015年6月出版 / 估价:59.00元

劳动保障蓝皮书
中国劳动保障发展报告（2015）
著(编)者：刘燕斌　2015年6月出版 / 估价:89.00元

老龄蓝皮书
中国老年宜居环境发展报告(2015)
著(编)者：吴玉韶　2015年9月出版 / 估价:79.00元

连片特困区蓝皮书
中国连片特困区发展报告（2015）
著(编)者：冷志明　游俊　2015年3月出版 / 估价:79.00元

民间组织蓝皮书
中国民间组织报告(2015)
著(编)者：潘晨光　黄晓勇　2015年8月出版 / 估价:69.00元

民调蓝皮书
中国民生调查报告（2015）
著(编)者：谢耘耕　2015年5月出版 / 估价:128.00元

社会政法类 | 皮书系列 2014全品种

民族发展蓝皮书
中国民族区域自治发展报告（2015）
著(编)者：王希恩 郝时远　2015年6月出版 / 估价：98.00元

女性生活蓝皮书
中国女性生活状况报告No.9（2015）
著(编)者：《中国妇女》杂志社 华坤女性生活调查中心 华坤女性消费指导中心
2015年4月出版 / 估价：79.00元

企业国际化蓝皮书
中国企业国际化报告(2015)
著(编)者：王辉耀　2015年10月出版 / 估价：79.00元

汽车社会蓝皮书
中国汽车社会发展报告（2015）
著(编)者：王俊秀　2015年1月出版 / 估价：59.00元

青年蓝皮书
中国青年发展报告No.3
著(编)者：廉思　2015年4月出版 / 估价：59.00元

区域人才蓝皮书
中国区域人才竞争力报告（2015）
著(编)者：桂昭明 王辉耀　2015年6月出版 / 估价：69.00元

群众体育蓝皮书
中国群众体育发展报告（2015）
著(编)者：刘国永 杨桦　2015年8月出版 / 估价：69.00元

人才蓝皮书
中国人才发展报告（2015）
著(编)者：潘晨光　2015年8月出版 / 估价：85.00元

人权蓝皮书
中国人权事业发展报告（2015）
著(编)者：中国人权研究会　2015年8月出版 / 估价：99.00元

森林碳汇绿皮书
中国森林碳汇评估发展报告（2015）
著(编)者：闫文德 胡文臻　2015年9月出版 / 估价：79.00元

社会保障绿皮书
中国社会保障发展报告（2015）
著(编)者：王延中　2015年6月出版 / 估价：79.00元

社会工作蓝皮书
中国社会工作发展报告（2015）
著(编)者：民政部社会工作研究中心
2015年8月出版 / 估价：79.00元

社会管理蓝皮书
中国社会管理创新报告（2015）
著(编)者：连玉明　2015年9月出版 / 估价：89.00元

社会蓝皮书
2015年中国社会形势分析与预测
著(编)者：李培林 陈光金 张翼
2014年12月出版 / 定价：69.00元

社会体制蓝皮书
中国社会体制改革报告（2015）
著(编)者：龚维斌　2015年5月出版 / 估价：79.00元

社会心态蓝皮书
中国社会心态研究报告（2015）
著(编)者：王俊秀 杨宜音　2015年10月出版 / 估价：69.00元

社会组织蓝皮书
中国社会组织评估发展报告（2015）
著(编)者：徐家良 廖鸿　2015年12月出版 / 估价：69.00元

生态城市绿皮书
中国生态城市建设发展报告（2015）
著(编)者：刘举科 孙伟平 胡文臻
2015年6月出版 / 估价：98.00元

生态文明绿皮书
中国省域生态文明建设评价报告（ECI 2015）
著(编)者：严耕　2015年9月出版 / 估价：85.00元

世界社会主义黄皮书
世界社会主义跟踪研究报告（2015）
著(编)者：李慎明　2015年3月出版 / 估价：198.00元

水与发展蓝皮书
中国水风险评估报告（2015）
著(编)者：王浩　2015年9月出版 / 估价：69.00元

土地整治蓝皮书
中国土地整治发展研究报告No.2
著(编)者：国土资源部土地整治中心　2015年5月出版 / 估价：89.00元

危机管理蓝皮书
中国危机管理报告（2015）
著(编)者：文学国　2015年8月出版 / 估价：89.00元

形象危机应对蓝皮书
形象危机应对研究报告（2015）
著(编)者：唐钧　2015年6月出版 / 估价：149.00元

医改蓝皮书
中国医药卫生体制改革报告（2015～2016）
著(编)者：文学国 房志武　2015年12月出版 / 估价：79.00元

医疗卫生绿皮书
中国医疗卫生发展报告（2015）
著(编)者：申宝忠 韩玉珍　2015年4月出版 / 估价：75.00元

应急管理蓝皮书
中国应急管理报告（2015）
著(编)者：宋英华　2015年10月出版 / 估价：69.00元

政治参与蓝皮书
中国政治参与报告（2015）
著(编)者：房宁　2015年7月出版 / 估价：105.00元

政治发展蓝皮书
中国政治发展报告（2015）
著(编)者：房宁 杨海蛟　2015年5月出版 / 估价：88.00元

中国农村妇女发展蓝皮书
流动女性城市融入发展报告（2015）
著(编)者：谢丽华　2015年11月出版 / 估价：69.00元

宗教蓝皮书
中国宗教报告（2015）
著(编)者：金泽 邱永辉　2015年9月出版 / 估价：59.00元

行业报告类

保险蓝皮书
中国保险业竞争力报告（2015）
著(编)者：王力　2015年12月出版 / 估价：98.00元

彩票蓝皮书
中国彩票发展报告（2015）
著(编)者：益彩基金　2015年10月出版 / 估价：69.00元

餐饮产业蓝皮书
中国餐饮产业发展报告（2015）
著(编)者：邢颖　2015年6月出版 / 估价：69.00元

测绘地理信息蓝皮书
智慧中国地理空间智能体系研究报告（2015）
著(编)者：徐德明　2015年1月出版 / 估价：98.00元

茶业蓝皮书
中国茶产业发展报告（2015）
著(编)者：杨江帆　李闽榕　2015年1月出版 / 估价：78.00元

产权市场蓝皮书
中国产权市场发展报告（2015）
著(编)者：曹和平　2015年12月出版 / 估价：79.00元

电子政务蓝皮书
中国电子政务发展报告（2014~2015）
著(编)者：洪毅　杜平　2015年2月出版 / 估价：79.00元

杜仲产业绿皮书
中国杜仲橡胶资源与产业发展报告（2015）
著(编)者：胡文臻　杜红岩　俞锐
2015年9月出版 / 估价：98.00元

房地产蓝皮书
中国房地产发展报告No.12（2015）
著(编)者：魏后凯　李景国　2015年5月出版 / 估价：79.00元

服务外包蓝皮书
中国服务外包产业发展报告（2015）
著(编)者：王晓红　刘德军　2015年6月出版 / 估价：89.00元

工业设计蓝皮书
中国工业设计发展报告（2015）
著(编)者：王晓红　于炜　张立群　2015年9月出版 / 估价：138.00元

互联网金融蓝皮书
中国互联网金融发展报告（2015）
著(编)者：芮晓武　刘烈宏　2015年8月出版 / 估价：79.00元

会展蓝皮书
中外会展业动态评估年度报告（2015）
著(编)者：张敏　2015年1月出版 / 估价：78.00元

金融监管蓝皮书
中国金融监管报告（2015）
著(编)者：胡滨　2015年5月出版 / 估价：69.00元

金融蓝皮书
中国商业银行竞争力报告（2015）
著(编)者：王松奇　2015年12月出版 / 估价：69.00元

客车蓝皮书
中国客车产业发展报告（2015）
著(编)者：姚蔚　2015年12月出版 / 估价：85.00元

老龄蓝皮书
中国老年宜居环境发展报告（2015）
著(编)者：吴玉韶　党俊武　2015年9月出版 / 估价：79.00元

流通蓝皮书
中国商业发展报告（2015）
著(编)者：荆林波　2015年5月出版 / 估价：89.00元

旅游安全蓝皮书
中国旅游安全报告（2015）
著(编)者：郑向敏　谢朝武　2015年5月出版 / 估价：98.00元

旅游景区蓝皮书
中国旅游景区发展报告（2015）
著(编)者：黄安民　2015年7月出版 / 估价：79.00元

旅游绿皮书
2015年中国旅游发展分析与预测
著(编)者：宋瑞　2015年1月出版 / 估价：79.00元

煤炭蓝皮书
中国煤炭工业发展报告（2015）
著(编)者：岳福斌　2015年12月出版 / 估价：79.00元

民营医院蓝皮书
中国民营医院发展报告（2015）
著(编)者：庄一强　2015年10月出版 / 估价：75.00元

闽商蓝皮书
闽商发展报告（2015）
著(编)者：王日根　李闽榕　2015年12月出版 / 估价：69.00元

能源蓝皮书
中国能源发展报告（2015）
著(编)者：崔民选　王军生　2015年8月出版 / 估价：79.00元

农产品流通蓝皮书
中国农产品流通产业发展报告（2015）
著(编)者：贾敬敦　张东科　张玉玺　孔令羽　张鹏毅
2015年9月出版 / 估价：89.00元

企业蓝皮书
中国企业竞争力报告（2015）
著(编)者：金碚　2015年11月出版 / 估价：89.00元

企业社会责任蓝皮书
中国企业社会责任研究报告（2015）
著(编)者：黄群慧　彭华岗　钟宏武　张蒽
2015年11月出版 / 估价：69.00元

行业报告类
皮书系列 2014全品种

汽车安全蓝皮书
中国汽车安全发展报告（2015）
著(编)者：中国汽车技术研究中心　2015年4月出版　/ 估价：79.00元

汽车蓝皮书
中国汽车产业发展报告（2015）
著(编)者：国务院发展研究中心产业经济研究部
　　　　　中国汽车工程学会　大众汽车集团（中国）
2015年7月出版　/ 估价：128.00元

清洁能源蓝皮书
国际清洁能源发展报告（2015）
著(编)者：国际清洁能源论坛（澳门）
2015年9月出版　/ 估价：89.00元

人力资源蓝皮书
中国人力资源发展报告（2015）
著(编)者：余兴安　2015年9月出版　/ 估价：79.00元

软件和信息服务业蓝皮书
中国软件和信息服务业发展报告（2015）
著(编)者：陈新河　洪京一　2015年12月出版　/ 估价：198.00元

上市公司蓝皮书
上市公司质量评价报告（2015）
著(编)者：张跃文　王力　2015年10月出版　/ 估价：118.00元

食品药品蓝皮书
食品药品安全与监管政策研究报告（2015）
著(编)者：唐民皓　2015年7月出版　/ 估价：69.00元

世界能源蓝皮书
世界能源发展报告（2015）
著(编)者：黄晓勇　2015年6月出版　/ 估价：99.00元

碳市场蓝皮书
中国碳市场报告（2015）
著(编)者：低碳发展国际合作联盟
2015年11月出版　/ 估价：69.00元

体育蓝皮书
中国体育产业发展报告（2015）
著(编)者：阮伟　钟秉枢　2015年4月出版　/ 估价：69.00元

投资蓝皮书
中国投资发展报告（2015）
著(编)者：杨庆蔚　2015年4月出版　/ 估价：128.00元

物联网蓝皮书
中国物联网发展报告（2015）
著(编)者：黄桂田　2015年1月出版　/ 估价：59.00元

西部工业蓝皮书
中国西部工业发展报告（2015）
著(编)者：方行明　甘犁　刘方健　姜凌　等
2015年9月出版　/ 估价：79.00元

西部金融蓝皮书
中国西部金融发展报告（2015）
著(编)者：李忠民　2015年8月出版　/ 估价：75.00元

新能源汽车蓝皮书
中国新能源汽车产业发展报告（2015）
著(编)者：中国汽车技术研究中心
　　　　　日产（中国）投资有限公司　东风汽车有限公司
2015年8月出版　/ 估价：69.00元

信托市场蓝皮书
中国信托业市场报告（2015）
著(编)者：李旸　2015年1月出版　/ 估价：198.00元

信息产业蓝皮书
世界软件和信息技术产业发展报告（2015）
著(编)者：洪京一　2015年8月出版　/ 估价：79.00元

信息化蓝皮书
中国信息化形势分析与预测（2015）
著(编)者：周宏仁　2015年8月出版　/ 估价：98.00元

信用蓝皮书
中国信用发展报告（2015）
著(编)者：田侃　2015年4月出版　/ 估价：69.00元

休闲绿皮书
2015年中国休闲发展报告
著(编)者：刘德谦　2015年6月出版　/ 估价：59.00元

医药蓝皮书
中国中医药产业园战略发展报告（2015）
著(编)者：裴长洪　房书亭　吴濒心　2015年3月出版　/ 估价：89.00元

邮轮绿皮书
中国邮轮产业发展报告（2015）
著(编)者：汪泓　2015年9月出版　/ 估价：79.00元

支付清算蓝皮书
中国支付清算发展报告（2015）
著(编)者：杨涛　2015年5月出版　/ 估价：45.00元

中国上市公司蓝皮书
中国上市公司发展报告（2015）
著(编)者：许雄斌　张平　2015年9月出版　/ 估价：98.00元

中国总部经济蓝皮书
中国总部经济发展报告（2015）
著(编)者：赵弘　2015年5月出版　/ 估价：79.00元

住房绿皮书
中国住房发展报告（2014~2015）
著(编)者：倪鹏飞　2014年12月出版　/ 估价：79.00元

资本市场蓝皮书
中国场外交易市场发展报告（2015）
著(编)者：高峦　2015年8月出版　/ 估价：79.00元

资产管理蓝皮书
中国资产管理行业发展报告（2015）
著(编)者：智信资产管理研究院　2015年7月出版　/ 估价：79.00元

文化传媒类

传媒竞争力蓝皮书
中国传媒国际竞争力研究报告（2015）
著(编)者：李本乾　2015年9月出版 / 估价：88.00元

传媒蓝皮书
中国传媒产业发展报告（2015）
著(编)者：崔保国　2015年4月出版 / 估价：98.00元

传媒投资蓝皮书
中国传媒投资发展报告（2015）
著(编)者：张向东　2015年7月出版 / 估价：89.00元

动漫蓝皮书
中国动漫产业发展报告（2015）
著(编)者：卢斌　郑玉明　牛兴侦　2015年7月出版 / 估价：79.00元

非物质文化遗产蓝皮书
中国非物质文化遗产发展报告（2015）
著(编)者：陈平　2015年3月出版 / 估价：79.00元

非物质文化遗产蓝皮书
中国少数民族非物质文化遗产发展报告（2015）
著(编)者：肖远平　柴立　2015年4月出版 / 估价：79.00元

广电蓝皮书
中国广播电影电视发展报告（2015）
著(编)者：杨明品　2015年7月出版 / 估价：98.00元

广告主蓝皮书
中国广告主营销传播趋势报告（2015）
著(编)者：黄升民　2015年5月出版 / 估价：148.00元

国际传播蓝皮书
中国国际传播发展报告（2015）
著(编)者：胡正荣　李继东　姬德强
2015年7月出版 / 估价：89.00元

国家形象蓝皮书
2015年国家形象研究报告
著(编)者：张昆　2015年3月出版 / 估价：79.00元

纪录片蓝皮书
中国纪录片发展报告（2015）
著(编)者：何苏六　2015年9月出版 / 估价：79.00元

科学传播蓝皮书
中国科学传播报告（2015）
著(编)者：詹正茂　2015年4月出版 / 估价：69.00元

两岸文化蓝皮书
两岸文化产业合作发展报告（2015）
著(编)者：胡惠林　李保宗　2015年7月出版 / 估价：79.00元

媒介与女性蓝皮书
中国媒介与女性发展报告（2015）
著(编)者：刘利群　2015年8月出版 / 估价：69.00元

全球传媒蓝皮书
全球传媒发展报告（2015）
著(编)者：胡正荣　2015年12月出版 / 估价：79.00元

世界文化发展蓝皮书
世界文化发展报告（2015）
著(编)者：张庆宗　高乐田　郭熙煌
2015年5月出版 / 估价：89.00元

视听新媒体蓝皮书
中国视听新媒体发展报告（2015）
著(编)者：庞井君　2015年6月出版 / 估价：148.00元

文化创新蓝皮书
中国文化创新报告（2015）
著(编)者：于平　傅才武　2015年4月出版 / 估价：79.00元

文化建设蓝皮书
中国文化发展报告（2015）
著(编)者：江畅　孙伟平　戴茂堂
2015年4月出版 / 估价：138.00元

文化科技蓝皮书
文化科技创新发展报告（2015）
著(编)者：于平　李凤亮　2015年1月出版 / 估价：89.00元

文化蓝皮书
中国文化产业供需协调增长测评报告（2015）
著(编)者：王亚南　郝朴宁　张晓明　祁述裕
2015年2月出版 / 估价：79.00元

文化蓝皮书
中国文化消费需求景气评价报告（2015）
著(编)者：王亚南　张晓明　祁述裕　郝朴宁
2015年2月出版 / 估价：79.00元

文化蓝皮书
中国文化产业发展报告（2015）
著(编)者：张晓明　王家新　章建刚
2015年4月出版 / 估价：79.00元

文化蓝皮书
中国公共文化投入增长测评报告(2015)
著(编)者：王亚南　2015年5月出版 / 估价：79.00元

文化蓝皮书
中国文化政策发展报告（2015）
著(编)者：傅才武　宋文玉　燕东升　2015年9月出版 / 估价：98.

文化品牌蓝皮书
中国文化品牌发展报告（2015）
著(编)者：欧阳友权　2015年4月出版 / 估价：79.00元

文化遗产蓝皮书
中国文化遗产事业发展报告（2015）
著(编)者：苏杨　刘世锦　2015年12月出版 / 估价：89.00元

文学蓝皮书
中国文情报告（2015）
著(编)者：白烨　2015年5月出版 / 估价：49.00元

新媒体蓝皮书
中国新媒体发展报告（2015）
著(编)者：唐绪军　2015年6月出版 / 估价：79.00元

文化传媒类·地方发展类

新媒体社会责任蓝皮书
中国新媒体社会责任研究报告（2015）
著(编)者:钟瑛　2015年10月出版 / 估价:79.00元

移动互联网蓝皮书
中国移动互联网发展报告（2015）
著(编)者:官建文　2015年6月出版 / 估价:79.00元

舆情蓝皮书
中国社会舆情与危机管理报告（2015）
著(编)者:谢耘耕　2015年8月出版 / 估价:98.00元

地方发展类

安徽经济蓝皮书
芜湖创新型城市发展报告（2015）
著(编)者:杨少华　王开玉　2015年4月出版 / 估价:69.00元

安徽蓝皮书
安徽社会发展报告（2015）
著(编)者:程桦　2015年4月出版 / 估价:79.00元

安徽社会建设蓝皮书
安徽社会建设分析报告（2015）
著(编)者:黄家海　王开玉　蔡宪　2015年4月出版 / 估价:69.00元

澳门蓝皮书
澳门经济社会发展报告（2015）
著(编)者:吴志良　郝雨凡　2015年4月出版 / 估价:79.00元

北京蓝皮书
北京公共服务发展报告（2014~2015）
著(编)者:施昌奎　2015年2月出版 / 估价:69.00元

北京蓝皮书
北京经济发展报告（2015）
著(编)者:杨松　2015年4月出版 / 估价:79.00元

北京蓝皮书
北京社会治理发展报告（2015）
著(编)者:殷星辰　2015年4月出版 / 估价:79.00元

北京蓝皮书
北京文化发展报告（2015）
著(编)者:李建盛　2015年4月出版 / 估价:79.00元

北京蓝皮书
北京社会发展报告（2015）
著(编)者:缪青　2015年5月出版 / 估价:79.00元

北京旅游绿皮书
北京旅游发展报告（2015）
著(编)者:北京旅游学会　2015年7月出版 / 估价:88.00元

北京律师蓝皮书
北京律师发展报告（2015）
著(编)者:王隽　2015年12月出版 / 估价:75.00元

北京人才蓝皮书
北京人才发展报告（2015）
著(编)者:于淼　2015年1月出版 / 估价:89.00元

北京社会心态蓝皮书
北京社会心态分析报告（2015）
著(编)者:北京社会心理研究所　2015年1月出版 / 估价:69.00元

北京社会组织蓝皮书
北京社会组织发展研究报告(2015)
著(编)者:李东松　唐军　2015年2月出版 / 估价:79.00元

北京社会组织蓝皮书
北京社会组织发展报告（2015）
著(编)者:温庆云　2015年9月出版 / 估价:69.00元

滨海金融蓝皮书
滨海新区金融发展报告（2015）
著(编)者:王爱俭　张锐钢　2015年9月出版 / 估价:79.00元

城乡一体化蓝皮书
中国城乡一体化发展报告（北京卷）（2015）
著(编)者:张宝秀　黄序　2015年4月出版 / 估价:69.00元

创意城市蓝皮书
北京文化创意产业发展报告（2015）
著(编)者:张京成　2015年11月出版 / 估价:65.00元

创意城市蓝皮书
无锡文化创意产业发展报告（2015）
著(编)者:谭军　张鸣年　2015年10月出版 / 估价:75.00元

创意城市蓝皮书
武汉市文化创意产业发展报告（2015）
著(编)者:袁堃　黄永林　2015年11月出版 / 估价:85.00元

创意城市蓝皮书
重庆创意产业发展报告（2015）
著(编)者:程宇宁　2015年4月出版 / 估价:89.00元

创意城市蓝皮书
青岛文化创意产业发展报告（2015）
著(编)者:马达　张丹妮　2015年6月出版 / 估价:79.00元

福建妇女发展蓝皮书
福建省妇女发展报告（2015）
著(编)者:刘群英　2015年10月出版 / 估价:58.00元

甘肃蓝皮书
甘肃舆情分析与预测（2015）
著(编)者:郝树声　陈双梅　2015年1月出版 / 估价:69.00元

皮书系列 2014全品种 地方发展类

甘肃蓝皮书
甘肃文化发展分析与预测（2015）
著(编)者：周小华 王福生　2015年1月出版 / 估价：69.00元

甘肃蓝皮书
甘肃社会发展分析与预测（2015）
著(编)者：安文华　2015年1月出版 / 估价：69.00元

甘肃蓝皮书
甘肃经济发展分析与预测（2015）
著(编)者：朱智文 罗哲　2015年1月出版 / 估价：69.00元

甘肃蓝皮书
甘肃县域经济综合竞争力评价（2015）
著(编)者：刘进军　2015年1月出版 / 估价：69.00元

广东蓝皮书
广东省电子商务发展报告（2015）
著(编)者：程晓　2015年12月出版 / 估价：69.00元

广东蓝皮书
广东社会工作发展报告（2015）
著(编)者：罗观翠　2015年6月出版 / 估价：89.00元

广东社会建设蓝皮书
广东省社会建设发展报告（2015）
著(编)者：广东省社会工作委员会　2015年10月出版 / 估价：89.00元

广东外经贸蓝皮书
广东对外经济贸易发展研究报告（2015）
著(编)者：陈万灵　2015年5月出版 / 估价：79.00元

广西北部湾经济区蓝皮书
广西北部湾经济区开放开发报告（2015）
著(编)者：广西北部湾经济区规划建设管理委员会办公室
　　　　 广西社会科学院 广西北部湾发展研究院
2015年8月出版 / 估价：79.00元

广州蓝皮书
广州社会保障发展报告（2015）
著(编)者：蔡国萱　2015年1月出版 / 估价：65.00元

广州蓝皮书
2015年中国广州社会形势分析与预测
著(编)者：张强 陈怡霓 杨秦　2015年5月出版 / 估价：69.00元

广州蓝皮书
广州经济发展报告（2015）
著(编)者：李江涛 朱名宏　2015年5月出版 / 估价：69.00元

广州蓝皮书
广州商贸业发展报告（2015）
著(编)者：李江涛 王旭东 荀振英　2015年6月出版 / 估价：69.00元

广州蓝皮书
2015年中国广州经济形势分析与预测
著(编)者：庾建设 沈奎 郭志勇　2015年6月出版 / 估价：79.00元

广州蓝皮书
中国广州文化发展报告（2015）
著(编)者：徐俊忠 陆志强 顾涧清　2015年6月出版 / 估价：69.00元

广州蓝皮书
广州农村发展报告（2015）
著(编)者：李江涛 汤锦华　2015年8月出版 / 估价：69.00元

广州蓝皮书
中国广州城市建设与管理发展报告（2015）
著(编)者：董皞 冼伟雄　2015年7月出版 / 估价：69.00元

广州蓝皮书
中国广州科技和信息化发展报告（2015）
著(编)者：邹采荣 马正勇 冯元　2015年7月出版 / 估价：79.00元

广州蓝皮书
广州创新型城市发展报告（2015）
著(编)者：李江涛　2015年7月出版 / 估价：69.00元

广州蓝皮书
广州文化创意产业发展报告（2015）
著(编)者：甘新　2015年8月出版 / 估价：79.00元

广州蓝皮书
广州志愿服务发展报告（2015）
著(编)者：魏国华 张强　2015年9月出版 / 估价：69.00元

广州蓝皮书
广州城市国际化发展报告（2015）
著(编)者：朱名宏　2015年9月出版 / 估价：59.00元

广州蓝皮书
广州汽车产业发展报告（2015）
著(编)者：李江涛 杨再高　2015年9月出版 / 估价：69.00元

贵州房地产蓝皮书
贵州房地产发展报告（2015）
著(编)者：武廷方　2015年1月出版 / 估价：89.00元

贵州蓝皮书
贵州人才发展报告（2015）
著(编)者：于杰 吴大华　2015年3月出版 / 估价：69.00元

贵州蓝皮书
贵州社会发展报告（2015）
著(编)者：王兴骥　2015年3月出版 / 估价：69.00元

贵州蓝皮书
贵州法治发展报告（2015）
著(编)者：吴大华　2015年3月出版 / 估价：69.00元

贵州蓝皮书
贵州国有企业社会责任发展报告（2015）
著(编)者：郭丽　2015年10月出版 / 估价：79.00元

海淀蓝皮书
海淀区文化和科技融合发展报告（2015）
著(编)者：孟景伟 陈名杰　2015年5月出版 / 估价：75.00元

海峡西岸蓝皮书
海峡西岸经济区发展报告（2015）
著(编)者：黄端　2015年9月出版 / 估价：65.00元

杭州都市圈蓝皮书
杭州都市圈发展报告（2015）
著(编)者：董祖德 沈翔　2015年5月出版 / 估价：89.00元

地方发展类 　　**皮书系列 2014全品种**

杭州蓝皮书
杭州妇女发展报告（2015）
著(编)者：魏颖　2015年6月出版 / 估价:75.00元

河北经济蓝皮书
河北省经济发展报告（2015）
著(编)者：马树强 金浩 张贵　2015年4月出版 / 估价:79.00元

河北蓝皮书
河北经济社会发展报告（2015）
著(编)者：周文夫　2015年1月出版 / 估价:69.00元

河南经济蓝皮书
2015年河南经济形势分析与预测
著(编)者：胡五岳　2015年3月出版 / 估价:69.00元

河南蓝皮书
河南城市发展报告（2015）
著(编)者：王建国 谷建全　2015年1月出版 / 估价:59.00元

河南蓝皮书
2015年河南社会形势分析与预测
著(编)者：刘道兴 牛苏林　2015年1月出版 / 估价:69.00元

河南蓝皮书
河南工业发展报告（2015）
著(编)者：龚绍东　2015年1月出版 / 估价:69.00元

河南蓝皮书
河南文化发展报告（2015）
著(编)者：卫绍生　2015年1月出版 / 估价:69.00元

河南蓝皮书
河南经济发展报告（2015）
著(编)者：完世伟 喻新安　2015年12月出版 / 估价:69.00元

河南蓝皮书
河南法治发展报告（2015）
著(编)者：丁同民 闫德民　2015年3月出版 / 估价:69.00元

河南蓝皮书
河南金融发展报告（2015）
著(编)者：喻新安 谷建全　2015年4月出版 / 估价:69.00元

河南商务蓝皮书
河南商务发展报告（2015）
著(编)者：焦锦淼 穆荣国　2015年5月出版 / 估价:88.00元

黑龙江产业蓝皮书
黑龙江产业发展报告（2015）
著(编)者：于渤　2015年9月出版 / 估价:79.00元

黑龙江蓝皮书
黑龙江经济发展报告（2015）
著(编)者：张新颖　2015年1月出版 / 估价:69.00元

黑龙江蓝皮书
黑龙江社会发展报告（2015）
著(编)者：王爱丽 艾书琴　2015年1月出版 / 估价:69.00元

湖北文化蓝皮书
湖北文化发展报告（2015）
著(编)者：江畅 吴成国　2015年5月出版 / 估价:89.00元

湖南城市蓝皮书
区域城市群整合
著(编)者：罗海藩　2014年12月出版 / 估价:59.00元

湖南蓝皮书
2015年湖南电子政务发展报告
著(编)者：梁志峰　2015年4月出版 / 估价:128.00元

湖南蓝皮书
2015年湖南社会发展报告
著(编)者：梁志峰　2015年4月出版 / 估价:128.00元

湖南蓝皮书
2015年湖南产业发展报告
著(编)者：梁志峰　2015年4月出版 / 估价:128.00元

湖南蓝皮书
2015年湖南经济展望
著(编)者：梁志峰　2015年4月出版 / 估价:128.00元

湖南蓝皮书
2015年湖南县域经济社会发展报告
著(编)者：梁志峰　2015年4月出版 / 估价:128.00元

湖南蓝皮书
2015年湖南两型社会发展报告
著(编)者：梁志峰　2015年4月出版 / 估价:128.00元

湖南县域绿皮书
湖南县域发展报告No.2
著(编)者：朱有志　2015年4月出版 / 估价:69.00元

沪港蓝皮书
沪港发展报告（2015）
著(编)者：尤安山　2015年9月出版 / 估价:89.00元

吉林蓝皮书
2015年吉林经济社会形势分析与预测
著(编)者：马克　2015年1月出版 / 估价:79.00元

济源蓝皮书
济源经济社会发展报告（2015）
著(编)者：喻新安　2015年4月出版 / 估价:69.00元

健康城市蓝皮书
北京健康城市建设研究报告（2015）
著(编)者：王鸿春　2015年3月出版 / 估价:79.00元

江苏法治蓝皮书
江苏法治发展报告（2015）
著(编)者：李力 龚廷泰　2015年9月出版 / 估价:98.00元

京津冀蓝皮书
京津冀发展报告（2015）
著(编)者：文魁 祝尔娟　2015年3月出版 / 估价:79.00元

经济特区蓝皮书
中国经济特区发展报告（2015）
著(编)者：陶一桃　2015年4月出版 / 估价:89.00元

辽宁蓝皮书
2015年辽宁经济社会形势分析与预测
著(编)者：曹晓峰　2015年1月出版 / 估价:79.00元

皮书系列 2014全品种
地方发展类

南京蓝皮书
南京文化发展报告（2015）
著(编)者：南京文化产业研究中心
2015年10月出版 / 估价：79.00元

内蒙古蓝皮书
内蒙古反腐倡廉建设报告（2015）
著(编)者：张志华 无极　2015年12月出版 / 估价：69.00元

浦东新区蓝皮书
上海浦东经济发展报告（2015）
著(编)者：沈开艳 陆沪根　2015年1月出版 / 估价：59.00元

青海蓝皮书
2015年青海经济社会形势分析与预测
著(编)者：赵宗福　2015年1月出版 / 估价：69.00元

人口与健康蓝皮书
深圳人口与健康发展报告（2015）
著(编)者：曾序春　2015年12月出版 / 估价：89.00元

山东蓝皮书
山东社会形势分析与预测（2015）
著(编)者：张华 唐洲雁　2015年6月出版 / 估价：89.00元

山东蓝皮书
山东经济形势分析与预测（2015）
著(编)者：张华 唐洲雁　2015年6月出版 / 估价：89.00元

山东蓝皮书
山东文化发展报告（2015）
著(编)者：张华 唐洲雁　2015年6月出版 / 估价：98.00元

山西蓝皮书
山西资源型经济转型发展报告（2015）
著(编)者：李志强　2015年5月出版 / 估价：98.00元

陕西蓝皮书
陕西经济发展报告（2015）
著(编)者：任宗哲 石英 裴成荣　2015年2月出版 / 估价：69.00元

陕西蓝皮书
陕西社会发展报告（2015）
著(编)者：任宗哲 石英 牛昉　2015年2月出版 / 估价：65.00元

陕西蓝皮书
陕西文化发展报告（2015）
著(编)者：任宗哲 石英 王长寿　2015年3月出版 / 估价：59.00元

陕西蓝皮书
丝绸之路经济带发展报告（2015）
著(编)者：任宗哲 石英 白宽犁
2015年8月出版 / 估价：79.00元

上海蓝皮书
上海文学发展报告（2015）
著(编)者：陈圣来　2015年1月出版 / 估价：69.00元

上海蓝皮书
上海文化发展报告（2015）
著(编)者：蒯大申 郑崇选　2015年1月出版 / 估价：69.00元

上海蓝皮书
上海资源环境发展报告（2015）
著(编)者：周冯琦 汤庆合 任文伟
2015年1月出版 / 估价：69.00元

上海蓝皮书
上海社会发展报告（2015）
著(编)者：周海旺 卢汉龙　2015年1月出版 / 估价：69.00元

上海蓝皮书
上海经济发展报告（2015）
著(编)者：沈开艳　2015年1月出版 / 估价：69.00元

上海蓝皮书
上海传媒发展报告（2015）
著(编)者：强荧 焦雨虹　2015年1月出版 / 估价：79.00元

上海蓝皮书
上海法治发展报告（2015）
著(编)者：叶青　2015年4月出版 / 估价：69.00元

上饶蓝皮书
上饶发展报告（2015）
著(编)者：朱寅健　2015年3月出版 / 估价：128.00元

社会建设蓝皮书
2015年北京社会建设分析报告
著(编)者：宋贵伦 冯虹　2015年7月出版 / 估价：79.00元

深圳蓝皮书
深圳劳动关系发展报告（2015）
著(编)者：汤庭芬　2015年6月出版 / 估价：75.00元

深圳蓝皮书
深圳经济发展报告（2015）
著(编)者：张骁儒　2015年7月出版 / 估价：79.00元

深圳蓝皮书
深圳社会发展报告（2015）
著(编)者：叶民辉 张骁儒　2015年7月出版 / 估价：89.00元

深圳蓝皮书
深圳法治发展报告（2015）
著(编)者：张骁儒　2015年4月出版 / 估价：79.00元

四川蓝皮书
四川文化产业发展报告（2015）
著(编)者：侯水平　2015年2月出版 / 估价：69.00元

四川蓝皮书
四川企业社会责任研究报告（2015）
著(编)者：侯水平 盛毅　2015年4月出版 / 估价：79.00元

四川蓝皮书
四川法治发展报告（2015）
著(编)者：郑泰安　2015年2月出版 / 估价：69.00元

四川蓝皮书
2015年四川生态建设报告
著(编)者：四川省社会科学院
2015年2月出版 / 估价：69.00元

地方发展类·国别与地区类

四川蓝皮书
四川省城镇化发展报告（2015）
著（编）者：四川省城镇发展研究中心
2015年2月出版 / 估价：69.00元

四川蓝皮书
2015年四川社会发展形势分析与预测
著（编）者：郭晓鸣 李羚 2015年2月出版 / 估价：69.00元

四川蓝皮书
2015年四川经济发展报告
著（编）者：杨钢 2015年2月出版 / 估价：69.00元

天津金融蓝皮书
天津金融发展报告（2015）
著（编）者：王爱俭 杜强 2015年9月出版 / 估价：89.00元

图们江区域合作蓝皮书
中国图们江区域合作开发发展报告（2015）
著（编）者：李铁 朱显平 吴成章 2015年4月出版 / 估价：79.00元

温州蓝皮书
2015年温州经济社会形势分析与预测
著（编）者：潘忠强 王春光 金浩 2015年4月出版 / 估价：69.00元

扬州蓝皮书
扬州经济社会发展报告（2015）
著（编）者：丁纯 2015年12月出版 / 估价：89.00元

云南蓝皮书
中国面向西南开放重要桥头堡建设发展报告（2015）
著（编）者：刘绍怀 2015年12月出版 / 估价：69.00元

长株潭城市群蓝皮书
长株潭城市群发展报告（2015）
著（编）者：张萍 2015年1月出版 / 估价：69.00元

郑州蓝皮书
2015年郑州文化发展报告
著（编）者：王哲 2015年9月出版 / 估价：65.00元

中医文化蓝皮书
北京中医文化发展报告（2015）
著（编）者：毛嘉陵 2015年4月出版 / 估价：69.00元

珠三角流通蓝皮书
珠三角商圈发展研究报告（2015）
著（编）者：林至颖 王先庆 2015年7月出版 / 估价：98.00元

国别与地区类

阿拉伯黄皮书
阿拉伯发展报告（2015）
著（编）者：马晓霖 2015年4月出版 / 估价：79.00元

北部湾蓝皮书
泛北部湾合作发展报告（2015）
著（编）者：吕余生 2015年8月出版 / 估价：69.00元

大湄公河次区域蓝皮书
大湄公河次区域合作发展报告（2015）
著（编）者：刘稚 2015年9月出版 / 估价：79.00元

大洋洲蓝皮书
大洋洲发展报告（2015）
著（编）者：喻常森 2015年8月出版 / 估价：89.00元

德国蓝皮书
德国发展报告（2015）
著（编）者：郑春荣 伍慧萍 2015年6月出版 / 估价：69.00元

东北亚黄皮书
东北亚地区政治与安全（2015）
著（编）者：黄凤志 刘清才 张慧智
2015年3月出版 / 估价：69.00元

东盟黄皮书
东盟发展报告（2015）
著（编）者：崔晓麟 2015年5月出版 / 估价：75.00元

东南亚蓝皮书
东南亚地区发展报告（2015）
著（编）者：王勤 2015年4月出版 / 估价：79.00元

俄罗斯黄皮书
俄罗斯发展报告（2015）
著（编）者：李永全 2015年7月出版 / 估价：79.00元

非洲黄皮书
非洲发展报告（2015）
著（编）者：张宏明 2015年7月出版 / 估价：79.00元

国际形势黄皮书
全球政治与安全报告（2015）
著（编）者：李慎明 张宇燕 2014年12月出版 / 估价：69.00元

韩国蓝皮书
韩国发展报告（2015）
著（编）者：刘宝全 牛林杰 2015年8月出版 / 估价：79.00元

加拿大蓝皮书
加拿大发展报告（2015）
著（编）者：仲伟合 2015年4月出版 / 估价：89.00元

拉美黄皮书
拉丁美洲和加勒比发展报告（2014~2015）
著（编）者：吴白乙 2015年4月出版 / 估价：89.00元

美国蓝皮书
美国研究报告（2015）
著（编）者：黄平 郑秉文 2015年7月出版 / 估价：89.00元

缅甸蓝皮书
缅甸国情报告（2015）
著（编）者：李晨阳 2015年8月出版 / 估价：79.00元

皮书系列 2014全品种 — 国别与地区类

欧洲蓝皮书
欧洲发展报告（2015）
著(编)者：周弘　　2015年6月出版 / 估价:89.00元

葡语国家蓝皮书
葡语国家发展报告（2015）
著(编)者：对外经济贸易大学区域国别研究所　葡语国家研究中心
2015年3月出版 / 估价:89.00元

葡语国家蓝皮书
中国与葡语国家关系发展报告·巴西（2014）
著(编)者：澳门科技大学　2015年1月出版 / 估价:89.00元

日本经济蓝皮书
日本经济与中日经贸关系研究报告（2015）
著(编)者：王洛林　张季风　　2015年5月出版 / 估价:79.00元

日本蓝皮书
日本研究报告（2015）
著(编)者：李薇　　2015年3月出版 / 估价:69.00元

上海合作组织黄皮书
上海合作组织发展报告（2015）
著(编)者：李进峰　吴宏伟　李伟
2015年9月出版 / 估价:89.00元

世界创新竞争力黄皮书
世界创新竞争力发展报告（2015）
著(编)者：李闽榕　李建平　赵新力
2015年1月出版 / 估价:148.00元

土耳其蓝皮书
土耳其发展报告（2015）
著(编)者：郭长刚　刘义　　2015年7月出版 / 估价:89.00元

亚太蓝皮书
亚太地区发展报告（2015）
著(编)者：李向阳　　2015年1月出版 / 估价:59.00元

印度蓝皮书
印度国情报告（2015）
著(编)者：吕昭义　　2015年5月出版 / 估价:89.00元

印度洋地区蓝皮书
印度洋地区发展报告（2015）
著(编)者：汪戎　　2015年3月出版 / 估价:79.00元

中东黄皮书
中东发展报告（2015）
著(编)者：杨光　　2015年11月出版 / 估价:89.00元

中欧关系蓝皮书
中欧关系研究报告（2015）
著(编)者：周弘　　2015年12月出版 / 估价:98.00元

中亚黄皮书
中亚国家发展报告（2015）
著(编)者：孙力　吴宏伟　　2015年9月出版 / 估价:89.00元

中国皮书网
www.pishu.cn

发布皮书研创资讯，传播皮书精彩内容
引领皮书出版潮流，打造皮书服务平台

栏目设置：

- 资讯：皮书动态、皮书观点、皮书数据、
  皮书报道、皮书发布、电子期刊
- 标准：皮书评价、皮书研究、皮书规范
- 服务：最新皮书、皮书书目、重点推荐、在线购书
- 链接：皮书数据库、皮书博客、皮书微博、在线书城
- 搜索：资讯、图书、研究动态、皮书专家、研创团队

中国皮书网依托皮书系列"权威、前沿、原创"的优质内容资源，通过文字、图片、音频、视频等多种元素，在皮书研创者、使用者之间搭建了一个成果展示、资源共享的互动平台。

自 2005 年 12 月正式上线以来，中国皮书网的 IP 访问量、PV 浏览量与日俱增，受到海内外研究者、公务人员、商务人士以及专业读者的广泛关注。

2008 年、2011 年，中国皮书网均在全国新闻出版业网站荣誉评选中获得"最具商业价值网站"称号；2012 年，获得"出版业网站百强"称号。

2014 年，中国皮书网与皮书数据库实现资源共享，端口合一，将提供更丰富的内容，更全面的服务。

皮书数据库

权威报告　热点资讯　海量资源

当代中国与世界发展的高端智库平台

皮书数据库 www.pishu.com.cn

　　皮书数据库是专业的人文社会科学综合学术资源总库，以大型连续性图书——皮书系列为基础，整合国内外相关资讯构建而成。包含七大子库，涵盖两百多个主题，囊括了近十几年间中国与世界经济社会发展报告，覆盖经济、社会、政治、文化、教育、国际问题等多个领域。

　　皮书数据库以篇章为基本单位，方便用户对皮书内容的阅读需求。用户可进行全文检索，也可对文献题目、内容提要、作者名称、作者单位、关键字等基本信息进行检索，还可对检索到的篇章再做二次筛选，进行在线阅读或下载阅读。智能多维度导航，可使用户根据自己熟知的分类标准进行分类导航筛选，使查找和检索更高效、便捷。

　　权威的研究报告，独特的调研数据，前沿的热点资讯，皮书数据库已发展成为国内最具影响力的关于中国与世界现实问题研究的成果库和资讯库。

皮书俱乐部会员服务指南

皮书作者自动成为俱乐部会员
购买了皮书产品（纸质书/电子书）的个人用户

免费获赠皮书数据库100元充值卡
加入皮书俱乐部，免费获赠该纸质图书的电子书
免费定期获赠皮书电子期刊
优先参与各类皮书学术活动
优先享受皮书产品的最新优惠

（1）免费获赠100元皮书数据库体验卡
第1步 刮开皮书附赠充值的涂层（右下）；
第2步 登录皮书数据库网站（www.pishu.com.cn），注册账号；
第3步 登录并进入"会员中心"—"在线充值"—"充值卡充值"，充值成功后即可使用。

（2）加入皮书俱乐部，凭数据库体验卡获赠该书的电子书
第1步 登录社会科学文献出版社官网（www.ssap.com.cn），注册账号；
第2步 登录并进入"会员中心"—"皮书俱乐部"，提交加入皮书俱乐部申请；
第3步 审核通过后，再次进入皮书俱乐部，填写页面所需图书、体验卡信息即可自动兑换相应电子书。

解释权归社会科学文献出版社所有

皮书俱乐部会员可享受社会科学文献出版社其他相关免费增值服务，有任何疑问，均可与我们联系。
图书销售热线：010-59367070/7028　图书服务QQ：800045692　图书服务邮箱：duzhe@ssap.cn
数据库服务热线：400-008-6395　数据库服务QQ：2475522410　数据库服务邮箱：database@ssap.cn
欢迎登录社会科学文献出版社官网（www.ssap.com.cn）和中国皮书网（www.pishu.cn）了解更多信息

皮书大事记

☆ 2014年8月,第十五次全国皮书年会(2014)在贵阳召开,第五届优秀皮书奖颁发,本届开始皮书及报告将同时评选。

☆ 2013年6月,依据《中国社会科学院皮书资助规定(试行)》公布2013年拟资助的40种皮书名单。

☆ 2012年12月,《中国社会科学院皮书资助规定(试行)》由中国社会科学院科研局正式颁布实施。

☆ 2011年,部分重点皮书纳入院创新工程。

☆ 2011年8月,2011年皮书年会在安徽合肥举行,这是皮书年会首次由中国社会科学院主办。

☆ 2011年2月,"2011年全国皮书研讨会"在北京京西宾馆举行。王伟光院长(时任常务副院长)出席并讲话。本次会议标志着皮书及皮书研创出版从一个具体出版单位的出版产品和出版活动上升为由中国社会科学院牵头的国家哲学社会科学智库产品和创新活动。

☆ 2010年9月,"2010年中国经济社会形势报告会暨第十一次全国皮书工作研讨会"在福建福州举行,高全立副院长参加会议并做学术报告。

☆ 2010年9月,皮书学术委员会成立,由我院李扬副院长领衔,并由在各个学科领域有一定的学术影响力、了解皮书编创出版并持续关注皮书品牌的专家学者组成。皮书学术委员会的成立为进一步提高皮书这一品牌的学术质量、为学术界构建一个更大的学术出版与学术推广平台提供了专家支持。

☆ 2009年8月,"2009年中国经济社会形势分析与预测暨第十次皮书工作研讨会"在辽宁丹东举行。李扬副院长参加本次会议,本次会议颁发了首届优秀皮书奖,我院多部皮书获奖。

皮书数据库
www.pishu.com.cn

皮书数据库三期

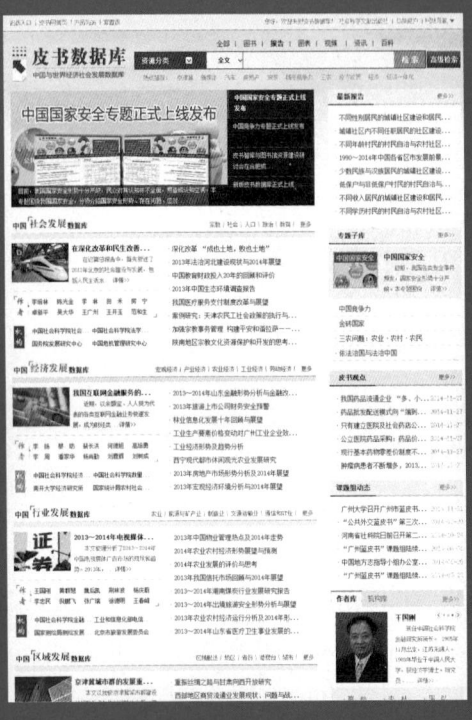

- 皮书数据库（SSDB）是社会科学文献出版社整合现有皮书资源开发的在线数字产品，全面收录"皮书系列"的内容资源，并以此为基础整合大量相关资讯构建而成。

- 皮书数据库现有中国经济发展数据库、中国社会发展数据库、世界经济与国际政治数据库等子库，覆盖经济、社会、文化等多个行业、领域，现有报告30000多篇，总字数超过5亿字，并以每年4000多篇的速度不断更新累积。

- 新版皮书数据库主要围绕存量+增量资源整合、资源编辑标引体系建设、产品架构设置优化、技术平台功能研发等方面开展工作，并将中国皮书网与皮书数据库合二为一联体建设，旨在以"皮书研创出版、信息发布与知识服务平台"为基本功能定位，打造一个全新的皮书品牌综合门户平台，为您提供更优质更到位的服务。

更多信息请登录

中国皮书网
http://www.pishu.cn

皮书微博
http://weibo.com/pishu

中国皮书网的BLOG [编辑]
http://blog.sina.cn/pishu

皮书博客
http://blog.sina.com.cn/pishu

皮书微信
皮书说

请到各地书店皮书专架/专柜购买，也可办理邮购

咨询／邮购电话：010-59367028　59367070　　　　邮　　箱：duzhe@ssap.com

邮购地址：北京市西城区北三环中路甲29号院3号楼华龙大厦13层读者服务中心

邮　　编：100029

银行户名：社会科学文献出版社

开户银行：中国工商银行北京北太平庄支行

账　　号：0200010019200365434

网上书店：010-59367070　　qq：1265056568

网　　址：www.ssap.com.cn　　　www.pishu.cn